中共四川省委党校、四川行政学院智库建设系列蓝皮书

四川法治政府建设
蓝皮书
（2017）

主编　吴　涛

法律出版社
LAW PRESS·CHINA

目　　录

第一部分　总　报　告

第二部分　依法行政第三方评估报告

第三部分　专题研究报告

第一部分　总　报　告

四川省法治政府建设2017年度总报告

四川行政学院法治政府建设评估课题组*

习近平总书记在党的十九大报告中根据“决胜全面建成小康社会、夺取新时代中国特色社会主义伟大胜利”的新形势和新任务，按照“深化依法治国实践”的新要求，对“建设法治政府，推进依法行政，严格规范公正文明执法”提出了最新的要求，为2020年基本建成法治政府奠定了坚实的基础。四川省法治政府建设状况是观察和判断四川省依法治省决定落实情况的主要窗口，本报告力图分析2017年四川省法治政府建设的总体目标和工作部署，以及四川省法治政府落实部署的状况，同时提出四川省法治政府建设的未来展望。

一、四川省法治政府建设的总体目标和工作部署

（一）四川省法治政府建设的总体目标

2017年是实施“十三五”规划的重要一年，既是供给侧结构性改革的深化之年，也是四川省推进法治政府建设的深化提升年。全省法治政府建设工作要认真贯彻以习近平同志为核心的党中央治国理政新理念、新思想、新战略，按照“五位一体”总体布局和“四个全面”战略布局要求，突出法治服务保障实施“三大发展战略”、全面创新改革“一号工程”和脱贫攻坚“头等大事”，推动《法治政府建设实施纲要（2015－2020年）》（以下简称《纲要》）和《四川省法治政府建设实施方案（2016－2020年）》贯彻落实，为加快建设美丽、繁荣、和谐四川提供坚实有力的法治保障，谱写四川省法治政府建设新篇章。

四川省法治政府建设的总体要求是：要按照中共中央、国务院确定的法治政府建设指导思想和基本原则，抓住法治政府建设的关键环节和“关键少数”，切实解决当前依法行政面临的突出问题，力争到2017年，各地、各部门依法行

---

* 具体执笔人李婵，作者单位：中共四川省委党校、四川行政学院法学部。

政能力和水平明显提升，法治政府建设制度机制基本健全；到2018年，基本完成《纲要》确定的各项任务，政府工作全面纳入法治轨道；到2019年，进一步巩固提高法治政府建设成果；到2020年，基本建成职能科学、权责法定、执法严明、公开公正、廉洁高效、守法诚信的法治政府，为深入实施“三大发展战略”、奋力推进“两个跨越”和谱写中国梦四川篇章提供有力法制保障。

（二）四川省法治政府建设的工作部署

一是抓住领导干部关键少数，落实第一责任人责任。根据《党政主要负责人履行推进法治建设第一责任人职责规定》，进一步细化法治政府建设第一责任人责任，建立法治政府建设第一责任人职责清单；严格落实法治政府建设情况年度报告制度并向社会公开；建立健全法治政府建设考核工作机制，修订完善法治政府建设考核办法和考核指标，推动实施法治政府建设第三方评估。

二是完善依法行政工作机制，提升法治政府建设实效。完善行政决策机制，推进科学民主依法决策，落实《四川省重大行政决策程序规定》，进一步明确行政决策合法性审查的范围、标准和程序，提高重大行政决策风险评估能力，完善行政决策公众参与机制；完善执法联动协作机制，提升行政执法效能。加强区域合作联动执法、部门联动执法、系统协作执法，健全行政执法和刑事司法衔接机制，深化行政与司法良性互动工作，形成规范行政执法、化解行政争议、促进法治政府建设的合力。

三是认真履行依法行政职能，发挥法治服务保障作用。履行公共服务职能，加快政府职能转变，继续清理规范行政审批和公共服务事项；履行法治保障职能，助力推动创新改革，加快推进航道管理、安全生产、水路交通管理、农作物种子管理、农村能源、环境保护、科技成果转化、放射性污染防治管理等方面立法；履行复议应诉职能，依法化解行政争议，加强和完善行政复议审理听证制度、简易程序等制度建设，提升行政复议规范化水平，落实行政复议委员会制度，加强和改进行政应诉工作，建立行政机关负责人出庭应诉制度。

四是提升依法行政工作水平，加快推进法治政府建设。提升政府立法水平，落实《四川省人民政府拟定地方性法规草案和制定规章程序规定》，健全政府立法立项、起草、论证、协调、审议机制，拓展社会各方有序参与政府立法的途径和方式；提升行政执法水平，按照中央和省委省政府安排部署，积极推进相对集中行政许可权改革试点、城市执法体制改革试点和综合行政执法工作；提升规范性文件监督管理水平，修订四川省行政规范性文件制定和备案规定，建立规范性文件合法性审查标准，实现制定主体、审查范围、审查内容、审查流程和审查意见文书标准化管理；提升政务信息公开水平，落实《政府信息公开条例》，按照《中共四川省委办公厅　四川省人民政府办公厅关于印发〈关于全面推进政务公开工作的实施意见〉的通知》（川委办〔2016〕53 号）的要求，推进行政决策公开、执行公开、管理公开、服务公开和结果公开，从源头上保障行政权力公开透明运行。

二、四川省法治政府建设的工作情况

（一）抓住关键环节，强化法治政府建设组织领导

一是压实工作责任。修订《四川省人民政府工作规则》，专章对"依法行政"作出规定；出台《四川省党政主要负责人履行推进法治建设第一责任人职责实施办法》和《四川省人民政府主要负责人 2017 年履行推进法治建设第一责任人职责的工作安排》，每季度督查落实情况。二是落实年度报告。按照《纲要》要求，按时向国务院、省委和省人大常委会书面报告 2016 年度全省法治政府建设工作情况，并在省政府网站公开。各地各部门按要求向省政府报告了 2016 年度法治政府建设工作情况。三是强化安排部署。召开四川省法治政府建设工作领导小组会议，研究制定《四川省人民政府 2017 年度法治政府建设工作安排》；召开四川省法治政府建设工作电视电话会议，对抓住领导干部关键少数、完善依法行政工作机制等 12 项重点工作作出具体部署。四是强化督查考核。突出法治导向，组织开展《纲要》实施情况专项督查，修订考核办法和考核指标，将依法行政作为依法治省的重要内容，纳入对同级政府部门绩效考核和对下级政府目标考核。五是强化基层基础。鼓励基层探索创新，评选命名"四川省法治政府建设十个创新案例"，发挥依法行政示范带动作用，加快推进法治政府建设进程。六是强化法治意识。注重培养领导干部的法治意识、法治思维、法治本领。省政府开展"学法律、学政策、学知识"活动 15 期，开展"督院大讲堂""公务员大讲堂"22 场，各级政府开展常务会议学法 5481 次，营造了领导干部带头学法、用法、尊法、守法的良好氛围。

（二）改进政府立法，制度建设质量不断提升

一是开门立法广纳民意。进一步完善政府立法公开征求意见程序，收到公众投票 100 万余票，《四川省航道管理条例》《四川省重大建设项目稽察条例》等得票较高的项目纳入年度计划。立法过程注重听取各方意见，采取立法草案公开征求意见、面对面座谈、委托第三方调查等方式，充分听取意见建议。二是加强重点领域立法。突出创新驱动、农业农村发展、生态安全环保等方面立法，

省政府常务会议审议通过《四川省环境保护条例(修订草案)》《四川省促进科技成果转化条例(修订草案)》等地方性法规草案11件,发布《四川省民用无人驾驶航空器安全管理暂行规定》《四川省行政机构设置与编制管理规定》等政府规章14件,加快推进《成都国家自主创新示范区条例》《中国(四川)自由贸易试验区条例》等立法工作。三是推进市(州)政府立法。指导21个市(州)政府建立完善政府立法工作机制。其中,雅安等市增配了政府立法工作人员,攀枝花、广安、达州等市建立政府立法程序制度,泸州、德阳、内江等市开展了立法培训,甘孜、阿坝、凉山三州积极推进民族地区立法。《青衣江流域(雅安段)水环境保护条例(草案)》等25部地方性法规草案提交市(州)人大常委会审议,《阿坝藏族羌族自治州政府规章制定程序规定》等14部市(州)政府规章发布实施。四是有效维护法制统一。按照中央统一部署,对涉及生态文明、环境保护、"放管服"改革的地方性法规、规章和规范性文件进行了专项清理,修改和废止不适应改革和发展的政府规章11件,规范性文件2970件。

(三)严格决策程序,行政决策水平不断提高

一是完善行政决策制度机制。严格落实重大行政决策"五大法定程序",组建由338位专家组成的行政决策咨询专家库,为依法科学决策提供智力支持。省政府办公厅制定了"三重一大"事项、政府采购等制度规定,推动重要项目安排、大额资金使用更加规范。二是严把合法性审查关。各级政府法制机构认真履职尽责,对重大行政决策和重要涉法事务严把合法性审查关。全省政府法制机构办理重大决策事项合法性审查28 024件。其中,省法制办办理省委省政府重大决策事项合法性审查298件。三是开展行政决策第三方评估。引进高校和科研院所,开展重大行政决策后评估工作。委托省社科院对市(州)政府开展行政决策第三方评估,编制了《行政决策第三方评估报告》。四是健全法律顾问制度。省委办公厅、省政府办公厅制定了《关于推行法律顾问制度和公职律师公司律师制度的实施意见》和《四川省法律顾问团管理办法(试行)》,组建四川省法律顾问团,为省委省政府依法决策提供法治保障。

(四)深化"放管服"改革,政府职能不断优化

一是深化行政审批制度改革。开展国务院取消下放行政审批事项对应清理工作,取消行政许可事项41项。清理规范省市县三级行政许可684项,实现了事项归类、名称、编码、依据"三级四同"和行使层级、实施主体、审批对象"三明确"。推进相对集中行政许可权改革试点,13个市(州)52个试点地区行政许可权集中度平均达到80%以上。二是深化商事制度改革。推进登记制度改

革,在原“五证合一、一照一码”基础上,实行“二十证合一”。向中国(四川)自贸试验区下放(或委托实施)省级管理事项 33 项。开展企业集群注册登记试点,以“减政”推动“简政”,降低市场准入制度交易成本,为大众创业万众创新注入活力。三是建立政务服务平台。加快推进“互联网 + 政务服务”,将省市县三级公共资源交易和公共服务事项纳入全省一体化政务服务平台。四是切实转变政府职能。发布《政府核准的投资项目目录(四川省 2017 年本)》,进一步扩大企业、基层投资自主权,省级层面核准项目累计减少 70% 左右。清理规范收费项目,取消、停征和降标行政事业性收费 30 项,经营服务性收费取消 23 项、降标 3 项、废止 1 项,取消调整涉企、涉煤、涉农、涉民等收费项目,每年为企业和社会减轻负担 12 亿元。

(五)完善体制机制,行政执法更加严格规范

一是深化行政执法体制改革。开展成德绵跨区域知识产权行政执法机制改革。成都、攀枝花、泸州、绵阳、乐山、宜宾、凉山和德阳等市(州)综合行政执法改革试点扎实推进。积极推进交通、农业等领域部门内综合执法,稳妥推进跨领域综合执法。全省 25% 的县(市、区)探索工商、质监、食品药品监管合一的大市场监管模式,减少执法队伍 139 支。二是推进行政执法“三项制度”试点。制定了四川省“三项制度”的具体规定,两个国家级试点地区工作获得上级肯定,有效带动成都市、德阳市、财政厅、省地税局等 21 个省级试点地区(部门)开展试点工作。其中,泸州市建立了“三项制度”组织、制度、保障体系,成都市金牛区建立了“多渠道、全方位、可互动”执法公示载体。三是加大对违法犯罪的打击力度。全省行政执法机关行政处罚 3385 万余件,同比增长 29.24%。其中,查处食品药品违法25 069件,涉案金额 5617.58 万元;查处安全生产领域违法 7537 件;开展医保欺诈联合执法,查处违规医疗机构 1942 家,收回医保基金 3514.63 万元;实现省级环保督察全覆盖,8924 个问题整改完成 8198 个,整改率 91.9%。强化刑事司法与行政执法联动协作,向司法机关移送涉嫌犯罪案件 4415 件,同比增长 25.78%。四是规范行政执法行为。清理后核定全省行政执法主体11 980个、行政执法人员228 772名。公安、工商、质监等部门(系统)采取改革案管机制、实行信用监管制度和依法行政账图等方式,进一步规范行政执法行为。全省评查行政执法案卷 90.53 万卷,备案审查重大行政执法决定 6.48 万件,追究过错责任 1302 件(次)。

(六)积极回应关切,自觉接受各方监督

一是主动接受人大、政协监督。全省政府系统办理全国和省人大代表建

议、政协提案1964件,按时办结率100%。2017年3月,在省十二届人大常委会第32次会议上,省政府向省人大常委会报告2016年度法治政府建设工作情况,并及时回应审议意见。制定了《四川省人民政府及其各部门任命的国家工作人员宪法宣誓实施方案》,及时组织开展宪法宣誓活动。二是自觉接受司法监督。积极回应省法院司法建议,出台了《四川省加强和改进行政应诉工作实施办法》,对全省21个市(州)和11个省直部门开展了"行政机关负责人出庭应诉"专项督查。2017年,全省办理行政诉讼案件8429件,同比增长24.2%;以省政府为被告的行政应诉案件403件,同比增长48.7%。三是加强内部层级监督。进一步完善行政复议委员会案件审理机制,试点复议申请网上受理和复议案件巡回听证审理。全省共收到行政复议申请7622件,其中,省政府收到行政复议申请718件,同比增长8.8%。四是推进政务公开接受社会监督。全面推进决策、执行、管理、服务、结果"五公开",加强解读回应,扩大公众参与。省政府依法受理政府信息公开申请同比增长32.4%。省政府网站在中国政府网站绩效评估中继续保持全国先进行列,政务公开工作获得国务院办公厅肯定。

2017年,四川省法治政府建设工作虽然取得一定成效,但仍然存在发展不平衡、运用法治思维和法治方式能力不足、法治队伍建设相对滞后等问题。2018年,我们将深入贯彻落实党的十九大和十九届二中、三中全会精神,坚定以习近平新时代中国特色社会主义思想为指导,把全面依法治国、依法治省重大部署落实到各地各部门法治政府建设实践的各方面和全过程。一是坚持党的领导。在党中央集中统一领导下,按照国务院部署,依照省委要求,改进不足、补齐短板,深入持久地推进法治政府建设工作。二是紧盯重点难点。继续抓好关键少数和基层基础,引导各级干部自觉提升法治素养,深入总结基层法治政府建设经验,探索完善行政审批、行政执法、诚信建设等工作的有效举措。三是扎实推进工作。完善与法治政府建设有关的领导小组、联席会议、专项协调会议、领导带头抓落实等制度,进一步强化统筹协调,凝聚工作合力。完善法治政府建设督查考核、通报约谈等制度,确保各项工作务实推进。

三、四川省法治政府建设中存在的不足

(一)领导干部及工作人员学法用法制度效果不明显

国家工作人员学法用法是全面依法治国的基础性工作,是深入推进社会主义核心价值观建设的重要内容,是切实加强干部队伍建设的有效途径。党中央、国务院历来高度重视国家工作人员学法用法工作。四川省的普遍现象是,

国家工作人员的学法自觉性不断提高,法律意识和法治素养明显增强,依法决策、依法行政、依法管理的能力显著提高。但部分县级行政机关领导干部及工作人员学法用法重视不够,有的地方和部门学法用法制度不够健全,有的国家工作人员法治观念淡薄,有的甚至知法犯法、以言代法、以权压法、徇私枉法。根据深度访谈得知,大多领导干部学法的时间短、深度不够、针对性不强,主要是为应付上级检查,学法用法制度在落实过程中大多流于形式。

(二)行政决策程序合法性、民主性及科学性待提升

在调研过程中发现,政府重大行政决策,特别是政府重大民生和环境保护决策公开听证程序及工作,受访公众持疑虑或否定等负面态度的居多。存在的问题主要是行政机关在作出重大行政决定时,信息发布与传递存在问题,难以有效直达公众、覆盖各阶层。县级政府官网信息化建设及信息公开工作,离群众要求还有一定差距,需切实督管好市级职能部门和各乡镇政务信息的及时上网与更新,并强化社会宣传。另外,在一些重大行政决策中,政府法律顾问大多流于形式,征求律师或专业人士的法律意见亦是一种形式或过程,并没有发挥法律顾问应有的作用。行政决策的随意性较大,官本位意识和风气突出,民主决策制度在一些单位一把手有了方向性意见的情况下也变成了走形式或过场。与此同时,也制造了一些社会矛盾纠纷,如征地拆迁问题特别突出,严重影响了社会稳定。

(三)重大行政责任追究及责任倒查机制执行不力

深度访谈对象反映,在行政追责方面,政府做得相当虚化,即使出现了错误也基本没有人承担责任,也因此导致了决策的随意性很大。相当部分社会公众对于行政机关及其工作人员"行政违法"责任追究情况持怀疑和否定态度。表明了现有的重大行政决策终身责任追究及责任倒查机制存在执行不力、责任追究不够公开等问题,与社会公众对违法行政决策责任追究预期有差距。

(四)行政机关履职过程中仍存在权责不清、效率低下等问题

县级行政机关中仍然存在政府部门,在履行职责过程中存在"该管的不管"不作为情况。这反映出公众对具体、明确、权责利统一的执法流程加快建设的期盼之情,还在一定程度上反映了民众对政府权力清单制度建设及行政体制改革工作的不认可。另外,在履行职责过程中存在"门难进,事难办,脸难看"不作为现象,亟待在以后依法履职中既要做好权责明晰与效率提升,又要做好行政执法制度、职业道德建设和监管。同时,行政机关中部分部门及分支机构仍存在在履行职责过程中"办事效率低下,久拖不决"现象,限时办结制度的建

设、监管及效率提升工作仍待加强。

(五)违规违法执法现象时有发生,执法水平仍待提高

调研中发现,在县级行政机关及其工作人员行政执法中,依然存在“粗暴执法、暴力执法”“选择性执法”“吃拿卡要”“多头执法、重复执法”等现象。同时,行政执法主体资格不适格的现象仍然存在,行政执法行为不作为或乱作为的现象比较突出,行政执法方式不文明、不公正和程序违法的现象依然存在。这些现状与加快建设职能科学、权责法定、执法严明、公开公正、廉洁高效、守法诚信法治政府的目标相背离,在人民群众中造成了恶劣的影响,需高度关注与查处整改。

四、四川省法治政府建设未来展望

(一)强化领导干部及政府工作人员法治理念

提高政府领导干部及工作人员学法用法考法的针对性和实用性,强化法治意识和法治思维。领导干部及工作人员法治意识是依法行政的基础。政府领导干部及工作人员在提高法律专业知识水平的问题上,应着力克服消极应付检查的心理、避免形式主义倾向,做到真学真用真考,同时提高学法的针对性和实用性。建立科学合理的绩效考核评价体系。加强依法行政目标考核工作力度,考核方式要由原来的内部考核、层级考核为主逐步增加社会评价、第三方评估等内容,让普通民众的知情权、参与权、监督权得到真正落实;考核内容要逐步从主观意愿较为浓厚、内容相对单一的满意度评价向以客观要素为主同时结合满意度评价的多层级评价内容转变,增加服务型政府的指标权重,引导各级领导干部树立正确的工作理念,从而在整体上提升依法行政能力的水平。

(二)加大政府信息公开的力度

认真贯彻落实《政府信息公开条例》及相应规定,依法做好主动公开的事项,尤其是关系到全省发展的重要事项、重大决策。政府信息公开要以“公开为原则,以不公开为例外”的指导思想来处理,对于政府信息条例规定的,政府应当及时通过网络等渠道依法主动公开。对于依申请公开的事项,要严格依据法律规定进行审查和公开。同时,要切实监督职能部门和各乡镇政务信息的及时上网与更新,并强化社会宣传,使公众了解政府官网信息公开事项、便捷获取所需信息。

(三)严格遵守重大行政决策的各项制度

重大行政决策制度的运行实效是依法行政的关键。就目前而言,法律顾问

制度、听证制度和领导干部的民主决策等重大行政决策的相关制度已基本上形成,关键是政府应克服在重大行政决策过程中的形式主义、官僚主义和应付上级政府的依法行政工作检查的倾向,从而保证重大行政决策的各项制度得以实际运行。进一步完善政府法律顾问制度,充分发挥法律顾问的作用,确保重大决策依法合规。同时,完善公众参与、专家论证和政府决定相结合的行政决策机制,提高政府决策的科学性和可操作性,对专业性、技术性较强的重大决策事项,及时商请专家咨询论证,对与群众利益密切相关的重大事项,实行公示、听证制度。

(四)促使行政执法更加规范化

针对政府及职能部门行政执法不作为或乱作为的问题,特别是在土地征用和违章建筑的强拆等行政执法中,政府应进一步加强对政府领导干部及执法人员的法律专业知识的培训及思想教育,促使领导干部和行政执法人员转变思想观念,牢固树立法律权威至上、权力服从法律的观念。同时,强化行政执法的监督考核,严格行政执法的主体责任,强化违法行政的责任追究。抓好限时办结制度的建设及效率提升工作,在职能科学、权责法定、执法严明、公开公正、廉洁高效、守法诚信等方面加快法制政府建设的同时,更加注重执法程序、行为和结果的公正、公平与公开,并抓好执法全过程记录监管和责任追究惩处工作。建立和完善要求具体、期限明确、责任落实的执法流程,保障执法公正,促进行政执法更加规范化。

(五)完善行政责任追究机制

违法行政责任追究及责任倒查是依法行政的重要保证,应进一步转变行政问责的工作机制,做到责任追究过程和结果的公开化,保障相对人及社会公众对违法行政责任追究的知情权,从而提高违法行政的责任追究的公信力,真正发挥行政问责的惩处功能、指引功能和监督功能。建设法治政府应充分发挥群众和社会监督作用,进一步完善责任追究制度、强化行政问责的惩处时效,并及时做好相关信息公开工作,切实保障"行政违法"责任追究落到实处。

(六)推行完善政府权力清单制度,进一步厘清政府职能职责,提高依法行政的执法效能

严格依法设定政府部门之间职能职责的法律界线,针对政府部门之间存在"行政机关之间互相推诿扯皮""多头执法、重复执法"的具体问题,政府应进一步深化综合行政执法体制的改革创新,理顺政府部门之间的行政执法体制,明确政府部门之间的法定职权主体和执法职责,从而提高政府的行政执法效能。

同时对行政权力进行自查自清,强化动态监督,实施跟踪审计,推动行政审批等工作不作为、慢作为专项整治、开展网上电子监察,督促整改,加大“三公经费”等政务信息公开力度,权力运行更加公开、透明。

(七)加强普法宣传教育工作,引导社会向法治文明迈进

鼓励多形式、多渠道地开展普法教育和法制宣传工作,提高公众法律素养。实行“谁执法,谁普法”的普法责任制,落实“法律七进”工程,加强对中小学生、进城务工农民、农村村民和留守妇女老人,特别是少数民族地区民众的宣传教育,提高全民尊法、学法、守法、用法的整体水平。民众法律素养的提高,可以为依法行政提供源源不断的社会监督,促进政府依法行政工作良性发展。只有全社会都信仰法治,才能真正建立起法治国家。

第二部分　依法行政第三方评估报告

四川省Z县依法行政第三方评估报告

曹　敏*

2017年9～11月，评估组在Z县通过调查问卷、法律从业人员深度访谈等方式开展依法行政评估工作。此次评估，共发出调查问卷200份，收回有效调查问卷191份，法律从业人员深度访谈6人次。评估报告以调查问卷的统计分析为基础，结合法律从业人员深度访谈所获得的信息综合分析得出。

一、Z县依法行政第三方评估结论

（一）Z县依法行政工作成效分析

Z县政府依法行政工作得到市委、市政府领导的重视，工作作风有一定转变。在行政审批制度改革、政府信息公开、政务中心建设、法治宣传等方面有较大改进。现将其依法行政工作取得的成效总结如下：

1. Z县法治环境较好，社会公众对法治的信赖度较高

评估组在综合分析调查问卷（公民版）第2题、第19题、第20题的统计结果和深度访谈的评价基础上得出这一结论。

一是法律规范是作出行政行为的首要原动力。调查问卷第2题是针对行政机关工作人员作出行政行为的原动力的调查，通过受访者作为行政行为的直接作用者和观察者的切身感受，反映该地区依法行政模式和社会认同度。调查结果显示有占81.2%的受访者选择“法律规范”对行政机关工作人员行政行为的约束力较强，其后依次是红头文件（政策）（49.2%），道德观念（44.0%），社会舆论和评价（40.3%），领导批示、口头指示（35.6%）。

二是公力救济是公众维护个人权益的主要渠道。Z县依法行政工作推动了良好法治环境的形成，引导社会公众建立对法治的信赖，进而更愿意采用公

* 作者单位：中共德阳市委党校。

力救济维护个人权益。调查问卷第19题是针对公民的合法权益受到违法行政行为侵犯时,会采取何种措施保障自己权利的调查。采用公力救济与私力救济的比例直接反映出该地区依法行政的状况。调查结果显示,当遭到侵权行为时,80.6%的受访者“会选择法律途径(申请行政复议或提起行政诉讼)解决纠纷”,仅19.4%的受访者表示“不会选择法律途径(申请行政复议或提起行政诉讼)解决纠纷”,其中“不会选择法律途径解决行政纠纷”,最主要考虑的原因,46.6%的受访者认为是“成本高”,35.6%的受访者认为是“效率低”,17.8%的受访者认为是“不管用”。

三是公众在行政纠纷中的法律救济渠道比较畅通,行政纠纷的审理比较公正。在深度访谈中,访谈对象对公众在行政纠纷中的法律救济渠道的总体评价是:法律救济渠道畅通。行政复议机关对行政复议申请都能依法受理,人民法院对行政诉讼案件立案,应立尽立。同时,调查问卷第19题针对人民法院审理行政纠纷是否公正的调查显示,67%的受访者认为“法院能够公正审理行政纠纷”;3.7%的受访者认为“法院不能公正审理行政纠纷”。

2. Z县行政审批制度改革到位,成效明显

评估组在综合分析调查问卷(公民版)第3题的统计结果和深度访谈的评价基础上得出这一结论。

新一轮行政审批制度改革的核心要义是减政放权,大幅减少前置审批和许可数量,提高社会和市场活力,根治“明减暗增”“加减边增”等顽疾。调查问卷第3题是针对行政审批制度改革总体评价的调查。调查结果显示,66.5%的受访者认为“行政许可和审批事项大幅减少,办事效率明显提高”;16.2%的受访者认为“行政许可和审批事项得到了清理,但办事程序烦琐,办事效率不高”;9.4%的受访者认为“行政许可和审批事项得到了清理,但改头换面,明减暗增”;7.9%的受访者认为“行政许可和审批事项没有得到清理,与以前差不多”。

通过深度访谈,访谈对象对Z县行政审批制度改革的总体评价是:改革力度大,落实到位。Z县率先试行“行政审批局”改革,目前已建成机构完备、制度完善的行政审批局。通过梳理各行政部门的行政许可和审批权,分类集中,公开会示,同时充分考虑税务、工商等垂直领导部门的特殊情况,合理设置集中审批权,大大减少了前置审批和许可的数量。

3. Z县政务服务中心、便民中心群众满意度高

评估组在综合分析调查问卷(公民版)第4题的统计结果和深度访谈的评

价基础上得出这一结论。

一是办事流程简化,办事效率高。调查问卷第 4 题是针对政务服务中心或乡镇便民服务中心与过去对比,是否高效便民的调查。调查结果显示,有 90.1% 的受访者认为“办事流程简化、办事效率高”;6.8% 的受访者认为“办事流程不变,办事效率一般”;0.5% 的受访者认为“办事流程不变,办事效率低下”;2.6% 的受访者认为“办事流程烦琐,办事更加困难”。

二是群众对政务服务工作基本满意。通过对深度访谈的分析,评估组总结认为,Z 县政务中心基本能做到集中“一站式”服务,相比过去工作人员态度较为热情,工作作风有所好转,能够严格按照规定期限办结相应事务。

4. Z 县政府信息公开比较规范

评估组在综合分析调查问卷(公民版)第 5 题的统计结果的评价基础上得出这一结论。

调查问卷第 5 题是针对政府信息公开状况的调查。调查结果显示:79.1% 的受访者“知道到政府官网上查找需要的政府信息”;57.1% 的受访者认为在政府官网上“能够方便地查找到相关信息”;14.1% 的受访者认为在政府官网上“能够查找到相关信息,但是很费劲”;26.2% 的受访者认为在政府官网上“能够打开相关链接,但是查找到的相关信息不完整”;2.6% 的受访者认为在政府官网上“不能查找到相关信息”。

(二)Z 县依法行政工作中亟须重视的问题

评估组通过认真分析调查问卷、深度访谈反映的问题,认为 Z 县政府依法行政的总体状况较之过去有较大进步,但是,在行政权力监督、行政决策、行政执法等方面还存在问题。Z 县依法行政工作中亟须重视的问题具体表现在以下 5 个方面:

1. Z 县行政机关依法行政水平差异大、不均衡

评估组在综合分析调查问卷(公民版)第 1 题、第 13 题的统计结果、深度访谈的基础上得出这一结论。

一是依法行政水平整体不均衡。调查问卷第 1 题设计的调查目的是通过受访者对 Z 县各主要政府组成部门的依法行政状况进行评价,分析各部门的数据,反映 Z 县依法行政的总体状况。调查结果显示:受访者对税务(41.9%)、公安(46.6%)、民政(42.4%)、人力资源和社会保障(46.1%)、发展改革委(39.8%)的满意度较高,对安全生产监督(15.7%)、食品药品监管(18.8%)、城管执法(12.6%)、质量监督检验检疫(12%)的满意度较低。15 个受调查的

政府部门,受访者满意度从最高46.6%到最低12%,差异近35个百分点。其中,满意度≥40%的有4个政府部门,30%≤满意度<40%的有4个政府部门,20%≤满意度<30%的有3个政府部门,满意度<20%的有4个政府部门,行政机关依法行政水平差异大、不均衡。

二是个案中的执法不公现象较突出。“让人民群众在每一个个案中都感受到公平正义”事关人民群众对法治的“获得感”。调查问卷第13题通过调查本地区行政机关及其工作人员在行政执法中是否存在“执法不公”现象,反映政府部门依法行政的水平,体现政府部门对法治精神的贯彻程度。调查结果显示:50.3%的受访者认为本地区行政机关及其工作人员在“个别案件中存在执法不公的现象”。

2. Z县行政决策的科学性、民主性不高

评估组在综合分析调查问卷(公民版)第6题、第7题的统计结果、深度访谈的基础上得出这一结论。

一是行政决策程序中的公开听证工作做得不够。调查问卷第6题是针对Z县作出事关重大民生或环境保护的重大决策时是否公开听证的调查。调查结果显示,只有51.3%的受访者认为“举行了公开听证”;32.5%的受访者认为“个别情况下举行了公开听证”;16.2%的受访者认为“没有举行公开听证”。

二是行政决策的透明度不高。调查问卷第7题是针对Z县政府在作出重大行政决策时是否征求社会公众的意见以及征求社会公众意见的方式是否畅通有效进行调查。调查结果显示,受访者认为“事前既不公开听取意见,事后也不公开行政决定”的为4.7%;“偶尔公开听取意见”的为20.9%;“事前不公开听取意见,事后公布了行政决定”的为22.5%;“事前公开听取了意见”的为51.9%。

3. Z县行政机关存在怠政懒政现象

评估组在综合分析调查问卷(公民版)第8题、第9题、第11题、第12题的统计结果的评价基础上得出这一结论。

调查问卷第8题是针对Z县行政机关是否存在“该管的不管”现象的调查。调查结果显示,44.5%的受访者“遇到过行政机关该管的不管”。

调查问卷第9题是针对Z县行政机关是否存在“不该管的瞎管”现象的调查。调查结果显示,仅27.2%的受访者“遇到过行政机关不该管的瞎管”。

调查问卷第11题针对Z县行政机关是否存在“相互推诿扯皮、被踢来踢去“现象的调查。调查结果显示:53.4%的受访者“遇到过行政机关相互推诿扯皮、被踢来踢去”。

调查问卷第 12 题是针对 Z 县行政机关是否存在“办事效率低下、久拖不决”现象的调查。调查结果显示,39. 8% 的受访者“遇到过行政机关办事效率低下、久拖不决”。

综合对比分析上述四组数据,显示行政机关存在怠政懒政现象。

4. Z 县行政执法过程中执法不规范现象较多

评估组在综合分析调查问卷(公民版)第 10 题、第 14 题、第 15 题、第 16 题、第 17 题的统计结果和深度访谈的评价基础上得出这一结论。

调查问卷第 10 题是针对 Z 县社会公众在与行政执法部门打交道时的直观感受进行调查。调查结果显示:45. 5% 的受访者在与本地区行政机关打交道时,“遇到过门难进,事难办,脸难看”的情况。

调查问卷第 14、15、16、17 题针对 Z 县社会公众对本地区行政机关及其工作人员执法是否规范的调查。调查结果显示:对本地区行政机关及其工作人员在行政执法中是否存在“粗暴执法、暴力执法”现象,10. 5% 的受访者认为“存在”;39. 3% 的受访者认为“个别案件中存在”;仅 50. 2% 的受访者认为“不存在”。对本地区行政机关及其工作人员在行政执法中是否存在“选择性执法”现象,12. 6% 的受访者认为“存在”;36. 6% 的受访者认为“个别案件中存在”;仅 50. 8% 的受访者认为“不存在”。对本地区行政机关及其工作人员在行政执法中是否存在“吃拿卡要”现象,7. 3% 的受访者认为“存在”;38. 2% 的受访者认为“个别案件中存在”;54. 5% 的受访者认为“不存在”。对本地区行政机关及其工作人员在行政执法中是否存在“多头执法、重复执法”现象,9. 9% 的受访者认为“存在”;35. 6% 的受访者认为“个别案件中存在”;54. 5% 的受访者认为“不存在”。

通过深度访谈和座谈会,公众普遍认为 Z 县近年来行政执法的规范性有所提高,但仍然存在“运动式执法”“多头执法、重复执法”的现象。同时,执法过程不够规范,自由裁量权过大,执法程序不够严谨。

5. Z 县行政权力的监督力度不够

评估组在综合分析调查问卷(公民版)第 18 题的统计结果、深度访谈的基础上得出这一结论。

完善行政问责机制是对行政权力制约和监督的关键要素。调查问卷第 18 题的统计结果显示,对本地区行政机关及其工作人员是否因“行政违法”被追究责任,17. 8% 的受访者认为“没有被追究责任”;27. 7% 的受访者认为“被严格追究了责任”;26.2%的受访者认为“个别案件被追究了责任”;28.3%的受访者认为“被追究了责任,但是力度不够”。

(三)关于Z县加强和改进依法行政工作的建议

评估组通过分析所获取的基础数据,认为Z县政府在推进依法行政上按照中央和省委、省政府的部署做了大量的工作,依法行政的整体状况有所改进,但不可否认的是Z县政府及其部门在依法行政中存在的问题也相当突出。鉴于此,针对Z县依法行政工作存在的上述问题,评估组提出以下建议。

1.提升执法人员法治素养,建设高素质执法队伍

一是转变关注重点。“时代是思想之母”,时代不同,要求亦不同。党的十八届四中全会提出法治建设新十六字方针——“科学立法、严格执法、公正司法、全民守法”,相较40年前党的十一届三中全会提出的“有法可依、有法必依、执法必严、违法必究”,新十六字方针对法治建设的各方面提出了更明确的标准和要求,“科学”“严格”“公正”是对立法者、执法者、司法者的要求。依法行政的关注点,要从关注财富增长转变到关注公平公正;从关注实体转变到既重实体,也注重程序;从关注用权转变到关注律己。

二是坚持系统学习。法律是一门科学,法律体系复杂完善。执法人员依法行政不能仅凭“原则”、依“经验”,须对法律有相当程度的了解并熟练运用。坚持系统的法律学习是公务人员提高法治素养的刚性要求,没有法律知识的积累,法治能力如无源之水。坚持系统学习法律,关键要找好切入点,一是要掌握法律体系内在的逻辑结构以及适用的基本原则;二是要依据法律体系的内在逻辑结构构建自己的法律知识树,储备法律知识。三是注重法治实践。正确行使行政自由裁量权,避免行政随意性,是依法行政的应有之义。自由裁量权尺度的把握需在实践中锤炼。通过个案的总结与反思,可以看到行政、用权过程中的问题,对恰当行使自由裁量权,培养理性思维具有正面作用,避免行政中的随意性。

2.加强和完善行政决策体制和机制,提高决策科学化民主化水平

一是尊重民意,保障民众参与权。要广开言路,通过问卷调查、民意测验、座谈走访等多种渠道多种方式,深入了解民意、充分反映民情、广泛集中民智,逐渐形成常态化、制度化的公众参与形式。要重视互联网对公众参与的作用,充分利用官方微博、微信,拓宽信息公开和公众参与渠道,使公众表达意见前,能够充分获取相关信息,提前就决策做深层次思考,实现有效参与。

二是转变观念,重视评估论证。要坚持实事求是原则,全面掌握宏观情况,

准确把握决策内容；建章立制，对专家论证、风险评估的形式、内容、途径等作出明确规定，发挥专家学者的特殊作用，重视风险评估的结论，对决策方案进行严密的评估论证。这是科学决策的核心，也是政府决策层最应该下工夫的环节。

3. 完善岗位责任和绩效评估制度，形成勤政务实的工作作风

一是强化岗位责任，增强工作动力。强化岗位责任，明确职责范围，可以让执法人员树立责任意识，正确认识职权与职责的关系，对失职和不作为的后果有清醒认识，推动其承担应当承担的责任，履行应当履行的义务，激发工作动力，保障行政办事各个环节畅通，提高行政办事效率。

二是完善政府绩效评估制度。政府绩效评估是对行政机关及其工作人员行为的监督与考评，目的在于引导行政机关及其工作人员高质高效地做好各项工作。要建立科学合理的绩效评估指标体系和评估机制，在强化法治政府、服务型政府的指标及权重的同时，要注重把勤政务实作为一项重要指标，坚持内部评估和外部评估相结合，促进勤政务实工作作风的形成。

三是要把执法失误与滥用职权、玩忽职守的行为予以区别。对多种原因造成的执法失误，应当客观对待，对于主观上没有重大过错的执法人员应当予以宽容。

4. 规范行政执法行为，提升行政执法水平

一是加强执法人员的法治培训，提升执法人员的业务素质。执法人员不能由于日常工作繁忙而忽视法治培训。法治培训要注重实际可操作性和现实意义，切实在思想上加强执法人员的法治意识，使法治理念真正能在日常工作中加以体现和深化。

二是规范行政执法流程，强化执法人员的程序意识。建立要求具体、期限明确、责任落实的执法流程，保障执法公正，全面落实行政执法公开、亮证、告知、听证、说明理由、回避等程序规定，从而促进政府依法行政工作的开展。

三是加强对依法行政的目标考核，进一步完善、细化考核指标体系，使之进一步客观化、科学化；进一步完善考核方式，由内部考核、层级考核为主的方式逐步增加社会评价、第三方评价的力度，拓展有公众参与的考核方式；从考核内容来看，要逐步从主观意愿较为浓厚、内容相对单一的满意度评价向以客观要素为主同时结合满意度评价的多层级评价内容转变。

5. 强化行政权力的制约和监督，建立科学有效的制约和监督体系

一是增强信息公开实效。法治政府应该是透明的政府。公开是最好的监督。评估组在调研中发现，公众对政府及其职能部门的信息公开工作评价不

高,一方面是因为信息公开的“量”不够,更重要的是,信息公开的“质”不高,信息公开的内容空洞、缺乏细化,甚至连“专家都看不懂”。政府的信息公开,不仅“量”要扩展,“质”更要用心。对涉及面广、社会关注度高的或专业性较强的重要政策、法规,可以同步附以解读方案,运用图片、图表、图解、视频等可视化方式,增强政策解读效果;对涉及本地区本部门的重要政务舆情、重大突发事件等热点问题,要依法按程序第一时间予以回应;对公民的信息公开申请,要正确看待,依法及时回复;对公民提起的政府信息公开案件,理性应诉。

二是完善和落实行政问责制。决策权应当与义务、责任相一致。坚持“决策必签字、签字必负责”的原则,探索建立动态的重大决策评价机制,及时纠正决策出现的失误,调整决策方向和实施方法等,分清决策中的个人责任和集体责任,避免问责不清和问责不力的情况。要加大行政问责的公开化,发挥行政问责的指引功能,使科学决策、民主决策内化为决策者的工作习惯。

二、Z县依法行政第三方评估调查问卷分析

Z县依法行政调查问卷(公民版)一共设计了20个调查问题,这里结合每个调查问题及其统计结果展开分析。

1. 您认为本地区哪些行政机关依法行政的情况比较好?(可多选)

A. 发展改革委(或局)　B. 税务　C. 公安

D. 民政　E. 国土资源　F. 住房和城乡建设

G. 文化教育　H. 工商行政管理　I. 安全生产监管

J. 食品药品监管　K. 环境保护　L. 城管执法

M. 质量监督检验检疫　N. 交通运输　O. 人力资源与社会保障

本题设计的调查目的:由受访群众对Z县各主要政府组成部门的依法行政状况进行评价,从各部门的数据总和分析Z县依法行政的总体状况。

调查选择了发展改革委(或局)、税务、公安、民政、国土资源、住房和城乡建设、文化教育、工商行政管理、安全生产监督、食品药品监管、环境保护、城管执法、质量监督检验检疫、交通运输、人力资源与社会保障等15个主要职能部门,由受访群众对其依法行政状况进行评价,通过分析受访群众对各个职能部门依法行政状况的满意度以及分析受访群众对各个职能部门的“依法行政情况比较好”进行选择的总次数与可选择机会的总次数(191×15=2865次)的比率关系分析Z县政府依法行政的总体状况。

表1-1 各职能部门依法行政状况评价总体选择计数和百分比

选 项	选择计数		个案百分比(%)
	个 数	百分比(%)	
发展改革委(或局)	76	8.7	39.8
税 务	80	9.2	41.9
公 安	89	10.2	46.6
民 政	81	9.3	42.4
国土资源	62	7.2	32.5
住房和城乡建设	74	8.5	38.7
文化教育	55	6.3	28.8
工商行政管理	60	6.9	31.4
安全生产监管	30	3.5	15.7
食品药品监管	36	4.1	18.8
环境保护	44	5.1	23.0
城管执法	24	2.8	12.6
质量监督检验检疫	23	2.6	12.0
交通运输	48	5.5	25.1
人力资源和社会保障	88	10.1	46.1
总 计	870	100	455.4

注:上述"选择计数"列中的"百分比"为各选项次数除以各个选项全部被勾选的总次数,该"百分比"的总和等于100%。最后一列"个案百分比"中的数值为各个选项被勾选的次数除以有效观察人数,在多选题中此列百分比总和通常会大于100%。多选题次数分布表要以"个案百分比"列数值来诠释较为贴切。

由表1-1可知,有46.6%的受访者对公安部门的依法行政状况感到满意,其次是人力资源和社会保障部门46.1%、民政部门42.4%,而对质量监督检验检疫部门、城管执法部门、安全生产监管部门感到满意的受访者较少,分别仅有12%、12.6%和15.7%。受访群众进行选择的总次数为870次,可选次数为2865次,二者比率为30%。

由表1-1统计结果可以得出以下两个结论:

一是受访者对于Z县政府各个行政机关依法行政状况满意度不高。根据调查统计数据显示,受访者对政府各个行政机关依法行政的满意度在12%~47%之间,均未超过50%。其中,对公安部门依法行政的满意度最高,但也仅有46.6%,人力资源和社会保障部门排在第二为46.1%,第三是民政部门为

42.4%,排在最后的分别是质量监督检查检验检疫部门12%、城管执法部门12.6%、安全生产监管部门15.7%,这说明受访者对Z县政府各部门的依法行政状况满意度较低。

二是就整体而言,受访者对于Z县政府依法行政总体状况不甚满意。本题的调查结果中所有受访者针对政府各个行政机关的依法行政状况选择"行政机关依法行政情况比较好"的总次数为870次,而根据问卷设置,受访者可以选择"行政机关依法行政情况比较好"的机会总次数为2865次,将两个数据相比,比率仅为30%,这说明受访群众对于Z县政府总体的依法行政状况不甚满意,依法行政工作有待加强。

2. 您认为下列哪些因素对行政机关工作人员的执法行为具有较强约束力?(可多选)

A. 法律规范　　B. 红头文件(政策)　　C. 领导批示和指示

D. 道德观念　　E. 社会舆论和评价

本题的调查目的在于分析行政机关工作人员作出行政行为的原动力,是将行政法的法源作为行政行为的首先因素还是依据其他非行政法法源的因素作出,如果是前者为首要因素那么行政行为的作出基本属于依法行政模式,反之则属于人治的范畴,社会公众作为行政行为的直接作用者和直接观察者,他们的切身感受能够较为真实地反映调查结果。

表2-1　行政机关工作人员执法行为约束因素总体选择计数和百分比

选　项	选择计数		个案百分比(%)
	个　数	百分比(%)	
法律法规	155	32.4	81.2
红头文件(主要指政策)	94	19.7	49.2
领导批示和指示	68	14.2	35.6
道德观念	84	17.6	44.0
社会舆论和评价	77	16.1	40.3
总　计	478	100.0	250.3

注:上述"选择计数"列中的"百分比"为各选项次数除以各个选项全部被勾选的总次数,该"百分比"的总和等于100%。最后一列"个案百分比"中的数值为各个选项被勾选的次数除以有效观察人数,在多选题中此列百分比总和通常会大于100%。多选题次数分布表要以"个案百分比"列数值来诠释较为贴切。

由表2－1可知，有占到81.2%的受访者选择法律规范对行政机关工作人员行政行为的约束力最强，其后依次是红头文件（政策）（49.2%）、道德观念（44%）、社会舆论和评价（40.3%）、领导批示和指示（35.6%）。由此可见，在Z县，受访者认为对行政行为约束力最强的是法律规范，且比率高达81.2%，这说明Z县政府行政机关工作人员的法治意识较强，能够将法律法规等行政法法源作为作出行政行为的首要因素和根本标准，Z县政府基本符合依法行政的要求。同时我们也注意到受访者中选择“法律规范”之外的其他选项的比例在49.2%～35.6%之间，比例都大于35%，且红头文件（政策）和道德均超过了40%，这说明还有相当比例的受访者对Z县政府的行政机关工作人员能否真正做到依法行政存有疑虑。排在第二位的是红头文件（政策），比率为49.2%。这说明作为传统的党政机关执政执法的主要方式和具体表现的红头文件（政策）依然具有相当大的影响力，而红头文件相较之法律法规则可能存在内容不合法、制定无程序、部门利益化、权责不合理等诸多问题，这与法治政府所要求的依法行政之间存在一定差距。对此，Z县需进一步做好红头文件的清理和规范工作，明确文件效力和执行时效，将“红头文件”纳入规范化管理的轨道，进一步实现依政策行政向依法行政的转变，从“以文件治国”到“依法治国”的转变。排在第三位的是道德观念，有44%的受访者认同道德观念会对行政行为具有约束力。一方面反映出Z县受访公众对本地行政机关工作人员的道德水平给予了较高的评价；另一方面也反映了群众对于道德本身对个体思想和行为的规范作用的肯定，以及对“以德治国”这一治国方略的高度认可。排在最后一位的是领导批示、口头指示，比率为35.6%。基于领导干部所具有的领导与带头示范作用，领导干部采取什么样的工作方式对政府依法行政的状况具有显著的影响，领导干部的批示和口头指示具有明显的人治特征，其比例低则依法行政程度高。该项选择比例最低说明在Z县范围内，领导干部的批示和口头指示相较于其他内容而言具有较低的指引作用，但是由于该项比例仍有35.6%之多，说明Z县依然存在一定的依靠领导干部的批示和口头指示作出行政行为的情况。因此，Z县还需进一步加强领导干部依法行政意识，转变工作方式、提高法治思维水平、提升用法治手段解决问题的能力，进一步推进依法行政。

结论：在受访公众看来，Z县政府作出行政行为的原动力基本源于法律法规，法治环境较好。但是，其他非法律因素的影响力也不容小觑，显示出大体法治化，局部人治的特征，符合我国当前逐步向法治政府过渡的现状。

3. 您认为目前本地区行政审批制度改革的状况是?(单选)

A. 行政许可和审批事项大幅减少,办事效率明显提高

B. 行政许可和审批事项得到了清理,但办事程序烦琐,办事效率不高

C. 行政许可和审批事项得到了清理,但改头换面,明减暗增

D. 行政许可和审批事项没有得到清理,与以前差不多

本题的调查目的在于分析行政审批改革在Z县的具体落实情况,新一轮行政审批制度改革的核心要义是加快政府职能转变,减政放权,大幅减少行政审批事项和许可数量,提高社会和市场活力。新一轮行政审批改革的关键在于落实,避免"明减暗增""边减边增""捉迷藏""掺水分"等情况的发生,社会公众和组织作为行政审批改革的最终承受者和直接受益者,他们的切身感受能够较为真实地反映新一轮行政审批改革的实施效果。

表3-1　行政审批制度改革总体选择计数和百分比

选　项	选择计数		个案百分比(%)
	个　数	百分比(%)	
行政许可和审批事项大幅减少,办事效率明显提高	127	66.5	66.5
行政许可和审批事项得到了清理,但办事程序烦琐,办事效率不高	31	16.2	16.2
行政许可和审批事项得到了清理,但改头换面,明减暗增	18	9.4	9.4
行政许可和审批事项没有得到清理,与以前差不多	15	7.9	7.9
总　计	191	100.0	100.0

注:上述"选择计数"列中的"百分比"为各选项次数除以各个选项全部被勾选的总次数,该"百分比"的总和等于100%。最后一列"个案百分比"中的数值为各个选项被勾选的次数除以有效观察人数,在多选题中此列百分比总和通常会大于100%。多选题次数分布表要以"个案百分比"列数值来诠释较为贴切。

从表3-1可以看出,受访者选择"行政许可和审批事项大幅减少,办事效率明显提高"的比例为66.5%,选择"行政许可和审批事项得到了清理,但办事程序烦琐,办事效率不高"的比例为16.2%,选择"行政许可和审批事项得到了清理,但改头换面,明减暗增"的比例为9.4%,选择"行政许可和审批事项没有得到清理,与以前差不多"的比例为7.9%。

选择"行政许可和审批事项大幅减少,办事效率明显提高"的比例最高,近七成的受访群众认为行政审批事项不仅减少了,而且办事效率也提高了;同时,将选择“行政许可和审批事项大幅减少,办事效率明显提高”的比例66.5%与“行政许可和审批事项得到了清理,但办事程序烦琐,办事效率不高”的比例16.2%相加为82.7%,也就是说有超过八成的受访群众认为行政审批事项得到了清理,这就意味着Z县民众切实感受到了行政审批改革后所带来的改变,体会到办事更加便利。可见,Z县的行政审批改革取得了实质性的成效,改革落实的较好。

结论:Z县在推进新一轮行政审批改革中采取了比较有力的举措,使得行政审批的事项和数量大幅减少,同时简化了办事程序,提高了办事效率,但仍需进一步加大改革力度,消除改革死角和避免出现反复,让人民群众真正从改革中受益。

4. 您去本地区的政务服务中心或乡镇便民服务中心办事,同过去相比,现在的情况是?(单选)

A. 办事流程简化,办事效率提高　　B. 办事流程不变,办事效率一般

C. 办事流程不变,办事效率低下　　D. 办事流程烦琐,办事更加困难

本题的调查目的在于分析政务服务中心是否高效便民。如果地方政府把行政审批、行政许可纳入政务服务中心和乡镇便民服务中心,权限清晰、项目规范、流程优化、时限明确,按时办结,则达到了高效便民的要求。社会公众作为行政审批的直接服务对象和观察者,他们的切身感受能够较为真实地反映调查结果。

表4-1　受访者对政务服务中心或乡镇便民服务中心办事遇到的情况总体选择计数和百分比

选　项	选择计数		个案百分比(%)
	个　数	百分比(%)	
办事流程简化,办事效率提高	172	90.1	90.1
办事流程不变,办事效率一般	13	6.8	6.8
办事流程不变,办事效率低下	1	0.5	0.5
办事流程烦琐,办事更加困难	5	2.6	2.6
总　计	191	100.0	100.0

注:上述“选择计数”列中的“百分比”为各选项次数除以各个选项全部被勾选的总次数,该“百分比”的总和等于100%。最后一列“个案百分比”中的数值为各个选项被勾选的次数除以有效观察人数,在多选题中此列百分比总和通常会大于100%。多选题次数分布表要以“个案百分比”列数值来诠释较为贴切。

由表4－1可知,有占到90.1%的受访者选择在政务服务中心或乡镇便民服务中心办事相较过去,遇到的情况为“办事流程简化,办事效率提高”,其后依次是“办事流程不变,办事效率一般”(6.8%)、“办事流程不变,办事效率低下”(0.5%)、“办事流程烦琐,办事更加困难”(2.6%)。由此可见,在Z县,超过九成的受访者认为政务服务中心或乡镇便民服务中心相较过去,“办事流程简化,办事效率提高”,这说明Z县政府总体上能够按照法治政府所要求的高效便民的标准开展工作,在政务服务中心的管理工作中严格按照依法行政的要求,提高服务质量,提升办事效率,从而得到绝大部分服务对象的肯定。同时,应当看到排在后三位的“办事流程不变,办事效率一般”(6.8%)、“办事流程不变,办事效率低下”(0.5%)、“办事流程烦琐,办事更加困难(2.6%)”的比例相加为9.9%,说明Z县政务服务中心或乡镇便民服务中心在办事流程设计方面还是存在一定的问题,需要进一步完善流程设计,提高办事效率,提升群众的满意度。

结论:在受访公众看来,Z县政务服务中心或乡镇便民服务中心在提高行政审批高效便民方面做了大量有益工作,并取得了实质性的成效,公众能够普遍感受到办事更为方便快捷,流程更为简化,为法治政府的建设和服务政府的实现提供了坚实保障。

5.(1)您是否知道可以到本地区政府官网上查找需要的政府信息?(单选)

A.知道　　　　　　　　　　B.不知道

(2)当您到本地区政府官网上查找你所需要的政府信息时,您遇到的情况是?(单选)

A.能够方便地查找到相关信息

B.能够查找到相关信息,但是很费劲

C.能够打开相关链接,但是查找到的相关信息不完整

D.不能查找到相关信息

本题的调查目的在于分析行政机关履行信息公开法定义务的情况。依法公开政府信息是考察政府依法行政的重要指标,如果行政机关能对涉及行政职权范围及其运作以及对政府形象、社会民生具有重大影响的事项及时、准确地公开,则表明其在信息公开方面遵循了依法行政的要求;反之,则表明行政机关依法行政工作仍存在问题。社会公众作为政府信息公开的直接观察者或受益者,他们的切身感受能够真实地反映调查结果。

表 5 - 1 受访者是否知道到政府官网上查找需要的政府信息总体选择计数和百分比

选　项	选择计数		个案百分比(%)
	个　数	百分比(%)	
知道	151	79.1	79.1
不知道	40	20.9	20.9
总　计	191	100.0	100.0

表 5 - 2 受访者在政府官网上查找需要的政府信息时遇到的情况总体选择计数和百分比

选　项	选择计数		个案百分比(%)
	个　数	百分比(%)	
能够方便地查找到相关信息	109	57.1	57.1
能够查找到相关信息,但是很费劲	27	14.1	14.1
能够打开相关链接,但是查找到的相关信息不完整	50	26.2	26.2
不能查找到相关信息	5	2.6	2.6
总　计	191	100.0	100.0

注:上述“选择计数”列中的“百分比”为各选项次数除以各个选项全部被勾选的总次数,该“百分比”的总和等于100%。最后一列“个案百分比”中的数值为各个选项被勾选的次数除以有效观察人数,在多选题中此列百分比总和通常会大于100%。多选题次数分布表要以“个案百分比”列数值来诠释较为贴切。

在网络信息时代,公众了解政府工作最便捷、最及时的形式就是政府信息网,而且这也是政府做好政务信息公开工作成本最低、难度最小的方式,通过此方式能够实现信息公开的成本效益最大化。由表 5 - 1 可知,有 79.1% 的受访者“知道”可以到本地区政府官网上查找需要的政府信息,20.9% 的受访者“不知道”。说明 Z 县对政府官网和政府信息公开的法治教育、宣传工作做得较好,公众对政府官网有一定信赖基础。

对政府官网上查找需要的政府信息时遇到的情况(见表 5 - 2),受访者认为“能够方便地查找到相关信息”(57.1%)排在第一位,占到近六成。将“能够方便地查找到相关信息”(57.1%)与“能够查找到相关信息,但是很费劲”(14.1%)的比例相加,为 71.2%,超过七成的受访者对行政机关政府信息公开持肯定态度,说明 Z 县行政机关总体上依法履行了政府信息公开法定义务。但是应当注意到仍有近三成受访者认为在政府官网上“能够打开相关链接,但是查找到的相关信息不完整”(26.2%)、“不能查找到相关信息”(2.6%),表明Z县政府信息公开的力度还不够,与人民群众对公开、透明、服务型政府的期许还有较大差距。同时,政府官网在信息更新、网站维护和管理方面的工作开展得一般,一部分群众获取政务信息较为困难。

结论:通过问卷可以看出,Z县落实《政府信息公开条例》的情况较好,政府信息绝大部分能做到主动公开,需加强政府官网的更新、维护和管理工作,为公民、法人或者其他组织获取政府信息提供真正的便利。

6. 据您所知,本地区政府在作出事关民生或环境保护方面的决策时,是否公开举行了听证?(单选)

A. 举行了公开听证 **B. 没有举行公开听证**

C. 个别情况下举行了公开听证

本题的调查目的在于分析政府在作出事关民生或环境保护方面的决策行为时履行的程序。行政决策是政府在社会管理活动中经常运用的重要手段。党的十八届四中全会强调健全依法决策机制,强调把“公众参与、专家论证、风险评估、合法性审查、集体讨论确定为重大行政决策法定程序”,其中听证是公众参与行政决策的重要途径。从法律角度来看,与座谈会、论证会相比,听证具有法定性、程序性、透明度高、参与人员更广泛的特点,表现在:举行听证会的时间、地点、内容一般要事先向社会公布,允许公民报名参加,允许公民旁听和新闻媒体采访报道;听证会要有不同意见甚至反对意见,要进行激烈的公开辩论;听证前一般都要规定听证参加人和旁听人的组成及权利,并对听证内容、方式、听证报告书等作出规定等。听证制度追求和体现的是民主、公正、客观,与行政决策科学性、民主性的内在要求具有一致性。政府在重大行政决策时举行公开听证的情况,反映出行政决策的民主性、科学性程度。社会公众作为行政决策行为的受益者和观察者,他们对听证情况的切身感受能够客观真实地反映调查结果。

表6-1 受访者对本地政府作出事关重大民生或环境保护方面的决策是否公开听证的情况总体选择计数和百分比

选　项	选择计数		个案百分比(%)
	个　数	百分比(%)	
举行了公开听证	98	51.3	51.3
没有举行公开听证	31	16.2	16.2

续表

选　项	选择计数		个案百分比(%)
	个　数	百分比(%)	
个别情况下举行了公开听证	62	32.5	32.5
总　计	191	100.0	100.0

注:上述“选择计数”列中的“百分比”为各选项次数除以各个选项全部被勾选的总次数,该“百分比”的总和等于100%。最后一列“个案百分比”中的数值为各个选项被勾选的次数除以有效观察人数,在多选题中此列百分比总和通常会大于100%。多选题次数分布表要以“个案百分比”列数值来诠释较为贴切。

由表6－1可知,政府在作出事关民生或环境保护方面的决策时,51.3%的受访者认为“举行了公开听证”;16.2%的受访者认为“没有举行公开听证”;32.5%的受访者认为“个别情况下举行了公开听证”。“举行了公开听证”和“个别情况下举行了公开听证”的选择率合计83.8%。由此可见,Z县政府在作出事关民生或环境保护方面的决策时,比较重视听证程序,能够在一定程度上听取社会公众的意见。但是,仍然有16.2%的受访公众表示政府作出重大行政决策时没有举行公开听证,说明行政机关在重大决定的民众参与上深度不够,应当及时扩大行政决策中听证的事项、范围,规范听证行为。

结论:公众参与、专家论证、风险评估、合法性审查、集体讨论决定是重大行政决策必经的5个法定程序,目的就是为了提高各级政府决策的科学化、民主化、法治化水平,避免拍脑袋决策,拍胸脯决策,决策错了之后拍屁股走人,5个环节缺一不可。其中听证程序是公众参与决策的重要途径。在受访公众看来,Z县政府在作出重大决策听证方面有所欠缺,这势必削弱行政决策的科学性和民主基础,影响行政决策的实施效果,因此,Z县重大行政决策时在继续做好其他环节工作的基础上,应重视和加强公众参与环节的工作,进一步发挥公开听证的作用。

7. 本地区行政机关在作出重大行政决定时,是否公开听取社会公众的意见?(单选)

A. 事前公开听取了意见

B. 事前不公开听取意见,事后公布了行政决定

C. 偶尔公开听取意见

D. 事前既不公开听取意见,事后也不公开行政决定

本题的调查目的在于考察Z县政府依法行政指标体系中决策行为的规范

化问题。行政机关是否科学、民主、依法决策关涉到行政机关依法行政的能力,尤其决策之时,是否听取公众意见,直接决定了决策的公平性,影响决策实施的效果。行政机关在做重大决定尤其关涉民众利益的重大决定时是否真正听取民众意见,真正做到民众参与,将关系到决定的后续执行效率,也是行政机关依法行政能力提升的表现。

表 7－1　受访者对本地政府作出重大行政决定是否公开听取社会公众意见的总体选择计数和百分比

选　项	选择计数		个案百分比(%)
	个　数	百分比(%)	
事前公开听取了意见	99	51.8	51.8
事前不公开听取意见,事后公布了行政决定	43	22.5	22.5
偶尔公开听取意见	40	20.9	20.9
事前既不公开听取意见,事后也不公开行政决定	9	4.8	4.8
总　计	191	100.0	100.0

注:上述"选择计数"列中的"百分比"为各选项次数除以各个选项全部被勾选的总次数,该"百分比"的总和等于100%。最后一列"个案百分比"中的数值为各个选项被勾选的次数除以有效观察人数,在多选题中此列百分比总和通常会大于100%。多选题次数分布表要以"个案百分比"列数值来诠释较为贴切。

从表 7－1 可知,排在选择位序第一位的是"事前公开听取了意见",占到51.8%;排在第二位的"事前不公开听取意见,事后公布了行政决定",比例为22.5%;排在第三位的"偶尔公开听取意见"为20.9%;"事前既不公开听取意见,事后也不公开行政决定"占4.8%;"偶尔听取意见"和"事前公开听取了意见"的选择率合计72.7%。由此可见,Z县行政机关在作出重大决定时,比较关注广大公众的感受,基本能够听取社会公众的意见,在作出重大行政决策事项的征求社会意见方面做得较好。但是,仍然有27.3%的受访公众表示事前不公开听取意见,说明行政机关在重大决定的民众参与上深度不够,应当及时扩大行政决定中征求意见的事项、范围以及拓宽征求意见的渠道和方式。

结论:在受访民众看来,Z县政府的重大决策民众参与基本符合民众期望,说明Z县在社会公众参与上做了很多工作,才让公众对此作出较高的评价。重大决策的公众参与是一个持续性的工作,必须要将此落实到今后的每一个重大决策之中,并且做好公众参与的广度与深度,及时发布重大行政决策信息,方便社会公众查询信息、提交建议和意见,从制度建设上保障公民知情权和参与权的有效落实。

8. 您在与本地区行政机关打交道时,是否遇到"该管的不管"的情况?(单选)

A. 遇到过 **B. 没有遇到**

本题以及第 9 题、第 11 题、第 12 题、第 17 题重点调查四川省依法行政指标体系中行政执法机制的完善。完善的行政执法机制需要依法界定执法权限,杜绝执法机关乱管、瞎管、不管引发重复执法、多头执法等乱象;这就有赖于具体、明确、权责统一的执法流程。确立责任机制有助于推进执法的效率,但也易使行政机关畏手畏脚,互相推诿久拖不决导致执法效率下降。因此,有必要通过推进相对集中行政处罚权和综合执法,保障执法机制。本题基于此,通过考察实践中行政机关多发、易发的"该管的不管"现象,来达到推进行政执法体制完善的目的。

表 8-1 受访者与本地区行政机关打交道是否遇到"该管的不管"的情况总体选择计数和百分比

选 项	选择计数		个案百分比(%)
	个 数	百分比(%)	
遇到过	85	44.5	44.5
没有遇到	106	55.5	55.5
总 计	191	100.0	100.0

注:上述"选择计数"列中的"百分比"为各选项次数除以各个选项全部被勾选的总次数,该"百分比"的总和等于 100%。最后一列"个案百分比"中的数值为各个选项被勾选的次数除以有效观察人数,在多选题中此列百分比总和通常会大于 100%。多选题次数分布表要以"个案百分比"列数值来诠释较为贴切。

由表 8-1 可知,对于社会公众与行政机关打交道时,是否遇到"该管的不管"的情况,选择"遇到过"的个案百分比为 44.5%,表明近五成的受访者与行政机关打交道时个人体验不佳,行政机关未依法履行法定职责的情况较为普遍,履职不积极现象突出。

结论:Z 县行政机关在执法工作中"该管的不管"问题较为突出,距离我们建成法治政府、服务型政府还存在很大差距。行政机关要坚持法定职责必须为、法无授权不可为,做好"法定职责必须为"的相关制度设计,坚决纠正不作为、乱作为的情况发生,这对于推进行政机关全面履行职能,加快建设法治政府,具有重要的意义。

9. 您在与行政执法部门打交道时,是否遇到"不该管的瞎管"的情况?(单选)

A. 遇到过　　　　　　　　　　B. 没有遇到

本题以及第 8 题、第 11 题、第 12 题、第 17 题重点调查四川省依法行政指标体系中行政执法机制的完善。完善的行政执法机制需要依法界定执法权限,杜绝执法机关乱管、瞎管、不管引发重复执法、多头执法等乱象;这就有赖于具体、明确、权责统一的执法流程。确立责任机制有助于推进执法的效率,但也易使行政机关畏手畏脚,互相推诿久拖不决导致执法效率下降。因此,有必要通过推进相对集中行政处罚权和综合执法,保障执法机制。本题基于此,通过考察实践中行政机关多发、易发的"不该管的瞎管"现象,来达到推进行政执法体制完善的目的。

表 9-1　受访者与本地区行政机关打交道是否遇到"不该管的瞎管"的情况总体选择计数和百分比

选　项	选择计数		个案百分比(%)
	个　数	百分比(%)	
遇到过	52	27.2	27.2
没有遇到	139	72.8	72.8
总　计	191	100.0	100.0

注:上述"选择计数"列中的"百分比"为各选项次数除以各个选项全部被勾选的总次数,该"百分比"的总和等于 100%。最后一列"个案百分比"中的数值为各选项被勾选的次数除以有效观察值人数,在多选题中此列百分比总和通常会大于 100%。多选题次数分布表要以"个案百分比"列数值来诠释较为贴切。

由表 9-1 可知,对于社会公众与行政机关打交道时,是否遇到"不该管的瞎管"的情况,选择"遇到过"的个案百分比为 27.2%,选择"没有遇到"的个案百分比为 72.8%,说明 Z 县存在一定程度的滥用职权的问题,由此进一步对政府权力清单制度提出了间接的需求。

结论:Z 县行政机关在执法工作仍存在一定程度的"不该管的瞎管"问题,需进一步明确执法权限,杜绝乱象。

10. 您在与本地区行政机关打交道时,是否遇到"门难进,事难办,脸难看"的情况?(单选)

A. 遇到过　　　　　　　　　　B. 没有遇到

本题设计基于四川省依法行政指标体系制定,需要推行行政执法职业道德规范。调查的侧重点在于执法部门,重点考察是否存在门难进、职责不清、事难办、脸难看等问题。这些问题是行政执法机关的“门面”,反映了执法机关依法行政的水平与执法人员的工作操守与品德修养,是四川省依法行政的一个重要方面。

表 10-1　受访者与本地区行政机关打交道是否遇到“门难进,事难办,脸难看”的情况总体选择计数和百分比

选　项	选择计数		个案百分比(%)
	个　数	百分比(%)	
遇到过	87	45.5	45.5
没有遇到	104	54.5	54.5
总　计	191	100.0	100.0

注:上述“选择计数”列中的“百分比”为各选项次数除以各个选项全部被勾选的总次数,该“百分比”的总和等于100%。最后一列“个案百分比”中的数值为各选项被勾选的次数除以有效观察值人数,在多选题中此列百分比总和通常会大于100%。多选题次数分布表要以“个案百分比”列数值来诠释较为贴切。

由表 10-1 可知,根据个案百分比来看,有 45.5% 的受访者“遇到过”行政执法部门“门难进,事难办,脸难看”的情况,有 54.5% 的受访者“没有遇到”行政执法部门“门难进,事难办,脸难看”的情况。由此数据分析可见,有近一半的受访者认为行政执法部门存在“门难进,事难办,脸难看”的问题,Z 县执法部门在执法态度上存在比较大的问题。

结论:在 Z 县的受访民众看来,与行政执法部门打交道还存在不少问题。执法部门处于执法第一线,与受访民众接触较多,因此,民众在面临处理不了的难题之时,往往归责于执法机关,有一定的感性程度。但从数据的巨大差距可以看出,这些感性理解也真实存在于执法过程中,需要 Z 县行政执法机关在依法行政中改变上述问题,公务人员身为人民公仆,为人民服务是公务人员理应树立的职业准则,合格的执法人员除了应有高效的办事能力,还应有文明的执法态度,这样才能打造人民满意的服务型政府。

11. 您在与本地区行政机关打交道时,是否遇到“相互推诿扯皮,被踢来踢去”的情况?(单选)

A. 遇到过　　　　**B. 没有遇到**

本题以及第 8 题、第 9 题、第 12 题、第 17 题重点调查四川省依法行政指标体系中行政执法机制的完善。完善的行政执法机制需要依法界定执法权限,杜绝执法机关乱管、瞎管、不管引发重复执法、多头执法等乱象;这就有赖于具体、明确、权责统一的执法流程。确立责任机制有助于推进执法的效率,但也易使行政机关畏手畏脚,互相推诿久拖不决导致执法效率下降;因此,有必要通过推进相对集中行政处罚权和综合执法,保障执法机制。本题基于此,通过考察实践中行政机关多发、易发的“相互推诿扯皮,被踢来踢去”现象,来达到推进行政执法体制完善的目的。

表 11－1 受访者与本地区行政机关打交道是否遇到“相互推诿扯皮,被踢来踢去”的情况总体选择计数和百分比

选　项	选择计数		个案百分比(%)
	个　数	百分比(%)	
遇到过	102	53.4	53.4
没有遇到	89	46.6	46.6
总　计	191	100.0	100.0

注:上述“选择计数”列中的“百分比”为各选项次数除以各个选项全部被勾选的总次数,该“百分比”的总和等于100%。最后一列“个案百分比”中的数值为各选项被勾选的次数除以有效观察值人数,在多选题中此列百分比总和通常会大于100%。多选题次数分布表要以“个案百分比”列数值来诠释较为贴切。

由表 11－1 可知,对于社会公众与行政机关打交道时,是否遇到“相互推诿扯皮,被踢来踢去”的情况,选择“遇到过”的个案百分比为53.4%,选择“没有遇到”的个案百分比为46.6%,说明Z县依法行政中存在的履职不积极现象较为突出。

结论:Z县行政机关在执法工作中“相互推诿扯皮,被踢来踢去”问题较为突出,距离我们建成法治政府、服务型政府还存在很大差距。Z县应全面落实党的十八届四中全会精神,依法界定执法权限,建立健全要求具体、期限明确、责任落实的执法流程,保障执法效率和效果。

12. 您在与本地区行政机关打交道时,是否遇到“办事效率低下,久拖不决”的情况?(单选)

A. 遇到过　　　　**B. 没有遇到**

本题以及第 8 题、第 9 题、第 11 题、第 17 题重点调查四川省依法行政指标体系中行政执法机制的完善。完善的行政执法机制需要依法界定执法权限,杜绝执法机关乱管、瞎管、不管引发重复执法、多头执法等乱象;这就有赖于具体、明确、权责统一的执法流程。确立责任机制有助于推进执法的效率,但也易使行政机关畏手畏脚,互相推诿久拖不决导致执法效率下降。因此,有必要通过推进相对集中行政处罚权和综合执法,保障执法机制。本题基于此,通过考察实践中行政机关多发、易发的"办事效率低下,久拖不决"现象,来达到推进行政执法体制完善的目的。

表 12-1 受访者与本地区行政机关打交道是否遇到"办事效率低下,久拖不决"的情况总体选择计数和百分比

选　项	选择计数		个案百分比(%)
	个　数	百分比(%)	
遇到过	76	39.8	39.8
没有遇到	115	60.2	60.2
总　计	191	100.0	100.0

注:上述"选择计数"列中的"百分比"为各选项次数除以各个选项全部被勾选的总次数,该"百分比"的总和等于100%。最后一列"个案百分比"中的数值为各选项被勾选的次数除以有效观察值人数,在多选题中此列百分比总和通常会大于100%。多选题次数分布表要以"个案百分比"列数值来诠释较为贴切。

由表 12-1 可知,对于社会公众与行政机关打交道时,是否遇到"办事效率低下,久拖不决"的情况,选择"遇到过"的个案百分比为 39.8%,选择"没有遇到"的个案百分比为 60.2%,调查结果表明,近四成的受访者认为 Z 县行政机关的办事效率低下,久拖不决。

结论:Z 县行政机关在执法工作中办事效率一般,离人民群众对高效、服务型政府的需求还有较大差距,实践中树立"执法为民"理念,提高工作效率,改进办事拖拉的工作作风,是 Z 县行政执法部门亟须解决的问题。

13. 您认为本地区行政机关及其工作人员在行政执法中是否存在"执法不公"现象?(单选)

A. 存在　　B. 不存在　　C. 个别案件中存在

本题的调查目的在于分析社会公众对具体行政执法行为存在问题的关注点,选项设计从行政行为结果出发,考察社会公众对具体行政执法行为的不满更多存在于程序方面、结果方面还是行政违法行为。

表 13-1 受访者认为本地区行政机关及其工作人员在行政执法中是否存在"执法不公"的现象总体选择计数和百分比

选　项	选择计数		个案百分比(%)
	个　数	百分比(%)	
存在	19	9.9	9.9
不存在	76	39.8	39.8
个别案件中存在	96	50.3	50.3
总　计	191	100.0	100.0

注:上述"选择计数"列中的"百分比"为各选项次数除以各个选项全部被勾选的总次数,该"百分比"的总和等于100%。最后一列"个案百分比"中的数值为各选项被勾选的次数除以有效观察值人数,在多选题中此列百分比总和通常会大于100%。多选题次数分布表要以"个案百分比"列数值来诠释较为贴切。

由表 13-1 可知,对于本地区行政机关及其工作人员在行政执法中是否存在"执法不公"的现象,9.9%的受访者认为"存在";39.8%的受访者认为"不存在";50.3%的受访者认为"个别案件中存在"。

结论:Z 县社会公众对行政机关行政执法公正的满意度不高,超过五成的受访者认为本地区个别案件中存在执法不公现象,体现了 Z 县社会民众对此问题的重视程度,反映社会公众对于公正执法的迫切需求,即公众不仅要求程序公正,更要求结果公正。

14. 您认为本地区行政机关及其工作人员在行政执法中是否存在"粗暴执法、暴力执法"现象?(单选)

A. 存在　　　　B. 不存在　　　　C. 个别案件中存在

本题以及第 15 题、第 16 题、第 17 题的调查目的在于分析社会公众对具体行政执法行为不规范的关注点,选项设计立足行政执法中可能存在的"粗暴执法、暴力执法""选择性执法""吃拿卡要""多头执法、重复执法"等典型的执法不规范情形,考察社会公众对具体行政执法行为不规范的不满更多存在于哪些方面,以利于行政机关改进工作,规范执法。

表14－1　受访者认为本地区行政机关及其工作人员在行政执法中是否存在“粗暴执法、暴力执法”的现象总体选择计数和百分比

选　项	选择计数		个案百分比(%)
	个　数	百分比(%)	
存在	20	10.4	10.4
不存在	96	50.3	50.3
个别案件中存在	75	39.3	39.3
总　计	191	100.0	100.0

注:上述“选择计数”列中的“百分比”为各选项次数除以各个选项全部被勾选的总次数,该“百分比”的总和等于100%。最后一列“个案百分比”中的数值为各选项被勾选的次数除以有效观察值人数,在多选题中此列百分比总和通常会大于100%。多选题次数分布表要以“个案百分比”列数值来诠释较为贴切。

由表14－1数据分析可以看出,对行政机关及其工作人员在行政执法中是否存在“粗暴执法、暴力执法”现象,10.4%的受访者认为“存在”,39.3%的受访者认为“个别案件中存在”,上述两个选项相加的和为49.7%,即49.7%的受访者认为“粗暴执法、暴力执法”是本地区行政机关及其工作人员执法中存在的问题。

结论:近五成的选择率表达了社会公众对于本地区行政机关及其工作人员执法程序不规范,尤其是粗暴执法、暴力执法的强烈不满,体现了社会公众对行政执法行为的程序性需求。因此,应全面落实党的十八届四中全会精神,完善执法程序,建立执法全过程记录制度。明确具体操作流程,重点规范行政许可、行政处罚、行政强制、行政征收、行政收费、行政检查等执法行为。具体而言,要求建立健全要求具体、期限明确、责任落实的执法流程,保障执法公正,全面落实行政执法公开、亮证、告知、听证、说明理由、回避等程序规定,是当前Z县行政机关及其工作人员回应民意、推进依法行政的重要工作。

15. 您认为本地区行政机关及其工作人员在行政执法中是否存在“选择性执法”现象?(单选)

A. 存在　　B. 不存在　　C. 个别案件中存在

本题以及第16题、第17题的调查目的在于分析社会公众对具体行政执法行为不规范的关注点,选项设计立足于行政执法中可能存在的“粗暴执法、暴力执法”“选择性执法”“吃拿卡要”“多头执法、重复执法”等典型的执法不规范情形,考察社会公众对具体行政执法行为不规范的不满更多存在于哪些方面,

以利于行政机关改进工作,规范执法(在第16题、第17题中不再赘述)。

表15-1 受访者认为本地区行政机关及其工作人员在行政执法中是否存在"选择性执法"的现象总体选择计数和百分比

选 项	选择计数		个案百分比(%)
	个 数	百分比(%)	
存在	24	12.6	12.6
不存在	97	50.8	50.8
个别案件中存在	70	36.6	36.6
总 计	191	100.0	100.0

注:上述"选择计数"列中的"百分比"为各选项次数除以各个选项全部被勾选的总次数,该"百分比"的总和等于100%。最后一列"个案百分比"中的数值为各选项被勾选的次数除以有效观察值人数,在多选题中此列百分比总和通常会大于100%。多选题次数分布表要以"个案百分比"列数值来诠释较为贴切。

由表15-1数据分析可以看出,对行政机关及其工作人员在行政执法中是否存在"选择性执法"现象,12.6%的受访者认为"存在",36.6%的受访者认为"个别案件中存在",上述两个选项相加的和为49.2%,即49.2%的受访者认为"选择性执法"是本地区行政机关及其工作人员执法中存在的问题。

结论:近五成的选择率表达了社会公众对于本地区行政机关及其工作人员执法程序不规范,尤其是选择性执法的强烈不满,体现了社会公众对行政执法贯彻平等原则的需求。

16. 您认为本地区行政机关及其工作人员在行政执法中是否存在"吃拿卡要"现象?(单选)

A. 存在　　B. 不存在　　C. 个别案件中存在

本题以及第15题、第17题的调查目的在于分析社会公众对具体行政执法行为不规范的关注点,选项设计立足于行政执法中可能存在的"粗暴执法、暴力执法""选择性执法""吃拿卡要""多头执法、重复执法"等典型的执法不规范情形,考察社会公众对具体行政执法行为不规范的不满更多存在于哪些方面,以利于行政机关改进工作,规范执法。

表 16－1　受访者认为本地区行政机关及其工作人员在行政执法中是否存在“吃拿卡要”现象的总体选择计数和百分比

选　项	选择计数		个案百分比(%)
	个　数	百分比(%)	
存在	14	7.3	7.3
不存在	104	54.5	54.5
个别案件中存在	73	38.2	38.2
总　计	191	100.0	100.0

注:上述“选择计数”列中的“百分比”为各选项次数除以各个选项全部被勾选的总次数,该“百分比”的总和等于100%。最后一列“个案百分比”中的数值为各选项被勾选的次数除以有效观察值人数,在多选题中此列百分比总和通常会大于100%。多选题次数分布表要以“个案百分比”列数值来诠释较为贴切。

由表16－1数据分析可以看出,对行政机关及其工作人员在行政执法中是否存在“吃拿卡要”现象,7.3%的受访者认为“存在”,38.2%的受访者认为“个别案件中存在”,上述两个选项相加的和为45.5%,即45.5%的受访者认为“选择性执法”是本地区行政机关及其工作人员执法中存在的问题。

结论:超过四成的选择率表达了社会公众对于本地区行政机关及其工作人员执法程序不规范,尤其是“吃拿卡要”现象的强烈不满,表明了社会公众对行政执法人员道德素质和执法手段的关注,因此,必须坚持严格规范公正文明执法。依法惩处各类违法行为,加大关系群众切身利益的重点领域执法力度。

17. 您认为本地区行政机关及其工作人员在行政执法中是否存在“多头执法、重复执法”现象?(单选)

A. 存在　　B. 不存在　　C. 个别案件中存在

本题以及第15题、第16题的调查目的在于分析社会公众对具体行政执法行为不规范的关注点,选项设计立足于行政执法中可能存在的“粗暴执法、暴力执法”“选择性执法”“吃拿卡要”“多头执法、重复执法”等典型的执法不规范情形,考察社会公众对具体行政执法行为不规范的不满更多存在于哪些方面,以利于行政机关改进工作,规范执法。

表 17－1　受访者对本地区行政机关及其工作人员在行政执法中是否存在“多头执法、重复执法”现象的总体选择计数和百分比

选　项	选择计数		个案百分比(%)
	个　数	百分比(%)	
存在	19	9.9	9.9
不存在	104	54.5	54.5
个别案件中存在	68	35.6	35.6
总　计	191	100.0	100.0

注:上述“选择计数”列中的“百分比”为各选项次数除以各个选项全部被勾选的总次数,该“百分比”的总和等于100%。最后一列“个案百分比”中的数值为各选项被勾选的次数除以有效观察值人数,在多选题中此列百分比总和通常会大于100%。多选题次数分布表要以“个案百分比”列数值来诠释较为贴切。

由表17－1数据分析可以看出,对行政机关及其工作人员在行政执法中是否存在“多头执法、重复执法”现象,9.9%的受访者认为“存在”,35.6%的受访者认为“个别案件中存在”,上述两个选项相加的和为45.5%,即45.5%的受访者认为“多头执法、重复执法”是本地区行政机关及其工作人员执法中存在的问题。

结论:超过四成的选择率表达了社会公众对于本地区行政机关及其工作人员执法程序不规范,尤其是“多头执法、重复执法”现象的强烈不满,说明Z县行政执法部门在执法中,有利的事就争、无利的事就推,还未完全做到权责明确、职权法定。

18. 据您所知,本地区行政机关及其工作人员是否因“行政违法”被追究责任?(单选)

A. 没有被追究责任　　**B. 被严格追究了责任**

C. 个别案件被追究了责任　　**D. 被追究了责任,但是力度不够**

本题的调查目的在于分析社会公众对行政问责的关注度和认可度。完善行政问责机制是强化对行政权力的制约和监督的关键要素。《中共中央关于全面推进依法治国若干重大问题的决定》明确指出,要全面落实行政执法责任制,严格确定不同部门及机构、岗位执法人员执法责任和责任追究机制,加强执法监督,坚决排除对执法活动的干预,防止和克服地方和部门保护主义,惩治执法腐败现象。

表18－1 受访者对本地区行政机关及其工作人员在行政执法中是否因“行政违法”被追究责任的总体选择计数和百分比

选 项	选择计数		个案百分比(%)
	个 数	百分比(%)	
没有被追究责任	34	17.8	17.8
被严格追究了责任	53	27.7	27.7
个别案件被追究了责任	50	26.2	26.2
被追究了责任，但是力度不够	54	28.3	28.3
总 计	191	100.0	100.0

注：上述“选择计数”列中的“百分比”为各选项次数除以各个选项全部被勾选的总次数，该“百分比”的总和等于100%。最后一列“个案百分比”中的数值为各选项被勾选的次数除以有效观察值人数，在多选题中此列百分比总和通常会大于100%。多选题次数分布表要以“个案百分比”列数值来诠释较为贴切。

从表18－1可以看出，“没有被追究责任”的选择比例为17.8%；“被追究了责任，但是力度不够”的选择比例为28.3%；该两项的选择比例和为46.1%，而“被严格追究了责任”的选择比例仅为27.7%。可见有近半数的受访者对本地区行政问责的情况不满意。由此可见，受访者认为Z县政府在行政问责方面的工作有所欠缺，行政执法人员的违法行政行为与社会公众的生活密切相关，对于违法行政行为的姑息将给民众的自身权益带来重大损失，因此，社会公众希望违法者能够受到法律的制裁。

结论：从调查结果来看，Z县社会公众对于当地政府行政问责实施状况的意见主要存在于Z县政府在行政问责方面基本能够按照相关规定追究行政执法过错人员的法律责任，但追究责任的力度不够。因此，Z县政府要进一步加强问责方面的政府信息公开，强化行政问责的力度，完善行政问责的落实机制。

19.(1)当您遭遇行政侵权时，您是否会选择法律途径？(申请行政复议或提出行政诉讼)解决纠纷？(单选)

A.会　　B.不会

(2)如果您不选择法律途径解决行政纠纷，最主要考虑的原因是：(单选)

A.成本高　　B.效率低　　C.不管用

本题的调查目的在于分析公民的合法权益受到违法行政侵犯之时，会采取何种措施来保障自己的权利，是否采用法律途径(行政复议或行政诉讼)直接说明了该地区依法行政的状况，采取法律途径比例高说明该地区依法行政的状况较好。同时,为有效发挥法律途径对解决行政纠纷的作用,本题第二小题将调查的重点放在公民不选择法律途径的主要原因方面,通过调查数据的分析,以期为行政机关和司法机关改进工作,深化改革提供有益参考。

表 19 - 1 当受访者遭到侵权行为是否会选择法律途径(申请行政复议或提起行政诉讼)解决纠纷的总体选择计数和百分比

选 项	选择计数		个案百分比(%)
	个 数	百分比(%)	
会	154	80.6	80.6
不会	37	19.4	19.4
总 计	191	100.0	100.0

表 19 - 2 受访者不选择法律途径解决行政纠纷最主要考虑的原因的总体选择计数和百分比

选 项	选择计数		个案百分比(%)
	个 数	百分比(%)	
成本高	89	46.6	46.6
效率低	68	35.6	35.6
不管用	34	17.8	17.8
总 计	191	100.0	100.0

注:上述"选择计数"列中的"百分比"为各选项次数除以各个选项全部被勾选的总次数,该"百分比"的总和等于100%。最后一列"个案百分比"中的数值为各选项被勾选的次数除以有效观察值人数,在多选题中此列百分比总和通常会大于100%。多选题次数分布表要以"个案百分比"列数值来诠释较为贴切。

由表 19 - 1 可知,有 80.6% 的受访者选择行政复议或向法院提起行政诉讼。超过八成的受访者选择法律途径救济权利,体现了社会公众具有较强的法治意识,肯定 Z 县的依法行政工作,并对司法系统充分信任。由表 19 - 2 可知,46.6% 的受访者不选择法律途径,最主要考虑的原因是"成本高",排在第二位的是"效率低"(35.6%),排最后的是"不管用"(17.8%),再次印证了 Z 县司法系统得到公众的较高依赖,但同时也反映出司法成本高、效率低等问题。我国目前处于全面的社会转型期,节约成本、提高效率从而促进司法公正,是公众对司法的要求和期待,也是 Z 县司法体制改革亟待解决的问题。

结论:从调查结果来看,Z县政府的依法行政工作得到了较大数量社会公众的认可,营造了使社会公众较为信服的法治环境,为民众提供了适当的行政救济措施,进而引导社会公众愿意采用公立救济方式维护个人权益。当民众的合法权益遭受侵犯时,选择法律途径的比例非常高,尤其是对申请行政复议或提起行政诉讼高度认同,体现出了Z县正向法治社会稳步迈进。

20. 您认为本地区人民法院在审理行政纠纷时,是否能够公正处理案件?(单选)

A. 能够公正处理　　B. 不能公正处理　C. 个别案件能够公正处理

本题调查目的在于考察人民法院处理行政纠纷时的公正性问题。司法公正是法律的自身要求,也是依法治国的要求,其基本内涵是要在司法活动的过程和结果中体现公平、平等、正当、正义的精神。其主体是以法官为主的司法人员。就法律实施而言,司法活动是保障法律公正的最后一道关口,也是保障法律公正的最重要和最有实效的一种手段。从依法治国的意义上讲,如果一个社会中没有了司法公正,那么这个社会也就根本没有公正可言了。因此,人民法院能否公正处理行政纠纷,大则关系到依法治国目标的实现,小则直接影响社会公众对法治的信赖。

表20-1　受访者对本地区人民法院在审理行政纠纷时是否能够公正处理案件的总体选择计数和百分比

选　项	选择计数		个案百分比(%)
	个　数	百分比(%)	
能够公正处理	128	67.0	67.0
不能公正处理	7	3.7	3.7
个别案件能够公正处理	56	29.3	29.3
总　计	191	100.0	100.0

注:上述"选择计数"列中的"百分比"为各选项次数除以各个选项全部被勾选的总次数,该"百分比"的总和等于100%。最后一列"个案百分比"中的数值为各选项被勾选的次数除以有效观察值人数,在多选题中此列百分比总和通常会大于100%。多选题次数分布表要以"个案百分比"列数值来诠释较为贴切。

由表20-1可见,对于人民法院处理行政纠纷是否公正,67.0%的受访者认为"能够公正处理",29.3%的受访者认为"个别案件能够公正处理",该两项选择比例的和为96.3%,仅3.7%的受访者认为"不能公正处理",说明Z县社会公众对该地区司法公正有极高的评价。

结论:Z县具有良好的司法环境,行政纠纷大多能够得到公正审理,推动了Z县良好法治环境的形成,促进了社会公众对法治的信赖。

三、Z县依法行政深度访谈情况分析

(一)深度访谈实施概述

Z县深度访谈具体实施系四川省各市县政府依法行政第三方评估的重要组成部分。深度访谈作为一种重要的定性分析方法,结合问卷调查等其他定量调查分析方式,有助于更为准确地评估Z县政府及其各部门依法行政的状况。

为获取更加客观真实、详细具体以及多方面、多角度的信息,评估组经研究审慎确定了下列深访对象:Z县法律顾问、县人民法院、县地税局等共6人次。此次的深访对象突出了多元化,既有司法机关的深访对象,体现了对政府及其职能部门的外部监督,又有政府及其职能部门的深访对象,体现了行政系统的内部监督,能够尽量做到全面收集信息,不偏听偏信;此次深访对象的特点之二就是有一定的职务也有一定的威望,其提供的信息有一定的高度和深度,使评估组能够获取更有效的信息;另外,此次深访对象都是多年从事相关工作,且有较高法律素养的人员,对公民与企业、对社会、对行政工作都有相当的了解。

本次深度访谈于2017年12月4日至6日、2018年6月20日至22日进行。深度访谈分为两个小组进行,每个小组由两名老师(至少一名具副教授及以上职称)组成。为使访谈对象在相对私密的空间,自由地、客观地发表观点和反映情况,每个小组的深度访谈在独立的、封闭的办公室或会议室内进行,访谈方式为一对一,即每个小组每次只对一名对象进行访谈。访谈时间平均每人约60分钟左右。

深度访谈内容的主要限于四川省依法行政评估的12个指标,并且根据上述不同访谈对象有所侧重。

(1)制定行政规范性文件是否规范、是否给工作实践造成阻碍;(2)行政执法是否做到依法行政、合理行政,是否遵守执法程序;(3)在政府公共服务方面是否有所提升,简化审批手续、信息依法公开等方面情况如何;(4)能否有效化解争议、纠纷;(5)是否自觉接受监督;(6)如何提高执法人员法律素养和行政相对人的法律意识;(7)对现有立法、执法的情况有何改进建议,对依法行政的未来展望等。

(二)深度访谈结论分析

评估组对访谈内容做了翔实的记录,经过对访谈记录的整理归类和研究分析,评估组就深度访谈的情况得出以下结论:

1. Z县依法行政的能力明显提高,行政效率有所下降

因为多年从事相关工作,对政府依法行政有阶段性的了解和比较,访谈对象认为:Z县经过多年的法治政府建设,目前,作出行政行为的条件、程序已经规范化、透明化。政务中心的服务和管理日趋完善,不仅给行政管理相对人提供了便利,更重要的是行政机关集中办公有了相互交流,共同提升的更多机会,客观上促进了行政机关依法行政水平的提升。党的十九大之后,Z县政府从法律意识、学习法律法规、规范性文件审查、重大事件程序规范、法治宣传等方面都有明显改进,依法行政能力明显提高。

另外,随着行政责任追究的力度加大,行政执法人员都趋于谨慎、保守,行政执法的效率受到一定影响。

2. Z县重视维稳工作,路径和方法难有突破

访谈对象对Z县维稳工作的总体评价是:政府在社会稳定方面下了很大工夫,尤其是对历史形成的产权纠纷,坚决落实中央有关产权保护的文件精神,建立了部门联席会议、部门责任制等制度,群众上访反映的因征地拆迁、企业改制引发的产权纠纷得到较为有效的解决,群体上访、闹访事件有所减少,但是,招商引资引发的不稳定事件开始出现。

访谈对象同时提出:由于Z县是农业大县,经济基础薄,人口多,城镇化进程中积聚的各类纠纷还将不断出现,在现阶段的维稳工作往往都采取综合手段,法治的方法只占其中一部分,甚至有的方法与法治方法相冲突,长此以往将不利于全面推进依法行政局面的形成。

3. Z县规范性文件制定比较规范,对工作实践有规范作用

访谈对象认为:Z县规范性文件制定工作比较规范,体现在:一是程序上遵循了规范性文件制定的要求;二是文件内容一般能够通过合法性审查。制定的规范性文件往往都具有比较强的针对性,对解决实际问题有较强的规范作用。需要注意的是,制定规范性文件有如立法,应当具备相当的专业水平,在规范性文件的逻辑结构、文字表达等方面还需要大力提高。另外,因实际情况变化很快,行政问题一事一议的情形越来越多,使规范性文件的效力受到一定影响。

4. Z县政府公共服务部门的服务水平有变化

访谈对象表示:Z县对政府公共服务的重视程度已有明显提高,设施设备

有改善,人员的培训教育能够坚持并在一定程度上加强,但公共服务岗位的工作人员出现一定程度的僵化、刻板现象,随着服务对象的增加和工作量的增大,相当岗位的工作人员服务态度有所下降。

5. Z 县行政部门化解纠纷的能力有所下降

访谈对象认为:行政机关行政调解效率不高,结果不好,对纠纷的处置一般采取引导双方当事人参与诉讼的方式解决。行政调解的功能是阶段性的,不过,纠纷没有得到解决,一般也没有恶化,最终进入司法裁决机制,符合法治思维。

访谈对象同时认为:随着行政管理相对人法治意识的增强,行政复议案件和行政诉讼案件逐年上升,行政机关面临一定的压力,也愿意与行政管理相对人做细致的沟通和解释工作,但目的往往是希望行政管理相对人撤回复议或撤回诉讼。这项工作不容易奏效。行政机关担心行政复议撤销行政行为或行政诉讼败诉的忧虑有所增加,这与行政责任追究具有因果关系。

6. Z 县行政监督的功能有待加强

访谈对象认为:行政监督是一个永恒的话题。Z 县行政监督存在的问题具有代表性,表现为:监督的力度和效果时紧时松,自觉接受监督的意识和监督制度的科学化、透明化都亟待加强,尤其是监督者受监督的制度尚未形成,这些都影响了行政监督功能的发挥。

四川省 L 区依法行政第三方评估报告

杨千玲*

2017 年 9 月至 11 月，评估组在 L 区通过调查问卷、法律从业人员深度访谈等方式开展依法行政评估工作。此次评估，共发出调查问卷 200 份，收回有效调查问卷 191 份，法律从业人员深度访谈 6 人次。评估报告以调查问卷的统计分析为基础，结合法律从业人员深度访谈所获得的信息综合分析得出。

一、L 区依法行政第三方评估结论

（一）L 区依法行政工作成效分析

L 区委、区政府高度重视依法行政工作，始终坚持以依法科学民主决策、规范行政行为、公开透明运行行政权力和深化行政审批制度改革为重点，不断加强依法行政制度建设，提升依法行政能力，法治政府建设取得了长足的进展。

1. L 区领导干部法治意识得到显著提升

评估组在综合分析调查问卷（公民版）第 2 题以及深度访谈的评价基础上得出这一结论。

一是始终坚持会前学法制度。参加深度访谈的代表普遍反映 L 区高度重视会前学法，L 区政府全体会议、常务会议、部门办公会议等会前均广泛开展了法律法规和政策文件的学习，对领导干部法律专业素养的提升发挥了前提性作用。

二是将法律法规作为作出行政行为的首要依据。调查问卷第 2 题是针对行政机关工作人员作出行政行为的原动力的调查，通过受访者作为行政行为的直接作用者和观察者的切身感受，反映该地区公务人员是否能够依法行政。调查结果显示：有占到 81.2% 的受访者选择法律法规对行政机关工作人员行政

---

* 作者单位：中共德阳市委党校。

行为的约束力最强,其后依次是红头文件(主要指政策)(45.5%)、社会舆论和评价(45.5%)、领导批示和指示(42.4%)、道德观念(37.7%)。由此可见,领导干部已经形成了较好的法治意识,能够自觉运用法治思维和法治方式解决问题。

2. L区行政审批制度改革取得实质性成效

评估组在综合分析调查问卷(公民版)第3题以及深度访谈的评价基础上得出这一结论。

一是群众对行政审批制度改革的现状普遍满意。调查问卷第3题是针对行政审批制度改革总体评价的调查。根据调查结果显示:受访者选择“行政许可和审批事项大幅减少,办事效率明显提高”的比例为68.1%,选择“行政许可和审批事项得到了清理,但办事程序烦琐,办事效率不高”的比例为16.2%,选择“行政许可和审批事项得到了清理,但改头换面,明减暗增”的比例为9.4%,选择“行政许可和审批事项没有得到清理,与以前差不多”的比例为6.3%。其中,选择“行政许可和审批事项大幅减少,办事效率明显提高”的比例最高,近七成的受访群众真切感受到了行政审批改革带来的便利感,不仅行政审批事项大幅度减少,而且办事效率也得到显著提高;同时,将选择“行政许可和审批事项大幅减少,办事效率明显提高”的比例为68.1%、“行政许可和审批事项得到了清理,但办事程序烦琐,办事效率不高”的比例为16.2%和“行政许可和审批事项得到了清理,但改头换面,明减暗增”相加为93.7%,也就意味着超过九成的受访群众认为行政审批事项得到了清理,行政审批事项较之以往得到大幅度减少,说明行政审批事项的取消调整取得实质性成效。

二是形成了独具特色的行政审批改革经验。在深度访谈中,访谈对象详细介绍了L区一系列的行政审批改革举措,包括成立行政审批局,“连人带编”划转22个职能部门承担的149项行政审批职能,推行“一号申请,一窗受理,一网通办,一章审结”审批机制,精简审批环节280余个,压缩审批时间2/3以上,创新“项目秘书、全程代办”机制,变“坐等审批”为“定制服务”等,从而打造了全省最优政务服务环境。

3. L区行政救济机制运行环境良好

评估组在综合分析调查问卷(公民版)第19题、第20题以及深度访谈的评价基础上得出这一结论。

一是群众普遍愿意通过法律途径解决行政纠纷。调查问卷第19题是针对公民的合法权益受到违法行政行为侵犯时,会采取何种措施保障自己权利的调查。采用公力救济与私力救济的比例直接反映出该地区行政救济机制运行环境是否良好。调查结果显示,有 81.7% 的受访者选择行政复议或向法院提起行政诉讼,18.3% 的受访者表示不会选择法律途径,体现了社会公众具有较强的依法维权意识,也反映出社会公众对 L 区行政机关及司法机关的信任和认可,相信能够通过公力救济的方式维护自身权益。同时,在深度访谈中,访谈对象均表示随着公众法律意识的逐渐增强,大部分争议、纠纷均能通过合法途径提请解决。

二是行政诉讼的救济效果明显。调查问卷第 20 题的调查目的在于考察人民法院审理行政诉讼案件时的公正性问题。调查结果显示:对于人民法院处理行政纠纷是否公正,76.4% 的受访者认为“能够公正处理”,19.9% 的受访者认为“个别案件能够公正处理”,该两项选择比例的和为 96.3%,仅 3.7% 的受访者认为“不能公正处理”,说明 L 区行政诉讼的审判工作质量高、效果好。

4. L 区行政决策中的公众参与度较高

评估组在综合分析调查问卷(公民版)第 6 题、第 7 题基础上得出这一结论。

一是高度重视公开听证环节。调查问卷第 6 题的调查目的在于分析政府在作出事关民生或环境保护方面的决策行为时是否履行了公开听证的程序。调查结果显示:政府在作出事关民生或环境保护方面的决策时,55% 的受访者认为“举行了公开听证”;18.8% 的受访者认为“没有举行公开听证”;26.2% 的受访者认为“个别情况下举行了公开听证”。“举行了公开听证”和“个别情况下举行了公开听证”的选择率合计 83.2%。由此可见,L 区政府在作出事关民生或环境保护方面的决策时,比较重视听证程序,能够在一定程度上听取社会公众的意见。

二是广泛征求群众意见。调查问卷第 7 题的调查目的在于考察行政机关是否在作出重大决定前征求了社会公众的意见。根据调查显示:排在选择位序第一位的是“事前公开听取了意见”,占到 56%;排在第二位的“偶尔公开听取意见”,比例为 23%;第三位的“事前不公开听取意见,事后公布了行政决定”为 14.7%;“事前既不公开听取意见,事后也不公开行政决定”占 6.3%;“偶尔听取意见”和“事前公开听取了意见”的选择率合计 79%。由此可见,L 区行政机关在作出重大决定时,比较关注广大公众的感受,基本能够听取社会公众的意见,在作出重大行政决策事项的征求社会意见方面做得较好。

(二)L区依法行政工作中亟须重视的问题

评估组通过认真分析问卷调查、深度访谈反映的问题,认为L区政府依法行政的总体状况较好,但是,在信息公开、行政执法、权责明晰等方面还存在问题。L区依法行政工作中亟须重视的问题具体表现在以下4个方面。

1. L区政府官网信息公开工作不到位

评估组在综合分析调查问卷(公民版)第5题的统计结果以及深度访谈的基础上得出的这一结论。

一是对信息公开工作的宣传普及力度不够。调查问卷第5题第(1)小题的调查目的在于考察民众是否知道可以到本地区政府官网上查找需要的政府信息,进而反映出当地政府是否就信息公开的工作方式对老百姓进行过宣传普及。根据调查数据显示:有68.6%的受访者选择知道可以到政府官网上查找需要的政府信息,可见L区在政府官网和政府信息公开方面是做了一定的宣传工作的,但还有31.4%的受访者表示是不知道可以通过政府官网来查找政府信息的。

二是信息公开的方式和内容还难以满足公众需求。调查问卷第5题第(2)小题的调查目的在于考察政府信息公开的效果。根据调查数据显示:在运用政府官网查找需要的政府信息时,受访者认为“能够方便地查找到相关信息”(49.2%)排在第一位,接近五成,认为“能够查找到相关信息,但是很费劲”的比例为19.4%,将“能够方便地查找到相关信息”(49.2%)与“能够查找到相关信息,但是很费劲”(19.4%)的比例相加为68.6%,近七成的受访者对行政机关政府信息公开持肯定态度,说明L区行政机关基本上依法履行了政府信息公开的法定义务。但是,应当注意到仍有超过三成受访者认为在政府官网上“能够打开相关链接,但是查找到的相关信息不完整”(23%)以及“不能查找到相关信息”(8.4%),表明L区政府信息公开的力度还不够,与人民群众对公开、透明、服务型政府的期许还存在差距。同时,在深度访谈中,也有大部分访谈对象表示本部门或其他部门存在政务公开不够的普遍性问题。

2. L区行政执法过程中存在执法不规范问题,导致执法不公

评估组在综合分析调查问卷(公民版)第10题、第13题、第14题、第15题、第16题的统计结果和深度访谈的评价基础上得出这一结论。

一是存在执法不规范问题。调查问卷第10题是针对L县社会公众在与行政执法部门打交道时的直观感受进行调查。调查结果显示:41.9%的受访者表示在与本地区行政机关打交道时,“遇到过门难进,事难办,脸难看”的情况。

调查问卷第14题、第15题、第16题是针对L区社会公众对本地区行政机关及其工作人员是否执法规范的调查。调查结果显示：对本地区行政机关及其工作人员在行政执法中是否存在“粗暴执法、暴力执法”现象，5.2%的受访者认为“存在”，27.2%的受访者认为“个别案件中存在”，上述两个选项相加的和为32.4%，即有超过三成的受访者认为本地区行政机关及其工作人员执法中存在“粗暴执法、暴力执法”的问题。对本地区行政机关及其工作人员在行政执法中是否存在“选择性执法”现象，13.1%的受访者认为“存在”，27.7%的受访者认为“个别案件中存在”，上述两个选项相加的和为40.8%，说明L区行政机关普遍存在“选择性执法”问题。对本地区行政机关及其工作人员在行政执法中是否存在“吃拿卡要”现象，近三成的受访者认为存在或个案中存在“吃拿卡要”的现象。

二是导致执法不公。调查问卷第13题针对执法是否公正进行的调查。调查结果显示：对于本地区行政机关及其工作人员在行政执法中是否存在“执法不公”的现象，9.9%的受访者认为“存在”；48.2%的受访者认为“不存在”；41.9%的受访者认为“个别案件中存在”。同时，“存在”和“个别案件中存在”的比例相加为51.8%，超过五成。

同时，在深度访谈中，多个访谈对象表示执法人员法律知识欠缺，对法律条款理解不深，对依法行政相关原则把握不准。执法过程中可能存在法律应用不当、自由裁量标准不统一、未充分说明裁量原因等情况，以至于可能存在当事人认为执法不公的情况。

3. L区行政机关存在权责不明的现象，导致行政效率低下

评估组在综合分析调查问卷（公民版）第8题、第9题、第11题、第12题、第17题的统计结果和深度访谈的评价基础上得出这一结论。

一是权力界限不清。调查问卷第9题是针对L区行政机关是否存在“不该管瞎管”的情况进行的调查。调查结果显示：对于社会公众与行政机关打交道时，是否遇到“不该管的瞎管”的情况，选择“遇到过”的个案百分比为23%，选择“没有遇到”的个案百分比为77%，说明L区存在一定程度的滥用职权的问题，由此也对政府进一步完善落实权力清单提出了间接要求。

二是责任不明。调查问卷第8题是针对L区行政机关是否存在“该管的不管”的情况进行的调查。调查结果显示：选择“遇到过”的个案百分比为37.3%，这说明L区政府还存在一定程度的行政不作为现象，行政机关未能完全依法履行法定职责，由此给部分群众带来了不好的办事体验。

三是职权交叉。调查问卷第11题是针对社会公众与行政机关打交道时，是否遇到“相互推诿扯皮，被踢来踢去”的情况的调查，调查结果显示：选择“遇到过”的个案百分比为44.5%，选择“没有遇到”的个案百分比为55.5%，接近一半的受访者认为L区行政机关在执法过程中存在“相互推诿扯皮，被踢来踢去”的问题。调查问卷第17题是针对行政执法中是否存在“多头执法、重复执法”情况的调查。调查结果显示：9.4%的受访者认为“存在”，25.7%的受访者认为“个别案件中存在”，上述两个选项相加的和为35.1%，即有超过三成的受访者认为本地区行政机关及其工作人员执法中存在“多头执法、重复执法”的现象，说明L区行政机关之间还存在权界不清，职责混乱的问题，有待进一步厘清。

同时，深度访谈对象提到因我国没有专门的行政机关组织法，行政机关职能职责散见于单行法律中，且从上至下机构设置并不完全统一，造成部门职权职责不明，职责交叉，实际执行过程中推诿扯皮的现象。

四是导致办事效率低下。调查问卷第12题是针对行政机关办事效率进行的调查。调查结果显示：对于社会公众与行政机关打交道时，是否遇到“办事效率低下，久拖不决”的情况，选择“遇到过”的个案百分比为38.7%，选择“没有遇到”的个案百分比为61.3%。调查结果表明，近四成的受访者认为L区行政机关存在办事效率低下，久拖不决的问题。

4. L区行政违法责任追究力度不够

评估组在综合分析调查问卷(公民版)第18题的统计结果和深度访谈的评价基础上得出这一结论。

一是行政违法责任追究信息公开力度不够。调查问卷第18题是针对行政机关及其工作人员违法追究责任情况进行的调查。调查结果显示：排在第一位的是“被严格追究了责任”，比例为34.5%；排在第二位的是“个别案件被追究了责任”，比例为23.6%；排在第三的是“被追究了责任，但是力度不够”，比例为21.5%；最后是“没有被追究责任”的比例为20.4%。由此可见，四个选项的选择率十分接近，其实也恰恰说明了L区在行政违法责任追究方面的信息公开工作有欠缺，才导致受访者无法形成较为一致的意见。

二是依法追究责任的力度不够。根据调查问卷第18题的调查结果，虽然选择“被严格追究了责任”的比例排在第一位，但同时应当注意到，这部分的比例仍然很少，也就意味着还有大部分的民众认为行政违法行为并未被追究责任或追究的力度不够。

（三）关于L区加强和改进依法行政工作的建议

评估组通过分析所获取的基础数据，认为L区政府在推进依法行政上按照中央和省委、省政府的部署做了大量的工作，依法行政的整体状况有所改进，但不可否认的是L区政府及其部门在依法行政中仍然存在比较突出的问题。鉴于此，针对L区依法行政工作存在的上述问题，评估组提出以下建议。

1. 深化政府官网信息公开的主渠道作用，切实满足群众日益增长的信息需求

政府官网的信息公开，在《政府信息公开条例》正式颁布与实施以后，得到了进一步的法律保障与规范。经过多年建设，特别是随着互联网在社会生活中的广泛应用，目前我国政府网站的信息公开已经成为政府信息公开的第一平台。然而，评估组在调查后发现，地方政府官网的信息公开功能还没有得到最大限度地发挥，存在群众对政府官网本身缺乏认识、信息公开广度深度不足、网站设计缺乏人性化等问题。对此，评估组有如下建议：

一是做好政府官网的宣传推广工作，提升官网知晓度。民众之所以不知道能够通过政府官网查找信息，实质上是对政府官网本身缺乏了解和认识。对此，应当通过多种形式加大政府官网的宣传推广力度，具体而言，可采取以下方式：安排专人负责，在接待群众办事时主动为群众介绍政府官网；利用QQ、微信等传播平台，多方转发，推广官网链接；在政务大厅、便民服务中心和各个社区张贴政府官网宣传海报。

二是做好技术工作，完善专栏设置。在调查中，很多群众反映在使用官网搜索信息时比较费劲或搜索到的信息不完整，对此，应当在网页设计上进行调整完善。首先，政府官网网站发布信息时应从方便公众查阅需求出发，并充分考虑信息的相关性，涉及信息内容要素的都应该提供相应的正文阅读，确保信息的完整性。其次，在用户界面设计上加强网站的交互功能和公众参与功能，更加体现人性化。

三是健全信息公开监督体制。信息公开的落实状况与公务人员的重视程度密切相关。通过建立严格的考核评议机制，将政府网站的信息公开纳入到政府部门的工作考核中，与每一位公务人员的收入直接挂钩，可以有效提升公务人员对信息公开的重视度，确保公开风气的形成。

2. 加强执法队伍建设，提升行政执法实效

本次评估结果反映出执法人员普遍存在职业道德不高和业务素质低的问题。群众到执法机关往往是“门难进、脸难看、话难听、事难办”，有的执法人员

贪图享乐、索贿受贿,有的执法机构执法人员不足,有时不得不雇用临时工。以上现象都会直接或间接地导致执法不公正及效率低下的负面后果,有损政府公信力。对此,评估组认为可从以下几个方面着力改进:

一是加强执法人员素质教育,普遍提高公务人员的法律素质、道德素养和业务能力。可大力号召执法人员争当"优秀执法员",树立典型,带动广大执法人员尽职尽责;把法治教育、道德教育和业务能力培训活动常态化、制度化,由专人负责教育培训工作,常抓不懈。

二是建立奖惩机制,当奖则奖、该罚则罚。为了吸引高素质人才,如优秀大学生、研究生从事一线执法,可适当提高执法人员的相关待遇。同时,建立个人执法档案,对严格执法、忠于职责、出色完成执法任务的人员要给予奖励,并将奖励和处理情况载入档案,作为晋级增资、提拔重用的重要依据。

三是建立行政相对人评价机制,引入群众评价,畅通群众对执法不规范现象的举报渠道,并将举报结果作为考核执法人员的重要指标。

3. 健全行政机关权限冲突协调机制,明确划分职权职责

一是强化政府对所属部门职能争议的协调作用。行政机关间的权限冲突涉及政府各部门间的职责分工,因此,需要加强政府对所属部门职能争议的协调,政府的行政首长或者上级部门应当依法进行协调。首先,政府法制机构作为政府在依法行政方面的参谋、助手和法律顾问具有重要的协调职责;其次,机构编制管理机关因负责行政机构设置和编制管理的具体工作,对于政府部门间的职责划分、权限冲突的协调也具有重要作用。此外,政府办公室或者秘书长甚至更高层面的领导也应适当发挥协调作用。

二是通过成立议事协调机构或者临时机构进行协调。可成立各种领导小组、协调委员会、工作委员会或建立政府部门间的临时协调机制等方式来具体开展协调工作。

4. 加强行政违法责任追究机制建设,以"失责必究"促进"有责必尽"

根据调查发现,民众对执法人员的行政执法情况并不十分满意,特别是对行政违法行为的责任追究状况存在质疑。一方面,可能由于民众无法轻易接收到行政违法案件被追究责任的相关信息;另一方面,也反映了行政违法追究力度不够,还存在该追究的未追究,该严格追究的却被从轻追究的情形。对此,评估组建议:

一是加大行政违法责任追究案件的公开力度。其实,有时候群众从负面评价政府某一工作做得不好,并非政府在这方面没有真正开展工作,而是该领域

的工作宣传和报道不到位，无法让群众知晓。在评估组对行政违法责任追究情况进行调查的时候，也发现类似问题，即民众因为无法获取该类信息，所以主观上认为行政违法行为均未被追究责任。因此，有必要将违法案件责任追究情况予以公开，通过政府官网、微博、微信、报纸等多种媒介渠道，方便老百姓知悉了解，进而肯定政府在该领域的工作。同时，通过将该类案件的追究过程和结果置于社会公众的监督之下，还能避免暗箱操作，确保追责平等。

二是完善行政违法责任追究相关制度。制度是各项工作得以顺利开展的前提和保障。为了确保 L 区行政违法责任追究机制得到有效运行，应当首先加大该领域的制度建设，形成相配套的规范性文件。对此，可参照《四川省行政机关工作人员行政过错责任追究试行办法》，制定“L 区行政违法责任追究办法”，在制度指引下依法开展行政违法责任追究工作。

二、L 区依法行政第三方评估调查问卷分析

L 区依法行政调查问卷（公民版）一共设计了 20 个调查问题，这里结合每个调查问题及其统计结果展开分析。

1. 您对本地区哪些行政机关依法行政的状况感到满意？（可多选）

A. 发展改革委（或局）	B. 税务	C. 公安
D. 民政	E. 国土资源	F. 住房和城乡建设
G. 文化教育	H. 工商行政管理	I. 安全生产监管
J. 食品药品监管	K. 环境保护	L. 城管执法
M. 质量监督检验检疫	N. 交通运输	O. 人力资源与社会保障

本题设计的调查目的：由受访群众对 L 区各主要政府组成部门的依法行政状况进行评价，从各部门的数据总和分析 L 区依法行政的总体状况。

调查选择了发展改革委（或局）、税务、公安、民政、国土资源、住房和城乡建设、文化教育、工商行政管理、安全生产监督、食品药品监管、环境保护、城管执法、质量监督检验检疫、交通运输、人力资源与社会保障 15 个主要职能部门，由受访群众对其依法行政状况进行评价，通过分析受访群众对各个职能部门依法行政状况的满意度以及分析受访群众对各个职能部门的“依法行政情况比较好”进行选择的总次数与可选择机会的总次数（$191 \times 15 = 2865$ 次）的比率关系分析 L 区政府依法行政的总体状况。

表1-1 各职能部门依法行政状况评价总体选择计数和百分比

选 项	选择计数		个案百分比(%)
	个 数	百分比(%)	
发展改革委(或局)	84	8.48	44.0
税 务	75	7.57	39.3
公 安	91	9.18	47.6
民 政	110	11.10	57.6
国土资源	58	5.85	30.4
住房和城乡建设	79	7.97	41.4
文化教育	98	9.89	51.3
工商行政管理	64	6.46	33.5
安全生产监管	50	5.05	26.2
食品药品监管	40	4.04	20.9
环境保护	54	5.45	28.3
城管执法	39	3.94	20.4
质量监督检验检疫	30	3.03	15.7
交通运输	49	4.94	25.7
人力资源和社会保障	70	7.06	36.6
总 计	991	100	518.9

注:上述“选择计数”列中的“百分比”为各选项次数除以各个选项全部被勾选的总次数,该“百分比”的总和等于100%。最后一列“个案百分比”中的数值为各个选项被勾选的次数除以有效观察人数,在多选题中此列百分比总和通常会大于100%。多选题次数分布表要以“个案百分比”列数值来诠释较为贴切。

由表1-1可知,有57.6%的受访者对民政部门的依法行政状况感到满意,其次是文化教育部门51.3%、公安部门47.6%,而对质量监督检验检疫部门、城管执法部门、食品药品监管部门感到满意的受访者较少,分别仅有15.7%、20.4%和20.9%。受访群众进行选择的总次数为991次,可选次数为2865次,两者比率为34.6%。

由表1-1统计结果可以得出以下两个结论:

一是受访者对于L区政府各个职能部门依法行政状况满意度一般。根据调查统计数据显示,受访者对政府各个职能部门依法行政的满意度在15.7%~57.6%之间,均未超过60%,且仅有两个部门的满意度超过50%。其中,对民政部门依法行政的满意度最高,但也仅有57.6%,文化教育部门排在第二为

51.3%、第三是公安部门为47.6%，排在最后的分别是质量监督检验检疫部门、城管执法部门、食品药品监管部门，分别仅有15.7%、20.4%和20.9%。这说明受访者对L区政府各部门的依法行政状况满意度一般，特别是针对食品药品安全领域的监管法治化水平存在较高期待。

二是就整体而言，受访者对于L区政府依法行政总体状况不甚满意。本题的调查结果中所有受访者针对政府各个行政机关的依法行政状况选择“感到满意”的总次数为991次，而根据问卷设置，受访者可以选择“感到满意”的机会总次数为2865次，比率仅为34.6%。这说明受访群众对于L区政府总体的依法行政状况不甚满意，依法行政工作还有较大的提升空间。

2. 您认为下列哪些因素对行政机关及其工作人员的执法行为具有较强约束力？（可多选）

A. 法律法规　　B. 红头文件（主要指政策）　　C. 领导批示和指示

D. 道德观念　　E. 社会舆论和评价

本题的调查目的在于分析行政机关工作人员作出行政行为的原动力，是将行政法的法源作为行政行为的首先因素还是依据其他非行政法法源的因素作出。如果是前者为首要因素，那么行政行为的作出基本属于依法行政模式，反之则属于人治的范畴。社会公众作为行政行为的直接作用者和直接观察者，他们的切身感受能够较为真实地反映调查结果。

表2-1　行政机关工作人员执法行为约束因素总体选择计数和百分比

选　项	选择计数		个案百分比（%）
	个　数	百分比（%）	
法律法规	155	32.2	81.2
红头文件（主要指政策）	87	18.0	45.5
领导批示和指示	81	16.8	42.4
道德观念	72	14.9	37.7
社会舆论和评价	87	18.1	45.5
总　计	482	100.0	252.3

注：上述“选择计数”列中的“百分比”为各选项次数除以各个选项全部被勾选的总次数，该“百分比”的总和等于100%。最后一列“个案百分比”中的数值为各个选项被勾选的次数除以有效观察人数，在多选题中此列百分比总和通常会大于100%。多选题次数分布表要以“个案百分比”列数值来诠释较为贴切。

由表2-1可知,有占到81.2%的受访者选择法律、法规对行政机关工作人员行政行为的约束力最强,其后依次是红头文件(主要指政策)(45.5%)、社会舆论和评价(45.5%)、领导批示和指示(42.4%)、道德观念(37.7%)。

由此可见,在L区,受访者认为对行政行为约束力最强的是法律、法规,且比率高达81.2%。这说明L区政府基本符合依法行政的要求,行政机关工作人员的法治意识较强,能够将法律、法规等作为作出行政行为的首要因素和根本标准。排在第二位的是红头文件(主要指政策)和社会舆论评价,比率均为45.5%。这说明作为传统的党政机关行政方式的红头文件(主要指政策)依然具有相当大的影响力,而红头文件相较之"正式制度"的法律、法规则仅是"非正式制度",可能存在设定公民义务或剥夺公民权利无法定依据、制定技术上不够规范等诸多问题,这与政府依法行政之间存在一定距离。对此,L区须进一步做好红头文件的清理和规范工作,严格执行规范性文件制定程序、划分制定权限、加强对规范性文件的监督检查,以将"红头文件"纳入法治化管理的轨道,进一步实现依政策行政向依法行政的转变。此外,与红头文件(政策)并列第二位的是社会舆论评价,比率为45.5%。由此可见,随着信息化时代和互联网时代的到来,行政机关工作人员更易于接收到社会舆论和评价的各类信息,进而受到影响。这反映出L区政府在公众舆论关注下开始回应社会关切的问题,接收社会普遍意见,符合"以人民为中心"、以公民权利制约公共权力的行政法理念。但没有选择这一选项的受访者比例接近六成,这反映出L区政府对于社会舆论和评价的关注和回应程度还不够。选择"领导批示和指示"这一选项的社会公众比例为42.4%。这说明在L区范围内,领导干部的思想和意志对于政府依法行政的状况具有较大程度的影响,领导干部的批示和口头指示具有明显的人治特征,其比例较高则说明依法行政程度较低。对此,L区政府须进一步加强领导干部依法行政意识,转变工作方式,提升用法治方式办事的能力和水平。排在最后一位的是道德观念,仅有37.3%的受访者认同道德观念对行政行为具有约束力,这反映出L区受访公众要么对本地行政机关工作人员的道德水平认可度不高,要么在其观念中,道德作为"软约束"对个体思想和行为的规范作用有限,尚不足以约束和制约行政权力和行政行为。

结论:在受访者看来,法律、法规是L区政府作出行政行为的第一原动力。但是,其他非法律因素的影响力也相当大,特别是"红头文件""领导批示和指示"等具有传统人治色彩的行政方式仍然占据一定比例,符合我国当前逐步向法治政府过渡的现状。综合可见,L区政府依法行政工作相对较好,但还有待加强。

3. 您认为目前本地区行政审批制度改革的状况是:(单选)

A. 行政许可和审批事项大幅减少,办事效率明显提高

B. 行政许可和审批事项得到了清理,但办事程序烦琐,办事效率不高

C 行政许可和审批事项得到了清理,但改头换面,明减暗增

D. 行政许可和审批事项没有得到清理,与以前差不多

本题的调查目的在于分析行政审批改革在 L 区的具体落实情况,新一轮行政审批制度改革的核心要义是加快政府职能转变,减政放权,大幅减少行政审批事项和许可数量,提高社会和市场活力。新一轮行政审批改革的关键在于落实,避免“明减暗增”“边减边增”“捉迷藏”“掺水分”等情况的发生。社会公众和组织作为行政审批改革的最终承受者和直接受益者,他们的切身感受能够较为真实地反映新一轮行政审批改革的实施效果。

表 3-1　行政审批制度改革总体选择计数和百分比

选　项	选择计数		个案百分比(%)
	个　数	百分比(%)	
行政许可和审批事项大幅减少,办事效率明显提高	130	68.1	68.1
行政许可和审批事项得到了清理,但办事程序烦琐,办事效率不高	31	16.2	16.2
行政许可和审批事项得到了清理,但改头换面,明减暗增	18	9.4	9.4
行政许可和审批事项没有得到清理,与以前差不多	12	6.3	6.3
总　计	191	100.0	100.0

注:上述“选择计数”列中的“百分比”为各选项次数除以各个选项全部被勾选的总次数,该“百分比”的总和等于100%。最后一列“个案百分比”中的数值为各个选项被勾选的次数除以有效观察人数,在多选题中此列百分比总和通常会大于100%。多选题次数分布表要以“个案百分比”列数值来诠释较为贴切。

从表 3-1 可以看出,受访者选择“行政许可和审批事项大幅减少,办事效率明显提高”的比例为 68.1%,选择“行政许可和审批事项得到了清理,但办事程序烦琐,办事效率不高”的比例为 16.2%,选择“行政许可和审批事项得到了清理,但改头换面,明减暗增”的比例为 9.4%,选择“行政许可和审批事项没有得到清理,与以前差不多”的比例为 6.3%。

其中,选择“行政许可和审批事项大幅减少,办事效率明显提高”的比例最高,近七成的受访群众真切感受到了行政审批改革带来的便利感,不仅行政审批事项大幅度减少,而且办事效率也得到显著提高;同时,将选择“行政许可和审批事项大幅减少,办事效率明显提高”的比例68.1%、“行政许可和审批事项得到了清理,但办事程序烦琐,办事效率不高”的比例16.2%和“行政许可和审批事项得到了清理,但改头换面,明减暗增”相加为93.7%,也就意味着超过九成的受访群众认为行政审批事项得到了清理,行政审批事项较之以往得到大幅度减少,说明行政审批事项的取消调整取得实质性成效。但同时应当注意到还有部分群众认为虽然审批事项减少了,但仍然存在“办事程序烦琐,办事效率不高”“改头换面,明减暗增”等情况,这就意味着行政审批改革还不够彻底,仍存在一定的改革死角和反复。

结论:L区在推进新一轮行政审批改革中积极作为,采取了有力举措,使得行政审批的事项和数量大幅减少,同时简化了办事程序,提高了办事效率,但仍需进一步加大改革力度,消除改革死角和避免出现反复,让人民群众真正从改革中受益,感受到改革福利。

4. 您去本地区的政务服务中心或乡镇便民服务中心办事,同过去相比,现在的情况是:(单选)

A. 办事流程简化,办事效率提高　　B. 办事流程不变,办事效率一般

C. 办事流程不变,办事效率低下　　D. 办事流程烦琐,办事更加困难

本题的调查目的在于分析政务服务中心是否高效便民。如果地方政府把行政审批、行政许可纳入政务服务中心和乡镇便民服务中心,权限清晰、项目规范、流程优化、时限明确,按时办结,则达到了高效便民的要求。社会公众作为行政审批的直接服务对象和观察者,他们的切身感受能够较为真实地反映调查结果。

表4-1　受访者对政务服务中心或乡镇便民服务中心办事遇到的情况总体选择计数和百分比

选　项	选择计数		个案百分比(%)
	个　数	百分比(%)	
办事流程简化,办事效率提高	164	85.9	85.9
办事流程不变,办事效率一般	19	9.9	9.9
办事流程不变,办事效率低下	1	0.5	0.5

续表

选　项	选择计数		个案百分比(%)
	个　数	百分比(%)	
办事流程繁琐,办事更加困难	7	3.7	3.7
总　计	191	100.0	100.0

注:上述"选择计数"列中的"百分比"为各选项次数除以各个选项全部被勾选的总次数,该"百分比"的总和等于100%。最后一列"个案百分比"中的数值为各个选项被勾选的次数除以有效观察人数,在多选题中此列百分比总和通常会大于100%。多选题次数分布表要以"个案百分比"列数值来诠释较为贴切。

由表4-1可知,有占到85.9%的受访者认为在政务服务中心或乡镇便民服务中心办事相较过去"办事流程简化,办事效率提高",9.9%的受访者认为"办事流程不变,办事效率一般",0.5%的受访者感觉到"办事流程不变,办事效率低下",3.7%的受访者觉得"办事流程烦琐,办事更加困难"。由此可见,在L区,近九成的受访者感受到了政务服务中心或乡镇便民服务中心相较过去,在服务方式和服务态度上的显著变化,由此也说明L区政府总体上能够按照依法行政的要求,为办事群众提供高效优质的服务,从而得到绝大部分服务对象的肯定。同时,应当看到排在后三位的"办事流程不变,办事效率一般"(9.9%)、"办事流程不变,办事效率低下"(0.5%)、"办事流程烦琐,办事更加困难(3.7%)"的比例相加为14.1%,说明L区政务服务中心或乡镇便民服务中心在办事流程设计或办事效率方面还是存在一定问题的,需要进一步提升依法行政水平,完善流程设计,提高办事效率,积极营造和谐的服务环境。

结论:在受访公众看来,L区政务服务中心或乡镇便民服务中心能够基本上将依法行政贯穿于政务服务工作全过程,特别是在提供高效便民的行政审批服务方面做了大量扎实而具体的工作,并取得了实质性的成效,这些成效也得到了绝大多数办事群众的肯定和认可。同时,L区对"高效便民"原则的高度重视也将为其加快建设成为法治政府和服务型政府提供坚强保障。

5.(1)您是否知道可以到本地区政府官网上查找需要的政府信息?(单选)

A.知道　　　　B.不知道

(2)当您到本地区政府官网上查找你所需要的政府信息时,您遇到的情况是?(单选)

A.能够方便地查找到相关信息

B. 能够查找到相关信息,但是很费劲

C. 能够打开相关链接,但是查找到的相关信息不完整

D. 不能查找到相关信息

本题的调查目的在于分析行政机关履行信息公开法定义务的情况。依法公开政府信息是考察政府依法行政的重要指标,如果行政机关能对涉及行政职权范围及其运作以及对政府形象、社会民生具有重大影响的事项及时、准确地公开,则表明其在信息公开方面遵循了依法行政的要求;反之,则表明行政机关依法行政工作仍存在问题。社会公众作为政府信息公开的直接观察者或受益者,他们的切身感受能够真实地反映调查结果。

表 5-1 受访者是否知道可以到政府官网上查找需要的政府信息总体选择计数和百分比

选 项	选择计数		个案百分比(%)
	个 数	百分比(%)	
知道	131	68.6	68.6
不知道	60	31.4	31.4
总 计	191	100.0	100.0

注:上述“选择计数”列中的“百分比”为各选项次数除以各个选项全部被勾选的总次数,该“百分比”的总和等于100%。最后一列“个案百分比”中的数值为各个选项被勾选的次数除以有效观察人数,在多选题中此列百分比总和通常会大于100%。多选题次数分布表要以“个案百分比”列数值来诠释较为贴切。

由表5-1可知,有68.6%的受访者选择知道可以到政府官网上查找需要的政府信息,可见L区在政府官网和政府信息公开方面是做了一定的宣传工作的。但还有31.4%的受访者表示是不知道可以通过政府官网来查找政府信息的。而在互联网时代,政府官网作为政府信息公开的一个重要渠道和形式,在群众接收了解政府信息的过程中扮演了非常重要且必不可少的角色。如果群众对于政府官网的功能和作用定位尚不清晰,那就更难以保证政府通过政府官网进行信息公开的实质性效果。

结论:通过数据分析,绝大多数L区的群众对于信息公开的渠道还是清楚明晰的,但是还是有少部分群众不甚了解。为了确保信息公开的实质性效果,凸显政府官网的价值功能,L区政府有必要进一步加大政府官网的普及和宣传力度,让老百姓愿意用、善于用政府官网查找自己想了解的政府信息。

表5-2 受访者在政府官网上查找需要的政府信息时遇到的情况总体选择计数和百分比

选项	选择计数		个案百分比(%)
	个数	百分比(%)	
能够方便地查找到相关信息	94	49.2	49.2
能够查找到相关信息,但是很费劲	37	19.4	19.4
能够打开相关链接,但是查找到的相关信息不完整	44	23.0	23.0
不能查找到相关信息	16	8.4	8.4
总计	191	100.0	100.0

注:上述"选择计数"列中的"百分比"为各选项次数除以各个选项全部被勾选的总次数,该"百分比"的总和等于100%。最后一列"个案百分比"中的数值为各个选项被勾选的次数除以有效观察人数,在多选题中此列百分比总和通常会大于100%。多选题次数分布表要以"个案百分比"列数值来诠释较为贴切。

由表5-2可知,在运用政府官网查找需要的政府信息时,受访者认为"能够方便地查找到相关信息"(49.2%)排在第一位,接近五成,认为"能够查找到相关信息,但是很费劲"的比例为19.4%,将"能够方便地查找到相关信息"(49.2%)与"能够查找到相关信息,但是很费劲"(19.4%)的比例相加,为68.6%,近七成的受访者对行政机关政府信息公开持肯定态度,说明L区行政机关基本上依法履行了政府信息公开的法定义务。但是,应当注意到仍有超过三成受访者认为在政府官网上"能够打开相关链接,但是查找到的相关信息不完整"(23.0%)以及"不能查找到相关信息"(8.4%),表明L区政府信息公开的力度还不够,与人民群众对公开、透明、服务型政府的期许还存在差距。

结论:总体而言,L区政府能够较大程度地通过政府官网进行信息公开,为当地老百姓创造了获取政府信息的便利途径。但同时应当注意到,在通过该类方式进行信息公开时还存在一些问题。比如说信息更新滞后、应当公开的未公开、网站维护和管理能力欠缺,导致一部分群众查找政府信息时存在困难。对此,应首先在技术层面上做好政府官网的维护工作,确保群众使用便利;其次不断对信息进行查错更新,保证信息公开质量,确保群众知情权。

6. 据您所知,本地区政府在作出事关重大民生或环境保护方面的决策时,是否公开举行了听证?(单选)

A. 举行了公开听证　　**B. 没有举行公开听证**

C. 个别情况下举行了公开听证

本题的调查目的在于分析政府在作出事关民生或环境保护方面的决策行为时履行的程序。行政决策是政府在社会管理活动中经常运用的重要手段。党的十八届四中全会强调,健全依法决策机制,强调把“公众参与、专家论证、风险评估、合法性审查、集体讨论确定为重大行政决策法定程序”,政府在重大行政决策时能履行法定的所有程序,则表明行政行为属于依法行政模式。如果政府在重大行政决策时只重视个别程序,而轻视或忽略其他程序,则会导致行政决策失误,损害社会及公众利益,甚至带来重大风险,也偏离了依法决策和依法行政的轨道。其中,听证是公众参与行政决策的重要途径。从法律角度来看,与座谈会、论证会相比,听证具有法定性、程序性、透明度高、参与人员更广泛的特点,政府在重大行政决策时举行公开听证的情况,反映出行政决策的民主性、科学性程度。社会公众作为行政决策行为的受益者、观察者以及听证程序的直接参与者,他们的切身感受能够客观真实地反映调查结果。

表 6-1 受访者对本地政府作出事关重大民生或环境保护方面的决策是否公开听证的情况总体选择计数和百分比

选　项	选择计数		个案百分比(%)
	个　数	百分比(%)	
举行了公开听证	105	55.0	55.0
没有举行公开听证	36	18.8	18.8
个别情况下举行了公开听证	50	26.2	26.2
总　计	191	100.0	100.0

由表 6-1 可知,政府在作出事关民生或环境保护方面的决策时,55.0% 的受访者认为“举行了公开听证”;18.8% 的受访者认为“没有举行公开听证”;26.2% 的受访者认为“个别情况下举行了公开听证”。“举行了公开听证”和“个别情况下举行了公开听证”的选择率合计 81.2%,由此可见,L 区政府在作出事关民生或环境保护方面的决策时,比较重视听证程序,能够在一定程度上听取社会公众的意见。但是,仍然有 18.8% 的受访公众表示政府作出事关重大民生或环境保护方面的重大行政决策时没有举行公开听证,说明在事关老百姓切实利益的重大事项上,民众的参与力度还不够。

结论:听证程序是公众参与决策的重要途径,在受访公众看来,L 区政府在作出事关重大民生或环境保护方面的决策时公开听证情况还有所欠缺,这势必削弱行政决策的科学性和民主基础,影响行政决策的实施效果,甚至对老百姓的切身利益有侵害之虞。因此,L 区政府应提高公众参与重大决策的法治意识,通过制定和公布重大行政决策事项听证目录来进一步扩大重大决策的公众参与度,发挥公开听证的积极作用,确保涉及民生重大决策的高听证率。

7. 本地区政府在作出重大行政决定时,是否公开听取社会公众的意见?(单选)

A. 事前公开听取了意见

B. 事前不公开听取意见,事后公布了行政决定

C. 偶尔公开听取意见

D. 事前既不公开听取意见,事后也不公开行政决定

本题的调查目的在于考察 L 区政府依法行政指标体系中决策行为的规范化问题。行政机关是否科学、民主、依法决策关涉行政机关依法行政的能力,尤其决策之时,是否听取公众意见,直接决定了决策的公平性,影响决策实施的效果。行政机关在做重大决定尤其关涉民众利益的重大决定时是否真正听取民众意见,真正做到民众参与,将关系到决定的后续执行效率,也是行政机关依法行政能力提升的显现。

表 7-1 受访者对本地政府作出重大行政决定是否公开听取社会公众意见的总体选择计数和百分比

选项	选择计数		个案百分比(%)
	个数	百分比(%)	
事前公开听取了意见	107	56.0	56.0
事前不公开听取意见,事后公布了行政决定	28	14.7	14.7
偶尔公开听取意见	44	23.0	23.0
事前既不公开听取意见,事后也不公开行政决定	12	6.3	6.3
总计	191	100.0	100.0

注:上述"选择计数"列中的"百分比"为各选项次数除以各个选项全部被勾选的总次数,该"百分比"的总和等于 100%。最后一列"个案百分比"中的数值为各个选项被勾选的次数除以有效观察人数,在多选题中此列百分比总和通常会大于 100%。多选题次数分布表要以"个案百分比"列数值来诠释较为贴切。

从表7-1可知,排在选择位序第一位的是“事前公开听取了意见”,占到56.0%;排在第二位的“偶尔公开听取意见”,比例为23.0%;第三位的“事前不公开听取意见,事后公布了行政决定”占14.7%;“事前既不公开听取意见,事后也不公开行政决定”占6.3%;“偶尔听取意见”和“事前公开听取了意见”的选择率合计79%。由此可见,L区行政机关在作出重大决定时,比较关注广大公众的感受,基本能够听取社会公众的意见,在作出重大行政决策事项的征求社会意见方面做得较好。但是,仍然有21%的受访公众表示事前未公开听取意见,说明行政机关在作出重大决定时的民众参与工作上仍有问题,应当拓宽征求意见的渠道和方式,让公众真正参与到与其利益相关的行政决定之中。

结论:在受访民众看来,L区政府在作出重大决定时的公众参与情况基本符合当地民众期望,说明L区在社会公众参与上做了大量有效工作,取得了民众的较高评价。但同时应当注意,还有一定比例的受访者认为当地政府的重大决定公众参与还存在一些问题。对此,应当顺应广大民众期望参与到公共事务的良好意愿,将公众参与落实到今后的每一个重大决策之中,及时发布重大行政决策信息,方便社会公众查询信息、提交建议和意见,从制度建设上保障公民知情权和参与权的有效落实。

8.您在与本地区行政机关打交道时,是否遇到“该管的不管”的情况?(单选)

A.遇到过 **B.没有遇到**

本题重点调查四川省依法行政指标体系中行政执法机制的完善。完善的行政执法机制需要依法界定执法权限,杜绝执法机关乱管、瞎管、不管引发重复执法、多头执法等乱象;这就有赖于具体、明确、权责统一的执法流程。确立责任机制有助于推进执法的效率,但也易使行政机关畏手畏脚、互相推诿、久拖不决导致执法效率下降;因此,有必要通过推进相对集中行政处罚权和综合执法,保障执法机制。本题基于此,通过考察实践中行政机关多发、易发的“该管的不管”执法现象,来达到推进行政执法体制完善的目的。

表8-1 受访者与本地区行政机关打交道是否遇到“该管的不管”的情况总体选择计数和百分比

选 项	选择计数		个案百分比(%)
	个 数	百分比(%)	
遇到过	72	37.7	37.7

续表

选　项	选择计数		个案百分比(%)
	个　数	百分比(%)	
没有遇到	119	62.3	62.3
总　计	191	100.0	100.0

注:上述"选择计数"列中的"百分比"为各选项次数除以各个选项全部被勾选的总次数,该"百分比"的总和等于100%。最后一列"个案百分比"中的数值为各个选项被勾选的次数除以有效观察人数,在多选题中此列百分比总和通常会大于100%。多选题次数分布表要以"个案百分比"列数值来诠释较为贴切。

由表8-1可知,对于社会公众与行政机关打交道时,是否遇到"该管的不管"的情况,选择"遇到过"的个案百分比为37.7%,这说明L区政府还存在一定程度的行政不作为现象,行政机关未能完全依法履行法定职责,由此给部分群众带来了不好的办事体验。

结论:L区行政机关在执法工作中"该管的不管"问题较为突出,距离我们建成法治政府、服务型政府还存在一定差距。对此,行政机关要始终坚持"法定职责必须为"的行政原则,勇于负责、敢于担当,完善"法定职责必须为"的相关制度设计,坚决纠正不作为现象,杜绝不作为的情况发生,从而推进行政机关全面履行职能,加快建设法治政府。

9. 您在与本地区行政机关打交道时,是否遇到"不该管的瞎管"的情况?(单选)

A. 遇到过　　　　**B. 没有遇到**

本题重点调查四川省依法行政指标体系中行政执法机制的完善。完善的行政执法机制需要依法界定执法权限,杜绝执法机关乱管、瞎管、不管引发重复执法、多头执法等乱象;这就有赖于具体、明确、权责统一的执法流程。确立责任机制有助于推进执法的效率,但也易使行政机关畏手畏脚,互相推诿久拖不决导致执法效率下降;因此,有必要通过推进相对集中行政处罚权和综合执法,保障执法机制。本题基于此,通过考察实践中行政机关多发、易发的"不该管的瞎管"现象,来达到推进行政执法体制完善的目的。

表 9－1　受访者与本地区行政机关打交道是否遇到“不该管的瞎管”的情况总体选择计数和百分比

选　项	选择计数		个案百分比(%)
	个　数	百分比(%)	
遇到过	44	23.0	23.0
没有遇到	147	77.0	77.0
总　计	191	100.0	100.0

由表 9－1 可知,对于社会公众与行政机关打交道时,是否遇到“不该管的瞎管”的情况,选择“遇到过”的个案百分比为 23%,选择“没有遇到”的个案百分比为 77%,说明 L 区存在一定程度的滥用职权的问题,由此也对政府进一步完善落实权力清单提出了间接要求。

结论:L 区行政机关在执法工作仍存在一定程度的“不该管的瞎管”问题,需进一步明确执法权限,杜绝乱作为现象。

10. 您在与本地区行政机关打交道时,是否遇到“门难进,事难办,脸难看”的情况?(单选)

A. 遇到过　　　　　　　　B. 没有遇到

本题设计基于四川省依法行政指标体系制定,检测执法人员的行政执法是否符合职业道德规范。调查的侧重点在于执法部门,重点考察是否存在“门难进、事难办、脸难看”等问题。这些问题是行政执法机关的“门面”,反映了执法机关依法行政的水平与执法人员的工作操守与品德修养,是四川省依法行政的一个重要方面。

表 10－1　受访者与本地区行政机关打交道是否遇到“门难进,事难办,脸难看”的情况总体选择计数和百分比

选　项	选择计数		个案百分比(%)
	个　数	百分比(%)	
遇到过	80	41.9	41.9
没有遇到	111	58.1	58.1
总　计	191	100.0	100.0

注:上述“选择计数”列中的“百分比”为各选项次数除以各个选项全部被勾选的总次数,该“百分比”的总和等于 100%。最后一列“个案百分比”中的数值为各选项被勾选的次数除以有效观察值人数,在多选题中此列百分比总和通常会大于 100%。多选题次数分布表要以“个案百分比”列数值来诠释较为贴切。

由表 10－1 可知,根据个案百分比来看,有 41.9% 的受访者在与行政机关打交道过程中遇到过“门难进，事难办，脸难看”的情况，有 58.1% 的受访者表示没有遇到“门难进，事难办，脸难看”的情况。由此数据分析可见，有近一半的受访者认为行政执法部门存在“门难进，事难办，脸难看”的问题，说明 L 区县执法部门在执法态度以及职业道德方面还存在较大的问题。

结论：在 L 区的受访民众看来，与行政执法部门打交道还比较困难，存在不少问题。执法部门处于执法第一线，与受访民众接触较多，因此，民众在面临处理不了的难题之时，往往归责于执法机关，有一定的感性程度。但从数据的高比例可以看出，这些感性理解也真实地暴露了执法人员在执法过程中所存在的道德问题。对此，L 区应当进一步加强执法人员素质教育，普遍提高公务人员的法律素质和道德观念，从而改变当地行政执法机关在依法行政中所存在的上述问题。公务人员作为具体实施行政行为的主体，只有兼具高效的办事能力和高尚的职业道德操守，才能打造令人民满意的法治政府。

11. 您在与本地区行政机关打交道时，是否遇到“相互推诿扯皮，被踢来踢去”的情况？（单选）

A. 遇到过　　　　B. 没有遇到

本题重点调查四川省依法行政指标体系中行政执法机制的完善。完善的行政执法机制需要依法界定执法权限，杜绝执法机关乱管、瞎管、不管引发重复执法、多头执法等乱象；这就有赖于具体、明确、权责统一的执法流程。确立责任机制有助于推进执法的效率，但也易使行政机关畏手畏脚、互相推诿、久拖不决导致执法效率下降。因此，有必要通过推进相对集中行政处罚权和综合执法，保障执法机制。本题基于此，通过考察实践中行政机关多发、易发的“相互推诿扯皮，被踢来踢去”现象，来达到推进行政执法体制完善的目的。

表 11－1　受访者与本地区行政机关打交道是否遇到“相互推诿扯皮，被踢来踢去”的情况总体选择计数和百分比

选　项	选择计数		个案百分比(%)
	个　数	百分比(%)	
遇到过	85	44.5	44.5
没有遇到	106	55.5	55.5
总　计	191	100.0	100.0

注：上述“选择计数”列中的“百分比”为各选项次数除以各个选项全部被勾选的总次数，该“百分比”的总和等于 100%。最后一列“个案百分比”中的数值为各选项被勾选的次数除以有效观察值人数，在多选题中此列百分比总和通常会大于 100%。多选题次数分布表要以“个案百分比”列数值来诠释较为贴切。

由表11－1可知,对于社会公众与行政机关打交道时,是否遇到"相互推诿扯皮,被踢来踢去"的情况,选择"遇到过"的个案百分比为44.5%,选择"没有遇到"的个案百分比为55.5%,反映出L区依法行政中存在的履职不积极、行政不作为现象较为突出。

结论:通过数据分析可见,接近一半的受访者认为L区行政机关在执法工作存在"相互推诿扯皮,被踢来踢去"的问题,说明当地还存在机关职责不清的情况。对此,应加快制定完善科学的责任清单,明确执法责任,从而防止行政执法部门"踢皮球"现象。

12. 您在与本地区行政机关打交道时,是否遇到"办事效率低下,久拖不决"的情况?(单选)

A. 遇到过　　　　B. 没有遇到

本题重点调查四川省依法行政指标体系中行政执法机制的完善。完善的行政执法机制需要依法界定执法权限,杜绝执法机关乱管、瞎管、不管引发重复执法、多头执法等乱象;这就有赖于具体、明确、权责统一的执法流程。确立责任机制有助于推进执法的效率,但也易使行政机关畏手畏脚、互相推诿、久拖不决导致执法效率下降。因此,有必要通过推进相对集中行政处罚权和综合执法,保障执法机制。本题基于此,通过考察实践中行政机关多发、易发的"办事效率低下,久拖不决"现象,来达到推进行政执法体制完善的目的。

表12－1　受访者与本地区行政机关打交道是否遇到"办事效率低下,久拖不决"的情况总体选择计数和百分比

选　项	选择计数		个案百分比(%)
	个　数	百分比(%)	
遇到过	74	38.7	38.7
没有遇到	117	61.3	61.3
总　计	191	100.0	100.0

注:上述"选择计数"列中的"百分比"为各选项次数除以各个选项全部被勾选的总次数,该"百分比"的总和等于100%。最后一列"个案百分比"中的数值为各选项被勾选的次数除以有效观察值人数,在多选题中此列百分比总和通常会大于100%。多选题次数分布表要以"个案百分比"列数值来诠释较为贴切。

由表12－1可知,对于社会公众与行政机关打交道时,是否遇到"办事效率低下,久拖不决"的情况,选择"遇到过"的个案百分比为38.7%,选择"没有遇到"的个案百分比为61.3%。调查结果表明,近四成的受访者认为L区行政机关存在办事效率低下,久拖不决的问题。

结论:由于生活节奏越来越快,人民群众对行政机关的效率要求也相应提高,对此,行政机关应当顺势提高行政效率,获取人民的信任和认可。从调查情况来看,L 区行政机关在执法工作中仍然存在办事效率不高的问题,与人民群众对高效的需求还有较大差距。对此,应当首先树立"执法为民"理念,改进办事拖拉的工作作风,其次在体制机制上进行改良完善,从而有效解决办事效率低下的问题。

13. 您认为本地区行政机关及其工作人员在行政执法中是否存在"执法不公"现象?(单选)

A. 存在　　　　B. 不存在　　　　C. 个别案件中存在

本题的调查目的在于分析行政机关的执法质量。公平正义是行政执法最根本的价值取向,也是法治政府的基本要求,执法是否公正与老百姓的切身利益密切相关。社会公众和组织作为行政执法的相对人,他们的切身感受能够较为真实地反映行政执法公正与否。

表 13-1　受访者认为本地区行政机关及其工作人员在行政执法中是否存在"执法不公"的现象总体选择计数和百分比

选　项	选择计数		个案百分比(%)
	个　数	百分比(%)	
存在	19	9.9	9.9
不存在	92	48.2	48.2
个别案件中存在	80	41.9	41.9
总　计	191	100.0	100.0

注:上述"选择计数"列中的"百分比"为各选项次数除以各个选项全部被勾选的总次数,该"百分比"的总和等于 100%。最后一列"个案百分比"中的数值为各选项被勾选的次数除以有效观察值人数,在多选题中此列百分比总和通常会大于 100%。多选题次数分布表要以"个案百分比"列数值来诠释较为贴切。

由表 13-1 可知,对于本地区行政机关及其工作人员在行政执法中是否存在"执法不公"的现象,9.9% 的受访者认为"存在";48.2% 的受访者认为"不存在";41.9% 的受访者认为"个别案件中存在"。同时,"存在"和"个别案件中存在"的比例相加为 51.8%,超过五成,这说明 L 区行政机关的执法质量还有待提高。

结论:L区社会公众对行政机关行政执法公正的满意度不高,与老百姓对公平正义的价值渴望不相匹配。对此,L区行政机关应进一步完善执法机制,严格要求执法人员按照相关法律、法规依法行政,规范公正文明执法,让老百姓在每次执法中感受到公平正义。

14. 您认为本地区行政机关及其工作人员在行政执法中是否存在"粗暴执法、暴力执法"现象?(单选)

A. 存在　　　　B. 不存在　　　　C. 个别案件中存在

本题以及第15题、第16题、第17题的调查目的在于分析社会公众对具体行政执法行为不规范的关注点,选项设计立足于行政执法中可能存在的"粗暴执法、暴力执法""选择性执法""吃拿卡要""多头执法、重复执法"等典型的执法不规范情形,考察社会公众对具体行政执法行为不规范的不满更多存在于哪些方面,以利于行政机关改进工作,规范执法(在第15题、第16题、第17题中不再赘述)。

表14-1　受访者认为本地区行政机关及其工作人员在行政执法中是否存在"粗暴执法、暴力执法"的现象总体选择计数和百分比

选　项	选择计数		个案百分比(%)
	个　数	百分比(%)	
存在	10	5.2	5.2
不存在	129	67.5	67.5
个别案件中存在	52	27.2	27.2
总　计	191	99.9	99.9

注:上述"选择计数"列中的"百分比"为各选项次数除以各个选项全部被勾选的总次数,该"百分比"的总和等于100%。最后一列"个案百分比"中的数值为各选项被勾选的次数除以有效观察值人数,在多选题中此列百分比总和通常会大于100%。多选题次数分布表要以"个案百分比"列数值来诠释较为贴切。

由表14-1数据分析可以看出,对行政机关及其工作人员在行政执法过程中是否存在"粗暴执法、暴力执法"现象,5.2%的受访者认为"存在",27.2%的受访者认为"个别案件中存在",上述两个选项相加的和为32.4%,即有超过三成的受访者认为本地区行政机关及其工作人员执法中存在"粗暴执法、暴力执法"的问题,严重影响执法者在公众眼中的形象。

结论:"粗暴执法、暴力执法"是执法过程中恶性程度最高的一种不良现象，理应百分之百杜绝。但是L区仍有超过三成的民众认为当地行政机关存在此类问题，严重损害政府形象。对此，应从执法人员的整体素质着手，加强对执法者的考核和培训；同时，进一步完善执法机制，建立执法全过程记录制度，明确具体操作流程。通过内外合力，才能有效保证L区行政机关及其工作人员从人民利益出发，落实文明执法、柔性执法。

15. 您认为本地区行政机关及其工作人员在行政执法中是否存在"选择性执法"现象？（单选）

A. 存在　　　　B. 不存在　　　　C. 个别案件中存在

本题的调查目的在于分析社会公众对具体行政执法行为不规范的关注点，选项设计立足于行政执法中可能存在的"粗暴执法、暴力执法""选择性执法""吃拿卡要""多头执法、重复执法"等典型的执法不规范情形，考察社会公众对具体行政执法行为不规范的不满更多存在于哪些方面，以利于行政机关改进工作，规范执法。

表15－1　受访者认为本地区行政机关及其工作人员在行政执法中是否存在"选择性执法"的现象总体选择计数和百分比

选　项	选择计数		个案百分比(%)
	个　数	百分比(%)	
存在	25	13.1	13.1
不存在	113	59.2	59.2
个别案件中存在	53	27.7	27.7
总　计	191	100.0	100.0

注：上述"选择计数"列中的"百分比"为各选项次数除以各个选项全部被勾选的总次数，该"百分比"的总和等于100%。最后一列"个案百分比"中的数值为各选项被勾选的次数除以有效观察值人数，在多选题中此列百分比总和通常会大于100%。多选题次数分布表要以"个案百分比"列数值来诠释较为贴切。

由表15－1数据分析可以看出，对行政机关及其工作人员在行政执法中是否存在"选择性执法"现象，13.1%的受访者认为"存在"，27.7%的受访者认为"个别案件中存在"，上述两个选项相加的和为40.8%，说明L区行政机关普遍存在"选择性执法"问题。

结论：超过四成的受访者认为L区存在或在个案中存在选择性执法问题。当然，选择性执法具有节约执法资源和成本的正面作用，但在老百姓眼中，更多的是选择性执法带来的区别对待和不公平感。对此,L区政府应当在硬件上加大执法资源投入,匹配执法需求;同时,在软件上加大制度供给,加强对执法工作的监督,督促执法机关勤于执法,提高执法效能。由此才能回应社会公众对执法平等的价值需求。

16. 您认为本地区行政机关及其工作人员在行政执法中是否存在“吃拿卡要”现象?(单选)

A. 存在　　B. 不存在　　C. 个别案件中存在

本题的调查目的在于分析社会公众对具体行政执法行为不规范的关注点,选项设计立足于行政执法中可能存在的“粗暴执法、暴力执法”“选择性执法”“吃拿卡要”“多头执法、重复执法”等典型的执法不规范情形,考察社会公众对具体行政执法行为不规范的不满更多存在于哪些方面,以利于行政机关改进工作,规范执法。

表16-1　受访者认为本地区行政机关及其工作人员在行政执法中是否存在“吃拿卡要”现象的总体选择计数和百分比

选　项	选择计数		个案百分比(%)
	个　数	百分比(%)	
存在	9	4.7	4.7
不存在	137	71.7	71.7
个别案件中存在	45	23.6	23.6
总　计	191	100.0	100.0

注:上述“选择计数”列中的“百分比”为各选项次数除以各个选项全部被勾选的总次数,该“百分比”的总和等于100%。最后一列“个案百分比”中的数值为各选项被勾选的次数除以有效观察值人数,在多选题中此列百分比总和通常会大于100%。多选题次数分布表要以“个案百分比”列数值来诠释较为贴切。

由表16-1数据分析可以看出,对行政机关及其工作人员在行政执法中是否存在“吃拿卡要”现象,71.7%的受访者认为“不存在”,不到三成的受访者认为存在或个案中存在吃拿卡要现象。这说明L区行政机关及其工作人员执法中虽然存在“吃拿卡要”现象,但并不严重。

结论:超过七成的受访者认为本地区行政机关及其工作人员在行政执法中不存在“吃拿卡要”现象,说明L区政府在廉政建设上下了不少工夫,取得一定成效。但是,还是有少量的“吃拿卡要”问题发生,说明还存在执法人员廉洁意识差、制度上有漏洞的情况,若不彻底根治,长此以往,将削弱群众对政府的信任。对此,应进一步加强廉政教育,完善权力运行制度,制约执法者手中的自由裁量权,压缩“吃拿卡要”的空间。

17. 您认为本地区行政机关及其工作人员在行政执法中是否存在“多头执法、重复执法”现象?(单选)

A. 存在　　　　B. 不存在　　　　C. 个别案件中存在

本题的调查目的在于分析社会公众对具体行政执法行为不规范的关注点,选项设计立足于行政执法中可能存在的“粗暴执法、暴力执法”“选择性执法”“吃拿卡要”“多头执法、重复执法”等典型的执法不规范情形,考察社会公众对具体行政执法行为不规范的不满更多存在于哪些方面,以利于行政机关改进工作,规范执法。

表17-1　受访者对本地区行政机关及其工作人员在行政执法中是否存在“多头执法、重复执法”现象的总体选择计数和百分比

选　项	选择计数		个案百分比(%)
	个　数	百分比(%)	
存在	18	9.4	9.4
不存在	124	64.9	64.9
个别案件中存在	49	25.7	25.7
总　计	191	100.0	100.0

注:上述“选择计数”列中的“百分比”为各选项次数除以各个选项全部被勾选的总次数,该“百分比”的总和等于100%。最后一列“个案百分比”中的数值为各选项被勾选的次数除以有效观察值人数,在多选题中此列百分比总和通常会大于100%。多选题次数分布表要以“个案百分比”列数值来诠释较为贴切。

由表17-1数据分析可以看出,对行政机关及其工作人员在行政执法中是否存在“多头执法、重复执法”现象,9.4%的受访者认为“存在”,25.7%的受访者认为“个别案件中存在”,上述两个选项相加的和为35.1%,即有超过三成的受访者认为本地区行政机关及其工作人员执法中存在“多头执法、重复执法”的现象,说明L区行政机关之间还存在权界不清,职责混乱的问题,有待进一步厘清。

结论:从调查结果看,L区确实存在一定“多头执法、重复执法”问题,导致这一问题的根本原因就在于行政机关权责不明确,就同一个行政行为多个部门都有执法权,既浪费执法资源又损害行政相对人利益。为此,应探索执法机构的优化整合,部门与部门之间厘清权界,分清职责,消除多头执法、重复执法,为市场主体等社会主体的健康发展创造良好环境。

18. 据您所知,本地区行政机关及其工作人员是否因“行政违法”被追究责任?(单选)

A. 没有被追究责任　　**B. 被严格追究了责任**

C. 个别案件被追究了责任　　**D. 被追究了责任,但是力度不够**

本题的调查目的在于分析社会公众对行政问责的关注度和认可度。完善行政问责机制是强化对行政权力的制约和监督的关键要素。《中共中央关于全面推进依法治国若干重大问题的决定》明确指出,要全面落实行政执法责任制,严格确定不同部门及机构、岗位执法人员执法责任和责任追究机制,加强执法监督,坚决排除对执法活动的干预,防止和克服地方和部门保护主义,惩治执法腐败现象。

表 18-1　受访者对本地区行政机关及其工作人员在行政执法中是否因“行政违法”被追究责任的总体选择计数和百分比

选　项	选择计数		个案百分比(%)
	个　数	百分比(%)	
没有被追究责任	39	20.4	20.4
被严格追究了责任	66	34.6	34.6
个别案件被追究了责任	45	23.6	23.6
被追究了责任,但是力度不够	41	21.5	21.5
总　计	191	100.1	100.1

注:上述“选择计数”列中的“百分比”为各选项次数除以各个选项全部被勾选的总次数,该“百分比”的总和等于100%。最后一列“个案百分比”中的数值为各选项被勾选的次数除以有效观察值人数,在多选题中此列百分比总和通常会大于100%。多选题次数分布表要以“个案百分比”列数值来诠释较为贴切。

从表18-1可以看出,排在第一位的是“被严格追究了责任”,比例为34.6%;排在第二位的是“个别案件被追究了责任”,比例为23.6%;排在第三位的是“被追究了责任,但是力度不够”,比例为21.5%;最后是“没有被追究责任”的比例为20.4%。由此可见,4个选项的选择率十分接近,其实也恰恰说明了L区在行政问责方面的信息公开工作有欠缺,才导致受访者无法形成较为一致的意见。同时,虽然选择“被严格追究了责任”的比例排在第一位,但同时应当注意到,这部分的比例仍然很少,也就意味着还有大部分的民众认为行政违法行为并未被追究责任或追究的力度不够。行政执法人员的行政行为与社会公众的生活密切相关,如果违法行政行为不能收到负面评价,一方面有损政府的公信力,另一方面会让执法人员心存侥幸而肆意突破法律底线。因此,违法者受到法律的制裁既是社会公众的期待,更是督促执法人员依法办事、履职尽责的“紧箍咒”。

结论:从调查结果来看,L 区行政机关及其工作人员在行政执法中因“行政违法”被追究责任的情况与社会公众的期望之间还存在一定距离。除了健全“违法必追究”的责任追究机制外,更应当做好该类案件的信息公开,使老百姓真正了解行政违法责任追究状况,提升社会公众对政府的信任度。

19. (1) 当您遭遇行政侵权时,您是否会选择法律途径(申请行政复议或提起行政诉讼)解决纠纷?(单选)

A. 会　　　　　　B. 不会

(2) 如果你不选择法律途径解决行政纠纷,最主要考虑的原因是:(单选)

A. 成本高　　　　B. 效率低　　　　C. 不管用

本题的调查目的在于分析公民的合法权益受到违法行政侵犯之时,会采取何种措施来保障自己的权利,是否采用法律途径(行政复议或行政诉讼)直接说明了该地区依法行政的状况,采取法律途径比例高说明该地区依法行政的状况较好。同时,为进一步了解公民为什么不会选择法律途径来解决纠纷,我们预设了“成本高、效率低、不管用”三个原因供公民选择,进而寻找到制约法律救济功能有效发挥的症结所在,以期为行政机关和司法机关改进工作,深化改革提供有益参考。

表 19－1　当受访者遭到侵权行为是否会选择法律途径(申请行政复议或提起行政诉讼)解决纠纷的总体选择计数和百分比

选　项	选择计数		个案百分比(%)
	个　数	百分比(%)	
会	156	81.7	81.7
不会	35	18.3	18.3
总　计	191	100.0	100.0

表 19-2　受访者不选择法律途径解决行政纠纷最主要考虑的原因的总体选择计数和百分比

选　项	选择计数		个案百分比(%)
	个　数	百分比(%)	
成本高	79	41.4	41.4
效率低	63	33.0	33.0
不管用	49	25.6	25.6
总　计	191	100.0	100.0

注:上述"选择计数"列中的"百分比"为各选项次数除以各个选项全部被勾选的总次数,该"百分比"的总和等于100%。最后一列"个案百分比"中的数值为各选项被勾选的次数除以有效观察值人数,在多选题中此列百分比总和通常会大于100%。多选题次数分布表要以"个案百分比"列数值来诠释较为贴切。

由表19-1可知,有81.7%的受访者选择行政复议或向法院提起行政诉讼,18.3%的受访者表示不会选择法律途径,体现了社会公众具有较强的依法维权意识,同时也反映出社会公众对L区行政机关及司法机关的信任和认可,相信能够通过公力救济的方式维护自身权益。

由表19-2可知,不会选择法律途径的18.3%的受访者中,有41.4%的受访者考虑的最主要原因是"成本高",排在第二位的是"效率低"(33.0%),排最后的是"不管用"(25.6%),由此可见,外在的因素是阻挠受访者不选择法律救济的主要原因,再次印证社会公众本质上是普遍认可L区行政机关和司法系统的纠纷解决能力的。但同时也暴露出现阶段仍然存在公力救济成本高、效率低等问题。对此,不仅是L区迫切需要解决的问题,更是中央层面上需要通过深化行政体制改革和司法体制改革予以解决的普遍性问题。

结论:从调查结果来看,八成以上的社会公众都愿意选择法律途径解决纠纷,充分体现了当地老百姓对L区行政机关和司法机关的高度认可,正是由于L区营造了良好的法治环境,才促使民众在耳濡目染下,形成了"遇事找法、解决问题用法、化解矛盾靠法"的法治意识。但同时也要正视仍然存在小部分人不愿意用法的情况,根据调查结果分析,其主要原因就在于法律途径成本高、效率低,对此,应对症下药,探寻解决以上问题的现实途径。

20. 您认为本地区人民法院在审理行政纠纷时,是否能够公正处理案件?(单选)

A. 能够公正处理　　B. 不能公正处理　C. 个别案件能够公正处理

本题调查目的在于考察人民法院审理行政诉讼案件时的公正性问题。行政诉讼被老百姓俗称为“民告官”,意味着这类案件的原被告之间存在明显的身份差异,由此也导致长期以来此类案件在审理时的公正与否往往受到人们的质疑。但公正司法是依法治国的必然要求,是保证社会公平正义的最后一道防线,为了让人民群众在每一个案件中感受到公平正义就应以人们最容易产生不公正质疑的行政诉讼为突破口。因此,人民法院能否公正处理行政纠纷,大则关系到依法治国目标的实现,小则直接影响社会公众对司法的信赖。

表20-1 受访者对本地区人民法院在审理行政纠纷时是否能够公正处理案件的总体选择计数和百分比

选　项	选择计数		个案百分比(%)
	个　数	百分比(%)	
能够公正处理	146	76.4	76.4
不能公正处理	7	3.7	3.7
个别案件能够公正处理	38	19.9	19.9
总　计	191	100.0	100.0

注:上述“选择计数”列中的“百分比”为各选项次数除以各个选项全部被勾选的总次数,该“百分比”的总和等于100%。最后一列“个案百分比”中的数值为各选项被勾选的次数除以有效观察值人数,在多选题中此列百分比总和通常会大于100%。多选题次数分布表要以“个案百分比”列数值来诠释较为贴切。

由表20-1可见,对于人民法院处理行政纠纷是否公正,76.4%的受访者认为“能够公正处理”,19.9%的受访者认为“个别案件能够公正处理”,该两项选择比例的和为96.3%,仅3.7%的受访者认为“不能公正处理”,说明L区社会公众对该地区司法机关的信任度较高。

结论:接近100%的认可率充分说明了L区具有良好的司法环境,司法机关能够将公平正义落实到每一个具体的行政案件的审判中,使越来越多的人愿意相信法院可以成为一个合格的解决民众与政府纠纷的机构,从而有效促进了社会公众对法治的信赖。

三、L区依法行政深度访谈情况分析

(一)深度访谈实施概述

L区深度访谈具体实施系四川省各市县政府依法行政第三方评估的重要

组成部分。深度访谈作为一种重要的定性分析方法,结合问卷调查等其他定量调查分析方式,有助于更为准确地评估L区政府及其各部门依法行政的状况。

为获取更加客观真实、详细具体以及多方面、多角度的信息,评估组经研究审慎确定了下列深访对象:L区政府法制办、区人民法院、区公安局等共6人次。此次的深访对象突出了多元化,既有司法机关的深访对象,体现了对政府及其职能部门的外部监督,又有政府及其职能部门的深访对象,体现了行政系统的内部监督,能够尽量做到全面收集信息,不偏听偏信;此次深访对象的特点之二就是有一定的职务也有一定的威望,其提供的信息有一定的高度和深度,使评估组能够获取更有效的信息;另外,此次深访对象都是多年从事相关工作,且有较高法律素养的人员,对公民与企业、对社会、对行政工作都有相当的了解。

本次深度访谈于2018年6月20日至22日进行。深度访谈分为两个小组进行,每个小组由两名老师(至少一名具副教授及以上职称)组成。为使访谈对象在相对私密的空间,自由地、客观地发表观点和反映情况,每个小组的深度访谈在独立的、封闭的办公室或会议室内进行,访谈方式为一对一,即每个小组每次只对一名对象进行访谈,访谈时间平均每人60分钟左右。

深度访谈的内容主要限于四川省依法行政评估的12个指标,并且根据上述不同访谈对象有所侧重。

(1)制定行政规范性文件是否规范、是否给工作实践造成阻碍;(2)行政执法是否做到依法行政、合理行政,是否遵守执法程序;(3)在政府公共服务方面是否有所提升,简化审批手续、信息依法公开等方面情况如何;(4)能否有效化解争议、纠纷;(5)是否自觉接受监督;(6)如何提高执法人员法律素养和行政相对人的法律意识;(7)对现有立法、执法的情况有何改进建议,对依法行政的未来展望等。

(二)深度访谈结论分析

评估组对访谈内容做了翔实的记录,经过对访谈记录的整理归类和研究分析,评估组就深度访谈的情况得出以下结论:

1. L区政府高度重视依法行政工作,依法行政成效显著。

受访者均对L区近年来的依法行政工作给予了肯定性评价,认为L区在依法行政方面较好的有:

一是坚持会前学法,领导干部的法治意识得到显著提高。会前学法工作开展的较好,在区政府全体会议、常务会议、部门办公会议召开之前均安排了法律、法规和政策文件的学习。通过学法和法治培训,各级领导干部依法行政的意识不断增强。

二是重大决策的科学性、民主性得到提升。据访谈对象反映,L区凡涉及重大决策都是严格按照《四川省重大行政决策程序规定》作出,由区政府法制办出具行政决策事项合法性审查意见,基本实现了重大事项、高风险领域事项依法科学民主决策。

三是公共服务能力明显提升,行政审批制度改革亮点纷呈。随着"放管服"工作的深入推进,政府职能履行、简政放权、提供服务方面能力明显提升,特别是相对集中行政许可权改革实施后,审批环节进一步精简、审批时间大力压缩,大大提高了服务群众效率。访谈对象详细介绍了L区一系列的行政审批改革举措,包括制定了《关于开展相对集中行政许可权改革试点工作的实施意见》,成立行政审批局,"连人带编"划转22个职能部门承担的149项行政审批职能,推行"一号申请,一窗受理,一网通办,一章审结"审批机制,精简审批环节280余个,压缩审批时间2/3以上,创新"项目秘书、全程代办"机制,变"坐等审批"为"定制服务"等,从而打造了全省最优政务服务环境。

四是行政纠纷化解机制健全。L区非常重视行政复议和行政诉讼工作,成立了行政复议委员会,制定了《罗江县行政复议委员会工作规则》,每一起行政纠纷案件都能够得到公正处理,法治大环境好。受访者表示随着公众法律意识的逐渐增强,大部分争议、纠纷均能通过合法途径提请解决。

2. 行政执法队伍建设方面还存在诸多问题。

受访者表示,虽然近年来L区在加强行政执法人员管理方面开展了一定工作,如全面清理行政执法人员,开展执法证件年审,组织执法人员参加执法资格认证公共法律考试,实行行政执法人员持证上岗等,执法机关依法行政意识普遍提升。但因执法人员法律素养,法律制度体系不完善等主客观原因,全面依法行政方面仍有差距。执法人员法律知识欠缺,对法律条款理解不深,对依法行政相关原则把握不准。执法过程中可能存在"法律应用不当,自由裁量标准不统一""未充分说明裁量原因""行政审查、行政许可、行政执法等效率低下""执法偏软,执法力度不够""执法人员业务水平参差不齐,综合行政执法能力不高,适应岗位能力狭窄""行政执法程序、文书制作不规范""行政执法人员在执法过程中态度生硬,工作方法简单,工作标准不高""执法人员对执法程序理解不到位,执法案卷不够严谨""在执法办案过程中过于刻板、创新意识不够、安于现状、机械地照搬法条、缺乏灵活运用能力"等情况,以至于可能存在当事人认为执法不公的情况。

同时,因我国没有专门的行政机关组织法,行政机关职能职责散见于单行法律中,且从上至下机构设置并不完全统一,造成部门职权职责不明,职责交叉,实际执行过程中推诿扯皮的现象。此外,受访者表示,L 区个别部门存在执法力量薄弱,机制队伍不健全的现象,在编人员较少,缺乏相关的专业执法人员。例如,统计部门无专职统计执法人员,特别是办案要求在编在职人员 2~3 人且有执法证件的情况下开展的,执法人员不足问题特别突出。

3. 法律法规宣传及信息公开还不到位。

受访者表示,某些领域的法律法规修改较多,特别是规范性文件出台频繁,其中不免涉及与群众利益密切相关的内容。但总的来看,行政机关对相关法律法规宣传力度不足,导致出现信息不对称的情况。加之,日常宣传工作方式方法单一,宣传效果并不好,使老百姓对法律法规的知晓率不高。

在信息公开方面,坚持应公开尽公开的原则,将政府信息公开纳入重要公开内容,但仍存在公开范围不全面,公开渠道单一,公开不及时,公开程度不深等问题。有的受访者指出政府官网的宣传普及工作还未做到位,导致政府官网的点击率不高。有的网站就像“僵尸网站”,网站的信息未做到及时更新,有些页面上虽设置了栏目,但再点进去却没有子栏目,或者子栏目更新的最近的信息还是四五年前的。此外,在页面标语上也未跟进最新方针政策予以调整。

4. 制定行政规范性文件存在不规范问题。

受访者指出,长期以来,一直存在对规范性文件的界定不明确及认识不清的问题,制定主体在制定规范性文件时有时无法分清是规范性文件还是一般工作安排文件,造成文件制定未严格按照规范性文件制定程序执行,文件内容也部分存在增设公民权利义务的情况。文件出台前,缺乏对文件出台的必要性等进行论证,部分文件参照上级文件制定,内容基本一致,未结合地方实际情况,制定的必要性不足。同时,在规范性文件制定过程中,主要征求行政机关意见,公众参与少,且文件出台后宣传不够、政策解读少,公众知晓率低,给文件执行造成一定的障碍。

5. 对行政机关的监督还存在不足。

受访者首先肯定了政府及政府部门能够主动接受人大、政协,对人大建议、政协提案认真办理,及时反馈好的方面。但同时提到其对主动接受司法监督认识还不够,对法院司法建议书等重视不够,存在不及时反馈司法建议的情况。接受公众监督方面,对群众反映的问题,能够主动答复,但也存在部分答复流于形式,不能切实解决实际问题的情况。

6. 对L区依法行政工作的改进意见。

各受访者就如何改进L区依法行政工作提出了较为具体的建议:一是就如何提高执法人员法律素养方面,建议加强执法人员的法律培训,增加开展执法人员入职培训、执法资格考试前培训及加强行业系统内部培训等。建立健全执法责任追究机制,通过制度完善,督促执法人员自主提升法律知识水平。二是在提升行政相对人法律意识方面,强化普法宣传,营造学法、守法、尊法氛围。健全公共法律服务体系,为公民提供法律服务。贯彻落实“谁执法、谁普法”制度,在执法过程中加强法律宣传。强化行政机关依法行政、合理行政,司法机关公正司法的法律行为,提升行政司法机关公信力,提升行政相对人对法律的认同感。三是无论立法还是执法均应坚持以人为本的原则,法律的生命在于实施,法律的权威也在于实施,只有公众普遍参与,对法律普遍遵从,依法行政才能全面实现。

总之,在本次深度访谈中,评估组成员对各位受访人员访谈内容进行了全面整理和归纳,在综合分析的基础上得出上述结论,对于各位受访人员所提出的各类问题,我们都进行了客观、真实地反映,同时,评估组也尽量避免主观臆断所造成的评估失真。因此,评估组认为此次深度访谈所得结论是客观、公正的。

四川省 Q 县依法行政第三方评估报告

禹竹蕊*

2017 年 7 月 12 日至 13 日,评估组在 Q 县通过调查问卷、行业代表深度访谈等方式开展依法行政评估工作。此次评估,共收集调查问卷 200 份,行业代表深度访谈 10 人次。评估报告以调查问卷的统计分析为基础,结合行业代表深度访谈所获得的信息综合分析得出。

相比市级政府依法行政的评估而言,县级政府由于其行政领域较小且对行政行为客体作用更明显,评估报告更侧重于从小的、细的方面反映 Q 县依法行政的真实水平,进而总结得出该县依法行政的总体状况。

一、Q 县依法行政第三方评估结论

(一)Q 县依法行政工作成效分析

Q 县政府依法行政工作得到了县委、县政府领导的重视,工作作风有了一定转变,政府及其工作人员在法律认识、行政执法程序规范、法治宣传等方面都有很大改进。现将其依法行政工作取得的成效总结如下。

1. Q 县法治环境有所好转

评估组在分析问卷调查和深度访谈的评价基础上得出这一结论。

一是政府在法治环境建设上有所重视。例如,Q 县行政决策的制度化建设、听证会做法、专家咨询环节以及法律顾问团等机制建设都体现了其在依法行政工作上所做的努力。

二是法治环境客观上趋于优化。评估组认为 Q 县法治环境相较于过去有所好转,政府工作人员在工作中能强调法治建设,群众对法治具有一定的认识和理解。

---

* 作者单位:中共四川省委党校、四川行政学院党史党建教研部。

三是 Q 县建立了相应的集体决策制度、行政诉讼负责制、重大行政处罚的决策制度、行政决策过错追究制度，还建立了案件审理委员会等相关部门。依法行政的保障措施、机制体制也都纳入了政府目标绩效管理考核之中。

2. Q 县政府依法化解行政争议，促进社会和谐

评估组在综合分析深度访谈的评价基础上得出这一结论。

通过深度访谈，评估组了解到 Q 县政府近几年在有效化解行政争议纠纷方面取得了很大的成绩，发挥的作用也越来越大。Q 县行政调解方面的制度非常完善，每年行政调解的案件数量非常大，化解了大量矛盾，解决了很多问题，绝大部分行政争议在走入司法程序之前，都通过行政调解有效化解。这对于构建和谐社会，有着非常重要的意义。

3. Q 县政府新一轮的行政审批事项清理较为彻底，行政审批的效率也大大提高

评估组在综合分析问卷调查和深度访谈的评价基础上得出这一结论。

从问卷调查的情况看，七成多的受访者感受到了 Q 县新一轮行政审批改革在减审批事项及办事效率提升上有了实质性转变，Q 县政府在不断创新便民服务。同时，八成以上的受访者认为政务服务中心或乡镇便民服务中心“办事流程简化，办事效率提高”。这说明 Q 县政务服务中心总体上能按依法行政要求，做过扎实而具体的工作，因而得到绝大部分服务对象的肯定。这与深度访谈的受访者所反映的情况完全一致。

（二）Q 县依法行政工作中亟须重视的问题

评估组通过认真分析问卷调查和深度访谈内容，分析得出 Q 县政府依法行政的总体状况不错，但与受访公众的期望之间还存在一定差距，群众满意度还有待提高。总体而言，Q 县依法行政工作中亟须重视的问题具体表现在以下几个方面。

1. Q 县政府信息公开工作还有待加强

评估组在综合分析调查问卷第 5 题和深度访谈内容的基础上得出这一结论。

总体来讲，Q 县政府官网信息公开的宣传举措比较得力，有 72.5% 的受访者“知道”可以在本地区政府官网上查找需要的政府信息，但是仅有 40.5% 的受访者认可“能够方便地查找到相关信息”，而直接持负面看法的受访者也有 32%，分别为“能够打开相关链接，但是查找到的相关信息不完整”（17.5%）、“能够查找到相关信息，但是很费劲”（13%）和“不能查找到相关信息”

(1.5%)。这和深度访谈的受访者反映的情况基本一致,说明Q县政府官网信息化建设及信息公开工作,离群众要求还有一定差距。

2. Q县政府依法行政的水平还有上升空间

评估组在综合分析调查问卷第8题到第17题,以及深度访谈内容的基础上得出这一结论。

从调查问卷上看,与本地区行政机关打交道时,37%的受访者遇到"该管的不管"情况(第8题),21.5%的受访者遇到"不该管的瞎管"情况(第9题),37%的受访者遇到"相互推诿扯皮,被踢来踢去"情况(第11题),这反映出部分民众对Q县政府及各部门具体的权责尚不完全了解,也说明部分部门可能存在不作为、乱作为的情况。此外,有33%的受访者声称遇到过"门难进,事难办,脸难看"情况(第10题),32%的受访者遇到"办事效率低下,久拖不决"情况(第12题)。

从公众的感知来看,对于Q县行政机关及其工作人员的行政执法,有51%的受访者认为,不同程度存在"执法不公"现象(第13题),有40.5%的受访者认为存在"粗暴执法、暴力执法"现象(第14题),有41%的受访者认为存在"选择性执法"现象(第15题),有30%的受访者认为存在"吃拿卡要"现象(第16题),有38%的受访者认为存在"多头执法、重复执法"现象(第17题),这些现象需高度关注与查处整改。

在这一问题上,调查问卷的结果与深度访谈的内容基本一致。

3. 行政问责力度不够

评估组在综合分析调查问卷第18题,以及深度访谈内容的基础上得出这一结论。

问卷调查反映出,受访者认为"被追究了责任,但是力度不够"的占26%,认为"个别案件被追究了责任"的占16.5%,认为"没有被追究责任"的占11.5%,而认为"被严格追究了责任"的仅占46%。这说明,受访者认为Q县政府行政问责工作有所欠缺,希望以更严厉的法律手段来追究相关行政责任人的法律责任。

在这一问题上,调查问卷的结果与深度访谈的内容基本一致。

(三)关于Q县加强和改进依法行政工作的建议

评估组通过分析所获取的基础数据,认为Q县政府在推进依法行政上按照中央和省委、省政府的部署做了大量的工作,依法行政的整体状况有很大改进,但Q县政府及其部门在依法行政中也存在一些问题。鉴于此,评估组提出以下建议。

1. 强化法治理念,加大法治宣传

一是加强对领导干部的法治培训。领导干部的法治思维和法治能力建设,对于一个地区和一个国家来讲,都是非常重要的。Q县今后的干部培训应更注重实际可操作性和现实意义,强化领导干部的法治意识和法治思维,确保法治理念常态化,确保领导干部在工作生活中不轻易触碰法律的底线。

二是强化执法人员依法行政的规则意识。中国一切的问题在基层,执法人员长期与人民群众打交道,代表的是行政机关和政府的形象,强化其规则意识尤为重要。Q县要经过培训,让广大执法人员树立法治思维、程序意识、权责意识,熟悉和掌握自身执法领域中的法律规范,自觉维护法律、遵守法律。

三是广泛开展法治宣传教育工作。全面推进依法治国,不但要求政府要守法,执法人员要遵法,还要求全民守法,只有全社会都信仰法治,才能真正建立起法治国家。Q县要加强法治宣传工作,提高全县人们尊法、学法、守法、用法的整体水平。

2. 加大政府信息公开的力度

一是认真学习《政府信息公开条例》及相应规定,要依法做好主动公开的事项,尤其是关系到Q县发展的重要事项、重大决策,相应政府信息必须主动公开。对于依申请公开的事项,要严格依据法律规定进行审查和公开。

二是Q县政府要切实监督职能部门和各乡镇政务信息的及时上网与更新,并强化社会宣传,使公众了解政府官网信息公开事项、便捷获取所需信息。

3. 积极整改,促使行政执法更加规范化

一是Q县行政执法机关今后应做好行政执法职业道德建设,重点抓好限时办结制度的建设及效率提升工作。

二是Q县行政机关应在职能科学、权责法定、执法严明、公开公正、廉洁高效、守法诚信等全方面加快法制政府建设的同时,更加注重执法程序、行为和结果的公正、公平与公开,并抓好执法全过程记录监管和责任追究惩处工作。

三是建立和完善要求具体、期限明确、责任落实的执法流程,保障执法公正,促进行政执法更加规范化。

4. 完善行政责任追究机制

权力应当与义务、责任相一致。只有进一步转变行政问责的工作机制,使行政问责常态化、公开化,方能真正发挥行政问责的惩处功能、指引功能和监督功能。Q县政府应充分发挥群众和社会监督作用,进一步完善责任追究制度、强化行政问责的惩处时效,并及时做好相关信息公开工作,切实保障“行政违法”责任追究落到实处和落进群众心里眼里。

二、Q县依法行政第三方评估调查问卷分析

评估组在Q县,共发放调查问卷220份,回收的有效问卷200份。Q县依法行政调查问卷(公民版)一共设计了20个调查问题,这里结合每个调查问题及其统计结果展开分析。

1. 您认为本地区哪些行政机关依法行政的情况比较好?(可多选)

A. 发展改革委(或局)　B. 税务　C. 公安

D. 民政　E. 国土资源　F. 住房和城乡建设

G. 文化教育　H. 工商行政管理　I. 安全生产监管

J. 食品药品监管　K. 环境保护　L. 城管执法

M. 质量监督检验检疫　N. 交通运输　O. 人力资源和社会保障

本题设计的调查目的:由受访群众对Q县各主要政府组成部门的依法行政状况进行评价,从各部门的数据总和分析Q县依法行政的总体状况。

调查选择了发展改革委(或局)、税务、公安、民政、国土资源、住房和城乡建设、文化教育、工商行政管理、安全生产监督、食品药品监管、环境保护、城管执法、质量监督检验检疫、交通运输、人力资源和社会保障15个主要职能部门,由受访群众对其依法行政状况进行评价,通过分析受访群众对各个职能部门依法行政状况的满意度以及分析受访群众对各个职能部门的“依法行政情况比较好”进行选择的总次数与可选择机会的总次数(200×15=3000次)的比率关系分析Q县政府依法行政的总体状况。

表1-1　受访者对各职能部门依法行政状况评价总体选择计数和百分比

选　项	选择计数		个案百分比(%)
	个　数	百分比(%)	
发展改革委(或局)	77	7.3	38.5
税务	69	6.6	34.5
公安	117	11.2	58.5
民政	94	9.0	47.0
国土资源	57	5.4	28.5

续表

选项	选择计数		个案百分比(%)
	个数	百分比(%)	
住房和城乡建设	80	7.6	40.0
文化教育	93	8.9	46.5
工商行政管理	76	7.3	38.0
安全生产监督	51	4.9	25.5
食品药品监管	61	5.8	30.5
环境保护	74	7.1	37.0
城管执法	62	5.9	31.0
质量监督检验检疫	33	3.1	16.5
交通运输	48	4.6	24.0
人力资源和社会保障	56	5.3	28.0
总计	1048	100.0	524.0

注:上述“选择计数”列中的“百分比”为各选项次数除以各个选项全部被勾选的总次数,该“百分比”的总和等于100%。最后一列“个案百分比”中的数值为各选项被勾选的次数除以有效观察值人数,在多选题中此列百分比总和通常会大于100%。多选题次数分布表要以“个案百分比”列数值来诠释较为贴切。

由表1－1可知,有58.5%的受访者对公安部门依法行政感到满意,其次是民政部门47%,文化教育部门46.5%,而对质量监督检验检疫和交通运输部门感到满意的受访者较少,分别仅有16.5%和24%。受访群众进行选择的总次数为1048次,可选次数为3000次,两者比率为34.9%。

结论:一是受访者对Q县政府各个职能部门依法行政状况不甚满意。对公安部门依法行政感到满意的比例最高也仅有58.5%,民政部门排在第二为47%,第三是文化教育部门为46.5%,排在最后的分别是交通运输24%、质量监督检查检验检疫部门16.5%,这说明受访者对Q县政府各部门的依法行政状况满意度较低,仅有一个部门满意度超过50%。同时质量监督检验检疫和交通运输部门满意度不到1/4,说明这两个部门的依法行政状况令人堪忧。二是受访者对于依法行政总体满意度也低。按照系统论观点,整体由各个子系统构成,子系统的总和只能是小于或等于整体,本题的调查结果中所有受访者选择“依法行政情况比较好”的总次数为1048次,而受访者可以选择“各部门依法行政较好”机会总次数为3000次,比率仅为34.9%,这说明受访群众对于Q县政府的依法行政状况总体满意度也低。

2. 您认为下列哪些因素对行政机关及其工作人员的执法行为具有较强约束力?(可多选)

A. 法律、法规　　B. 红头文件(主要指政策)　　C. 领导批示和指示

D. 道德观念　　E. 社会舆论和评价

表2-1　受访者对行政机关及其人员执法行为约束因素总体计数和百分比

选　项	选择计数		个案百分比(%)
	个　数	百分比(%)	
法律、法规	152	29.7	76.0
红头文件(主要指政策)	101	19.8	50.5
领导批示和指示	88	17.2	44.0
道德观念	79	15.5	39.5
社会舆论和评价	91	17.8	45.5
总　计	511	100.0	255.5

注:上述“选择计数”列中的“百分比”为各选项次数除以各个选项全部被勾选的总次数,该“百分比”的总和等于100%。最后一列“个案百分比”中的数值为各选项被勾选的次数除以有效观察值人数,在多选题中此列百分比总和通常会大于100%。多选题次数分布表要以“个案百分比”列数值来诠释较为贴切。

本题的调查目的在于分析行政机关工作人员作出行政行为的原动力,是将行政法的法源作为行政行为的首先因素,还是依据其他非行政法法源的因素作出。如果是前者为首要因素,那么行政行为的作出基本属于依法行政模式,反之则属于人治的范畴。社会公众作为行政行为的直接作用者和直接观察者,他们的切身感受能够较为真实地反映调查结果。

由表2-1可知,有占到76%的受访者选择法律、法规对行政机关工作人员行政行为的约束力最强,其后依次是红头文件(主要指政策)(50.5%)、社会舆论和评价(45.5%)、领导批示和指示(44%)、道德观念(39.5%)。由此可见,在Q县,受访者认为对行政行为约束力最强的是法律、法规,这说明Q县政府比较符合依法行政的要求,作出行政行为考量的首要因素是法律法规。同时我们也注意到受访者中没有选择“法律、法规”的比例也有近1/4,这说明还有相当比例的受访者对Q县政府能否真正做到依法行政存有疑虑。第二位的是红头文件(主要指政策),比率为 50.5%,这说明红头文件(主要指政策)作为传统行政方式依然具有很大的影响力,这与政府依法行政的要求还有一定差距,Q 县需进一步清理红头文件,明确效力和执行时效,进一步实现依政策行政向依法行政转变。第三位的是社会舆论和评价(45.5%),表明当前社会公众和各类媒体对于行政行为的关注和监督具有较大影响力,这符合以公民权利制约公共权力的法治理念,反映出 Q 县政府在公众和舆论关注下开始注意社会关切,回应社会意见。第四位的是领导批示和指示(44%),说明在 Q 县,领导干部采取什么样的工作方式对政府依法行政的状况具有显著的影响,领导干部的批示和口头指示具有明显的人治特征,其比例低则依法行政程度高,如果 Q 县政府要进一步推进依法行政,还需进一步加强领导干部依法行政意识,转变工作方式、提高法治思维水平、提升用法治手段解决问题的能力。第五位的是道德观念(39.5%),六成多的受访者不认同道德观念会对行政行为具有约束力,这反映 Q 县受访公众中要么认为行政人员的整体道德水平不高,道德无法发挥约束作用;要么认为道德观念是软约束,无法真正约束和制约行政权力和行政行为。

结论:在受访者看来,Q 县政府行政机关工作人员作出行政行为的原动力为法律、法规,依法行政模式已常态化,但同时其他诸如红头文件(主要指政策)、社会舆论和评价等非法律因素也颇具影响力,其中公众媒体监管作用和人治特征明显,说明依法行政改革仍需不断深化。

3. 您认为目前本地区行政审批制度改革的状况是:(单选)

A. 行政许可和审批事项大幅减少,办事效率明显提高

B. 行政许可和审批事项得到了清理,但办事程序烦琐,办事效率不高

C. 行政许可和审批事项得到了清理,但改头换面,明减暗增

D. 行政许可和审批事项没有得到清理,与以前差不多

本题的调查目的在于分析行政审批改革在 Q 县的具体落实情况,新一轮行政审批改革的核心要义是减政放权,大幅减少前置审批和许可数量,提高社会和市场活力,根治“明减暗增”“边减边增”“捉迷藏”“掺水分”等顽疾,新一轮行政审批的实际效果如何关键在落实,而社会公众和组织作为行政审批改革的最终承受者和直接受益者,他们的切身感受能够较为真实地反映新一轮行政审批改革的实际效果。

表3-1 受访者对行政审批制度改革总体计数和百分比

选项	选择计数		个案百分比(%)
	个数	百分比(%)	
行政许可和审批事项大幅减少,办事效率明显提高	147	73.5	73.5
行政许可和审批事项得到了清理,但办事程序烦琐,办事效率不高	37	18.5	92
行政许可和审批事项得到了清理,但改头换面,明减暗增	7	3.5	95.5
行政许可和审批事项没有得到清理,与以前差不多	9	4.5	100.0
总计	200	100.0	

从表3-1可以看出,受访者选择"行政许可和审批事项大幅减少,办事效率明显提高"的比例为73.5%,意味着绝大多数受访者感受到了新一轮行政审批改革在减审批事项及办事效率提升上有了实质性转变,行政许可和审批改革已经进入深水区,需不断创新便民服务。然后依次是"行政许可和审批事项得到了清理,但办事程序烦琐,办事效率不高"(18.5%)、"行政许可和审批事项没有得到清理,与以前差不多"(4.5%)和"行政许可和审批事项得到了清理,但改头换面,明减暗增"(3.5%),这也进一步说明Q县行政审批制度改革事项清理得较为彻底,需进一步创新行政审批制度改革。

结论:Q县新一轮的行政审批事项清理较为彻底,成效明显。在下一步深水区改革创新中,应抓好死角与不足之处的查找、整顿力度,进一步持续深化改革,精简审批事项,优化工作流程。

4. 您去本地区的政务服务中心或乡镇便民服务中心办事,同过去相比,现在的情况是:(单选)

A. 办事流程简化,办事效率提高

B. 办事流程不变,办事效率一般

C. 办事流程不变,办事效率低下

D. 办事流程烦琐,办事更加困难

本题的调查目的在于分析政务服务中心是否高效便民。如果地方政府把行政审批、行政许可纳入政务服务中心和乡镇便民服务中心,权限清晰、项目规范、流程优化、时限明确,按时办结,则达到了高效便民的要求。社会公众作为行政审批的直接服务对象和观察者,他们的切身感受能够较为真实地反映调查结果。

表4-1 受访者对政务服务中心或乡镇便民服务中心办事遇到情况总体计数和百分比

选　项	选择计数		个案百分比(%)
	个　数	百分比(%)	
办事流程简化,办事效率提高	167	83.5	83.5
办事流程不变,办事效率一般	22	11.0	94.5
办事流程不变,办事效率低下	4	2.0	96.5
办事流程烦琐,办事更加困难	7	3.5	100.0
总　计	200	100.0	

由表4-1可知,有占到83.5%的受访者选择在政务服务中心或乡镇便民服务中心办事遇到的情况为"办事流程简化,办事效率提高"。在Q县,八成以上的受访者认为政务服务中心或乡镇便民服务中心"办事流程简化,办事效率提高",这说明Q县政务服务中心总体上能按依法行政要求,做过扎实而具体的工作,因而得到绝大部分服务对象的肯定。下一步应积极保持良好的服务作风,继续做好效率提升工作。其后,依次是"办事流程不变,办事效率一般"(11%)、"办事流程烦琐,办事更加困难"(3.5%)和"办事流程不变,办事效率低下"(2%)。这反映出,Q县政务服务中心或乡镇便民服务中心某些事务及处理流程依然存在死角和阻碍,可能来源于办公设施、管理体制或运行机制某些方面或某几个方面,也可能由于改革没有充分考虑公众舆情,因而需要不断自查自纠、他查他纠和社会监督评估,以发现改革死角,进一步完善服务流程设计和解决新老问题,进一步深化政务服务中心或乡镇便民服务中心的软硬件建设,从而最终实现"高效""便民"。

结论:在受访公众看来,Q县政务服务中心或乡镇便民服务中心在提高行政审批高效便民方面取得良好成效,下一步Q县各政务服务中心和乡镇便民中心应进一步完善设施、简化流程、提高效率,使政务服务工作再上新台阶。

5.(1)您是否知道可以到本地区政府官网上查找需要的政府信息?(单选)

A.知道　　　　　　**B.不知道**

(2)当您到本地区政府官网上查找你所需要的政府信息时,您遇到的情况

是:(单选)

A. 能够方便地查找到相关信息

B. 能够查找到相关信息,但是很费劲

C. 能够打开相关链接,但是查找到的相关信息不完整

D 不能查找到相关信息

本题调查目的在于分析行政机关网站履行信息公开法定义务的情况。政府官网依法公开政府信息是考察政府依法行政的重要指标,社会公众作为政府官网信息公开的直接观察者或受益者,他们通过政府官网查找需要的政府信息的切身感受能够真实地反映调查结果。

表 5-1 受访者对本地区政府官网查找政府信息情况的总体计数和百分比

选项		次数	百分比(%)
知道	能够方便地查找到相关信息	81	40.5
	能够查找到相关信息,但是很费劲	26	13.0
	能够打开相关链接,但是查找到的相关信息不完整	35	17.5
	不能查找到相关信息	3	1.5
	小计	145	72.5
不知道	小计	55	27.5
总计		200	100.0

由表 5-1 可知,有 72.5% 的受访者“知道”可以到本地区政府官网上查找需要的政府信息,表明 Q 县政府官网信息公开的宣传举措得力,得到 3/4 受访民众认可。但其中,仅有 40.5% 的受访者认可“能够方便地查找到相关信息”,而直接持负面看法的受访者也有 32%,分别为“能够打开相关链接,但是查找到的相关信息不完整”(17.5%)、“能够查找到相关信息,但是很费劲”(13%)和“不能查找到相关信息”(1.5%)。这说明,Q 县不仅需要进一步抓好政府网络信息化工作的社会宣传,还需要进一步做好政府信息网站日常管理,使公众能便捷地通过政府官网及时了解所需信息。

结论:通过以上分析可以得出,Q 县政府官网信息化建设及信息公开工作,离群众要求还有一定差距,需切实督管好市级职能部门和各乡镇政务信息的及时上网与更新,并强化社会宣传,使公众了解政府官网信息公开事项,并便捷地获取所需信息。

6. 据您所知，本地区政府在作出事关重大民生或环境保护方面的决策时，是否公开举行了听证？（单选）

A. 举行了公开听证 **B. 没有举行公开听证**

C. 个别情况下举行了公开听证

本题的调查目的在于分析行政机关在事关重大民生或环境保护方面决策时是否履行了法定的公开听证程序。社会公众作为政府重大民生或环境保护决策公开听证的受益者和观察者，他们的切身感受能够客观真实地反映调查结果。

表 6－1 受访者对政府在作出事关民生或环境保护的重大决策时公开听证的情况总体计数和百分比

选 项	个数	百分比（%）
举行了公开听证	106	53.0
没有举行公开听证	36	18.0
个别情况下举行了公开听证	58	29.0
总 计	200	100.0

由表 6－1 可知，政府在事关民生或环境保护的重大决策时，53% 的受访者认为“举行了公开听证”，29% 的受访者认为“个别情况下举行了公开听证”，而有 18% 的受访者认为“没有举行公开听证”。这说明一半多的公众对 Q 县政府在事关重大民生和环境保护方面的决策时，举行了公开听证程序持怀疑或否定等负面态度。这要么反映 Q 县范围内不少公众对本地政治事务参与和关注意识不高，要么说明部分公众难以了解 Q 县政府民生、环保重大决策过程信息，存在信息空白，甚至疑虑和不满。

结论：大部分受访公众对 Q 县政府重大民生和环境保护决策公开听证程序及工作，持疑虑或否定等负面态度。这要求 Q 县政府未来在事关重大民生或环境保护方面决策时不仅要履行好公开听证程序，还要做好相关信息的及时发布与到位宣传，使普罗大众都及时便捷地了解、参与公开听证，增强决策的依法合规性和民意基础。

7. 本地区政府在作出重大行政决定时，是否公开听取社会公众的意见？（单选）

A. 事前公开听取了意见

B. 事前不公开听取意见,事后公布了行政决定

C. 偶尔公开听取意见

D. 事前既不公开听取意见,事后也不公开行政决定

本题调查目的在于考察四川省依法行政指标体系中决策行为的规范化问题。行政机关是否科学民主依法决策关涉行政机关依法行政的能力,尤其决策之时,是否听取公众意见,直接决定了决策的公平性,影响决策实施的效果。行政机关在做重大决定尤其是关涉民众利益的重大决定时真正听取民众意见,做到民众参与,将提升决定的后续执行效率,也是行政机关依法行政能力提升的显现。

表 7-1 受访者对本地区政府作出重大决定公开听取社会公众意见情况总计数和百分比

选　项	次数	百分比(%)
事前公开听取了意见	111	55.5
事前不公开听取意见,事后公布了行政决定	31	15.5
偶尔公开听取意见	47	23.5
事前既不公开听取意见,事后也不公开行政决定	11	5.5
总　计	200	100.0

从表 7-1 可知,对于"本地区政府在作出重大行政决定时,是否公开听取社会公众的意见"事项,受访者表示"事前公开听取了意见"的占 55.5%,以后依次为"偶尔公开听取意见"占 23.5%、"事前不公开听取意见,事后公布了行政决定"占 15.5%、"事前既不公开听取意见,事后也不公开行政决定"占 5.5%。"事前公开听取了意见"和"偶尔公开听取意见"合计占到 79%。这说明,Q 县行政机关在作出重大行政决定时较注重听取社会公众意见。但是依然有两成多的受访者表示持完全否定态度,这可能反映 Q 县范围内不少公众对本地政治事务参与和关注意识不高,也可能说明部分公众难以了解 Q 县政府重大决策相关信息,还可能说明 Q 县政府没有完全做到"事前公开听取意见,事后公布了行政决定"。

结论:在受访民众看来,Q 县行政机关在作出重大行政决定时,较注重公开听取意见,但民众的关注与参与意识不高,且重大行政决定的信息发布与传递可能存在问题,难以有效直达公众、覆盖各阶层。今后,Q 县政府部门应继续扩大重大行政决定征求意见的事项及范围,并加强民众参与引导,全方位扩展征求意见的渠道及方式,使公众在重大行政决定中充分反映民意和表达诉求,有效参与政府依法行政,夯实重大决定的民意与执行基础。

8. 您在与本地区行政机关打交道时,是否遇到"该管的不管"的情况?(单选)

A. 遇到过　　　　　　　　B. 没有遇到

本题重点调查四川省依法行政指标体系中行政执法机制的完善。完善的行政执法机制需要依法界定执法权限,有赖于具体、明确、权责利统一的执法流程。本题基于此,通过考察实践中行政机关"该管的不管"这一不作为情况,来达到推进行政执法体制完善的目的。

表 8-1　受访者与本地区行政机关打交道遇到"该管的不管"情况总体计数和百分比

选　项	次数	百分比(%)
遇到过	74	37.0
没有遇到	126	63.0
总　计	200	100.0

由表 8-1 可知,与本地区行政机关打交道时,37%的受访者遇到"该管的不管"情况,这或许反映出近四成民众对 Q 县政府及各部门与分支机构具体、明确的权责尚不完全了解,也有可能说明部分部门及分支机构存在不作为情况。

结论:近四成受访民众认为,Q 县行政机关中部分部门及分支机构,在履行职责过程中存在"该管的不管"不作为情况。这反映出公众对具体、明确、权责利统一的执法流程加快建设的期盼之情,还在一定程度上反映了民众对当前 Q 县政府权力清单制度建设及行政体制改革工作的不认可。

9. 您在与本地区行政机关打交道时,是否遇到"不该管的瞎管"的情况?(单选)

A. 遇到过　　　　　　　　B. 没有遇到

本题重点调查四川省依法行政指标体系中行政执法机制的完善。完善的行政执法机制需要依法界定执法权限,有赖于具体、明确、权责利统一的执法流程。本题基于此,通过考察实践中行政机关"不该管的瞎管"这一乱作为情况,来达到推进行政执法体制完善的目的。

表 9-1 受访者与本地区行政机关打交道遇到“不该管的瞎管”情况总体计数和百分比

选　项	次数	百分比(%)
遇到过	43	21.5
没有遇到	157	78.5
总　计	200	100.0

由表 9-1 可知,与本地区行政机关打交道时,21.5% 的受访者遇到“不该管的瞎管”情况,这或许反映出部分民众对 Q 县政府及各部门与分支机构具体、明确的权责尚不完全了解,也有可能说明部分政府部门及分支机构存在“不该管的瞎管”的乱作为情况。

结论:两成多受访民众认为,Q 县行政机关中部分部门及分支机构,在履行职责过程中存在“不该管的瞎管”的乱作为情况。这反映出公众对具体、明确、权责利统一的执法流程加快建设的期盼之情,还在一定程度上反映了民众对当前 Q 县政府权力清单制度建设及行政体制改革工作的不认可。

10. 您在与本地区行政机关打交道时,是否遇到“门难进,事难办,脸难看”的情况?(单选)

A. 遇到过　　　　　　　　B. 没有遇到

本题重点调查四川省依法行政指标体系中行政执法机制的完善。完善的行政执法机制需要依法界定执法权限,有赖于具体、明确、权责利统一的执法流程。本题基于此,通过考察实践中行政机关“门难进,事难办,脸难看”不作为情况,来推进行政执法体制的完善。

表 10-1 受访者与本地区行政机关打交道遇到“门难进,事难办,脸难看”情况总体计数和百分比

选　项	次数	百分比(%)
遇到过	66	33.0
没有遇到	134	67.0
总　计	200	100.0

由表 10-1 可知,与本地区行政机关打交道时,33% 的受访者遇到“门难进,事难办,脸难看”情况,这或许反映出 1/3 的民众对 Q 县政府及各部门与分支机构具体、明确的权责尚不完全了解,也有可能说明部分部门及分支机构在

工作中存在这种不作为现象。

结论：1/3 的受访民众认为，Q 县行政机关中部分部门及分支机构，在履行职责过程中存在“门难进，事难办，脸难看”不作为现象。这反映出 Q 县行政执法部门重“事”不重“人”、有“公”难有“仆”基本履职状况。同时，“事难办”工作问题和“脸难看”“门难进”等职业操守问题交织存在，公众与其打交道难谈满意。这需要 Q 县行政执法机关在以后依法履职中既要做好权责明晰与效率提升，又要做好行政执法制度、职业道德建设和监管。

11. 您在与本地区行政机关打交道时，是否遇到“相互推诿扯皮，被踢来踢去”的情况？（单选）

A. 遇到过　　　　　　　　B. 没有遇到

本题重点调查四川省依法行政指标体系中行政执法机制的完善。完善的行政执法机制需要依法界定执法权限，有赖于具体、明确、权责利统一的执法流程。本题基于此，通过考察实践中行政机关“相互推诿扯皮，被踢来踢去”不作为现象，来推进行政执法体制的完善。

表 11－1　受访者与本地区行政机关打交道遇到“相互推诿扯皮，被踢来踢去”的情况总体计数和百分比

选　项	次数	百分比(%)
遇到过	74	37.0
没有遇到	126	63.0
总　计	200	100.0

由表 11－1 可知，与本地区行政机关打交道时，37% 的受访者遇到“相互推诿扯皮，被踢来踢去”情况，这或许反映出 1/3 强的民众对 Q 县政府及各部门与分支机构具体、明确的权责尚不完全了解，也有可能说明部分部门及分支机构在工作中存在“相互推诿扯皮，被踢来踢去”不作为现象。

结论：1/3 强的受访民众认为，Q 县行政机关中部分部门及分支机构，在履行职责过程中存在“相互推诿扯皮，被踢来踢去”不作为现象。这反映在“苍蝇老虎一起打”严肃党纪国法的大背景下，Q 县政府部分部门及分支机构对于有责无利的“多头”共管事项、“交叉”事项，存在恐责不主动作为的消极工作状态。这需要 Q 县政府进一步抓好“具体、明确、权责利统一的执法流程”监管与督查工作。

12. 您在与本地区行政机关打交道时,是否遇到“办事效率低下,久拖不决”的情况?(单选)

A. 遇到过　　　　　　　　B. 没有遇到

本题重点调查四川省依法行政指标体系中行政执法机制的完善。完善的行政执法机制需要依法界定执法权限,有赖于具体、明确、权责利统一的执法流程。本题基于此,通过考察实践中行政机关“办事效率低下,久拖不决”现象,来推进行政执法体制的完善。

表 12－1　受访者与本地区行政机关打交道遇到“办事效率低下,久拖不决”的情况总体计数和百分比

选　项	次数	百分比(%)
遇到过	64	32.0
没有遇到	136	68.0
总　计	200	100.0

由表 12－1 可知,与本地区行政机关打交道时,32% 的受访者遇到“办事效率低下,久拖不决”情况,这或许反映出近 1/3 的民众对 Q 县政府及各部门与分支机构具体、明确的权责尚不完全了解,也有可能说明部分部门及分支机构在工作中存在“办事效率低下,久拖不决”现象。

结论:约 1/3 的受访民众认为,Q 县行政机关中部分部门及分支机构,在履行职责过程中存在“办事效率低下,久拖不决”现象。这反映出 Q 县部分行政执法部门工作效率低下问题突出,公众与其打交道难谈满意。这需要 Q 县行政执法机关在以后依法履职中,要重点抓好限时办结制度的建设、监管及效率提升工作。

13. 您认为本地区行政机关及其工作人员在行政执法中是否存在“执法不公”现象?(单选)

A. 存在　　　　　B. 不存在　　　　　C. 个别案件中存在

本题的调查目的在于,通过分析社会公众是否遇到“执法不公”现象,考察行政机关及其工作人员行政执法在程序、行为和结果方面是否依法合规、是否令群众满意。

表13－1　受访者对行政机关及其工作人员行政执法中存在“执法不公”现象总体计数和百分比

选　项	次数	百分比(%)
存在	29	14.5
不存在	98	49.0
个别案件中存在	73	36.5
总　计	200	100.0

由表13－1可知,对本地区行政机关及其工作人员行政执法,持负面看法的受访者合计占51%,其中认为“存在”的受访者有14.5%,认为“个别案件中存在”的受访者有36.5%。该选项虽然在一定程度上会受公众法律涵养等主观感受影响,但却真实体现了Q县社会民众对于公正执法的正常需求,即公众不仅要求程序公正,更要求结果公正。

结论:从公众的感知来看,在Q县行政机关及其工作人员行政执法中,不同程度地存在“执法不公”现象,值得重视和积极改善。Q县行政机关,应在职能科学、权责法定、执法严明、廉洁高效、守法诚信等全方面加快法制政府建设的同时,更加注重执法程序、行为和结果的公正、公平与公开。

14.您认为本地区行政机关及其工作人员在行政执法中是否存在“粗暴执法、暴力执法”现象?(单选)

A.存在　　　　B.不存在　　　　C.个别案件中存在

本题的调查目的在于,通过分析社会公众是否遇到“粗暴执法、暴力执法”现象,考察行政机关及其工作人员行政执法在程序、行为和结果方面是否依法合规、是否令群众满意。

表14－1　受访者对行政机关及其工作人员行政执法中存在“粗暴执法、暴力执法”现象的总体计数和百分比

选　项	次数	百分比(%)
存在	24	12.0
不存在	119	59.5
个别案件中存在	57	28.5
总　计	200	100.0

由表14-1可知,对本地区行政机关及其工作人员行政执法,持负面看法的受访者合计占40.5%,其中认为"存在"的受访者有12%,认为"个别案件中存在"的受访者有28.5%。这说明Q县政府廉洁执法和文明执法依旧存在死角盲区,尚待彻底覆盖。

结论:从公众的感知来看,在Q县行政机关及其工作人员行政执法中,依然存在"粗暴执法、暴力执法"现象,需高度关注与彻底整改。Q县行政机关,应在职能科学、权责法定、执法严明、公开公正、廉洁高效、守法诚信等全方面加快法治政府建设的同时,应抓好执法全过程记录监管、文明执法督察和"粗暴执法、暴力执法"及时惩处等工作。

15. 您认为本地区行政机关及其工作人员在行政执法中是否存在"选择性执法"现象?(单选)

A. 存在　　B. 不存在　　C. 个别案件中存在

本题的调查目的在于,通过分析社会公众是否遇到"选择性执法"现象,考察行政机关及其工作人员行政执法在程序、行为和结果方面是否依法合规、是否令群众满意。

表15-1　受访者对行政机关及其工作人员行政执法中存在"选择性执法"现象的总体计数和百分比

选　项	次数	百分比(%)
存在	30	15.0
不存在	118	59.0
个别案件中存在	52	26.0
总　计	200	100.0

由表15-1可知,对本地区行政机关及其工作人员行政执法,持负面看法的受访者合计占41%,其中认为"存在"的受访者有15%,认为"个别案件中存在"的受访者有26%。这说明Q县政府部分部门及分支机构存在"选择性执法"现象。

结论:从公众的感知来看,在Q县行政机关及其工作人员行政执法中,依然存在"选择性执法"现象,需高度关注与查处整改。Q县行政机关,应在职能科学、权责法定、执法严明、公开公正、廉洁高效、守法诚信等全方面加快法治政府建设的同时,应抓好执法全过程记录监管和责任追究惩处工作。

16. 您认为本地区行政机关及其工作人员在行政执法中是否存在“吃拿卡要”现象？(单选)

A. 存在　　B. 不存在　　C. 个别案件中存在

本题的调查目的在于,通过分析社会公众是否遇到“吃拿卡要”现象,考察行政机关及其工作人员行政执法在程序、行为和结果方面是否依法合规、是否令群众满意。

表 16－1　受访者对行政机关及其工作人员行政执法中存在“吃拿卡要”现象的总体计数和百分比

选　项	次数	百分比(%)
存在	20	10.0
不存在	140	70.0
个别案件中存在	40	20.0
总　计	200	100.0

由表 16－1 可知,对本地区行政机关及其工作人员行政执法,持负面看法的受访者合计占 30%,其中认为“存在”的受访者有 10%,认为“个别案件中存在”的受访者有 20%。这说明 Q 县政府部分部门及分支机构存在“吃拿卡要”现象。

结论:从公众的感知来看,在 Q 县行政机关及其工作人员行政执法中,依然存在“吃拿卡要”现象,需高度关注与查处整改。Q 县行政机关,应在职能科学、权责法定、执法严明、公开公正、廉洁高效、守法诚信等全方面加快法制政府建设的同时,应抓好执法全过程记录监管和违规违纪的责任追究工作。

17. 您认为本地区行政机关及其工作人员在行政执法中是否存在“多头执法、重复执法”现象？(单选)

A. 存在　　B. 不存在　　C. 个别案件中存在

本题的调查目的在于,通过分析社会公众是否遇到“多头执法、重复执法”现象,考察行政机关及其工作人员行政执法在程序、行为和结果方面是否依法合规、是否令群众满意。

表 17-1　受访者对行政机关及其工作人员行政执法中存在“多头执法、重复执法”现象的总体计数和百分比

选　项	次数	百分比(%)
存在	29	14.5
不存在	124	62.0
个别案件中存在	47	23.5
总　计	200	100.0

由表 17-1 可知,对本地区行政机关及其工作人员行政执法,持负面看法的受访者合计占 38%,其中认为“存在”的受访者有 14.5%,认为“个别案件中存在”的受访者有 23.5%。这说明 Q 县政府部分部门及分支机构存在“多头执法、重复执法”现象,反映出一些单位在某些执法事项上还存在权责不清与职能重叠情况,这要求其抓好职能科学、权责法定等法治政府建设工作。

结论:从公众的感知来看,在 Q 县行政机关及其工作人员行政执法中,依然存在“多头执法、重复执法”现象,需高度关注与深度整改。Q 县行政机关,应在职能科学、权责法定、执法严明、公开公正、廉洁高效、守法诚信与责任追究等方面全方位开展法治政府建设。

18. 据您所知,本地区行政机关及其工作人员是否因“行政违法”被追究责任?(单选)

A. 没有被追究责任　　**B. 被严格追究了责任**

C. 个别案件被追究了责任　　**D. 被追究了责任,但是力度不够**

本题的调查目的在于分析社会公众对行政问责的关注度,完善行政问责机制是强化对行政权力的制约和监督的关键要素。就与民众生活密切相关的行政执法领域,《中共中央关于全面推进依法治国若干重大问题的决定》明确指出,要全面落实行政执法责任制,严格确定不同部门及机构、岗位执法人员执法责任和责任追究机制,加强执法监督,坚决排除对执法活动的干预,防止和克服地方和部门保护主义,惩治执法腐败现象。

表 18-1　受访者对行政机关及其工作人员“行政违法”责任追究情况总体计数和百分比

选　项	个数	百分比(%)	累计百分比(%)
没有被追究责任	23	11.5	11.5
被严格追究了责任	92	46.0	57.5

续表

选　项	个数	百分比(%)	累计百分比(%)
个别案件被追究了责任	33	16.5	74
被追究了责任,但是力度不够	52	26.0	100
总　计	200	100.0	

从表18-1可以看出,排在第一位的是“被严格追究了责任”,选择比例为46%;第二位则是“被追究了责任,但是力度不够”,比例为26%;第三位是选择“个别案件被追究了责任”,比例为16.5%;排在第四位的是“没有被追究责任”,选择比例为11.5%。选择“被严格依法问责”选项的受访者没过半数,多数社会公众要么认为行政问责力度不够或个别案件被追究了责任,要么持完全否定态度——认为没有被追究责任。

这说明,在受访者认为Q县政府行政问责工作有所欠缺,希望以更严厉的法律手段来追究相关行政责任人的法律责任,因为行政执法人员的违法行政行为与社会公众的生活密切相关,违法行政行为的姑息将会给民众自身权益带来直接威胁和造成损失。

结论:从受访者调查结果来看,Q县大部分社会公众对于行政机关及其工作人员“行政违法”责任追究情况持怀疑和否定态度。未来,Q县政府应充分发挥群众和社会监督作用,进一步完善责任追究制度、强化行政问责的惩处时效,并及时做好相关信息公开工作,切实保障“行政违法”责任追究落到实处和落进群众眼里。

19.(1)当您遭遇行政侵权时,您是否会选择法律途径(申请行政复议或提起行政诉讼)解决纠纷?(单选)

A.会　　　　B.不会

(2)如果您不选择法律途径解决行政纠纷,最主要考虑的原因是:(单选)

A.成本高　　　　B.效率低　　　　C.不管用

本题的调查目的在于分析公民的合法权益受到违法行政侵犯之时,是否选择法律途径(申请行政复议或提起行政诉讼)解决纠纷,以及不选择法律途径解决行政纠纷最主要考虑的因素。采用公力救济(法律途径)与私力救济(非法律途径)的比例直接说明了该地区依法行政的状况,采取公力救济比例高者说明该地区依法行政的状况较好。

表 19-1　受访者对遭遇行政侵权时解决纠纷选择途径情况的总体计数和百分比

选　项		次数	百分比(%)
不会	成本高	11	5.5
	效率低	19	9.5
	不管用	10	5.0
	小计	40	20
会	小计	160	80
总　计		200	100

从表 19-1 的数据可以看出,80% 的受访者遭遇行政侵权时“会”选择法律途径,说明十八大以来,国家高压反腐行动,使 Q 县普通民众依法维权意识和司法公正的信任度得以提升,同时对本地法治政府建设工作的普遍认可。同时,也应看到仍有 20% 的受访者明确表示“不会”选择法律途径,其中,不选择的主要因素为“效率低”“成本高”和“不管用”的受访者分别为 9.5%、5.5% 和 5%。这说明 Q 县法治政府建设工作还存在死角、盲区和不足之处,还应涉深水,不断查漏补缺。

结论:从受访者数据分析可知,遭遇行政侵权时,Q 县公众维权意识较高,并且偏好于选择法律途径维权,这反映出 Q 县公众较为信任本地司法公正及法治环境,较为认可 Q 县行政机关依法行政内容和法治政府建设。同时,Q 县法治政府建设工作也存在死角、盲区和不足之处,还应涉深水,不断查漏补缺。

20. 您认为本地区人民法院在审理行政纠纷时,是否能够公正处理案件?(单选)

A. 能够公正处理　　　　**B. 不能公正处理**

C. 个别案件能够公正处理

本题的调查目的在于分析人民法院在审理行政纠纷时是否能够公正处理案件。如果人民法院在审理行政纠纷时能够公正处理案件,则不仅说明地方法院能做到司法审判独立,也能从侧面说明地方政府有法治意识,能够自觉维护法律权威、不扰法,能依法深化政府职能改革和积极开展法治政府建设。社会公众作为人民法院行政纠纷审理的受益者和观察者,他们的切身感受能够客观真实地反映调查结果。

表 20－1　受访者对人民法院审理行政纠纷时是否能够公正处理案件总体计数和百分比

选　项	次数	百分比(%)
能够公正处理	141	70.5
不能公正处理	14	7.0
个别案件能够公正处理	45	22.5
总　计	200	100.0

由表 20－1 可知,共计 93% 的受访者对 Q 县人民法院审理行政纠纷持肯定或部分肯定态度,其中认为“能够公正处理”和“个别案件能够公正处理”的比例分别为 70.5% 与 22.5%,仅有 7% 的受访者认为“不能公正处理”。这说明,总体上 Q 县民众对地方法院审判环境、法律环境和政府依法行政环境的认可和信任,但在部分审判领域或案件上持怀疑态度,个例上可能存在不公正现象。

结论:在受访公众看来,Q 县地方法院审判环境、法律环境和政府依法行政环境较好,地方人民法院基本能够公正地审理行政纠纷案件,但在个别审判领域或案件上可能存在不公正现象。因此,Q 县地方政府应进一步加强行政干涉司法案件的查处与惩罚力度,充分保障法院等司法部门独立权,做好法治政府建设工作。

三、Q 县依法行政深度访谈情况分析

(一)深度访谈实施概述

Q 县深度访谈具体实施系四川省各市县政府依法行政第三方评估的重要组成部分。深度访谈作为一种重要的定性分析方法,结合问卷调查等其他定量调查分析方式,有助于更为全面、客观和准确地评估 Q 县政府及其各部门依法行政的状况。为了实现这一目的,作为第三方的评估组以严谨、科学、中立、客观和公正的态度,审慎地确定了深度访谈的对象,明确了访谈的具体内容,严格规定了访谈纪律和访谈形式,并与 2017 年 7 月 12 日至 13 日认真组织开展了深度访谈。

1. 确立深度访谈对象

为获取更加客观真实、详细具体以及多方面、多角度的信息,这次深度访谈对象的选择,主要是确保访谈对象身份多元化,评估组经研究后审慎选择了 Q 县行政区域内的相关部门领导或工作人员作为深度访谈的对象,具体包括县法

院行政庭负责人、县信访与群众工作局领导、原县人大主任、县人大法工委主任、县政府法制办主任、县检察院检察官、县城管局局长、县司法局副局长、县中学教师、某律师事务所执业律师(担任县政府法律顾问),共10名。访谈对象的多元化,也体现出对政府依法行政情况的内、外监督,人大、法院、检察院、司法局的领导干部体现了对政府及其职能部门的外部监督,而政府法制办、城管局、信访与群众工作局的领导干部则体现了对政府及其职能部门的内部监督,而律师和教师则代表了社会公众监督。

2. 明确了深度访谈内容

为了准确、客观、真实和具体地收集Q县依法行政情况的相关资料,本次深度访谈根据四川省依法行政评估的具体指标选定了7个板块的内容,并且根据上述不同访谈对象的身份有所侧重。

(1)关于政府在行政决策(包括合法性审查、公开听取意见和重大决策集体审定)方面存在的问题和可行性建议;(2)行政机关在行政执法(包括执法主体、执法行为规范和执法方式适当)中依法行政、合理行政、遵守执法程序的情况;(3)在政府公共服务(包括行政审批、服务网络完善和政府信息公开)方面的提升,包括简化审批手续、信息依法公开等问题;(4)行政机关为有效化解行政争议纠纷(包括创新发展行政复议、行政调解制度健全和行政投诉处理制度健全)所采取的具体做法;(5)行政部门在行政过程中开展监督的情况(包括接受人大、政协和司法机关、公众和社会监督、政府备案审查制度完善方面);(6)政府及行政机关落实依法行政的保障措施(包括领导体制机制是否健全、责任追究制度落实和政府目标绩效管理考核情况);(7)关于现有立法、执法情况的改进建议,以及对依法行政的未来展望等。

3. 严格规定了访谈纪律和访谈形式

为保证访谈内容的真实性、客观性,在本次深度访谈中,评估组严格规定了访谈的具体形式和访谈的保密纪律。本次深度访谈由三个小组分别进行,每次访谈皆由访谈小组两名同志共同完成,其中访谈主持人由教授或副教授担任,另一名同志(某高校法学专业本科生)则负责记录和录音资料的整理,每次访谈时间不少于90分钟。同时,为了确保访谈对象消除顾虑、畅所欲言,访谈地点由访谈对象选择确定,确保了每次访谈都能在相对私密的空间内进行,确保访谈对象可以自由、客观、真实地发表观点和反映Q县依法行政情况。

(二)深度访谈结论分析

在本次深度访谈中,评估组成员对各位受访人员访谈内容进行了全面整理和归纳，力争客观、真实地反映受访人员提出的各种问题，尽量避免主观臆断造成的评估失真。本着客观真实和认真负责的态度，评估组在综合分析的基础上得出下列结论：

1. Q县政府行政决策的制度化建设有所加强，但在具体行政决策过程中存在形式主义倾向，行政决策的科学化、民主化、法治化还有待进一步提高。

总体而言，受访者大多觉得Q县政府的行政决策相比前几年，在制度化建设方面有了很大进步。大家一致认为县政府的行政决策总体来说有很大的改进，县政府在出台一些重大的关系国计民生的决策的时候，都会广泛听取公众的意见，举行听证会，咨询专家意见或是相应的机构的意见。尤其是涉及经济发展的重大项目，都要进行可行性评估，如环保评估、投入产出评估，经济效益评估等。县政府还全面建立了法律顾问制度，聘请优秀的律师来做公务法律顾问，法制部门的人员也增加了。县政府法制办主任还说，县政府的决定都需要经过政府的常委会来决定，如果常委会人员不能到齐，领导们就变通，采取办公会的形式，原则上是每周一次，但至少是每月一次，包括周末、假期都在开会，通过这些方式来体现集体决策。

但是，在访谈中也有部分访谈对象提到了Q县在具体行政决策过程中存在形式主义倾向，行政决策的科学化、民主化、法治化还有待进一步提高。例如，某些部门在依法决策方面还存在不足，风险评估方面也存在一定的问题。而县检察院的检察官也指出，行政决策虽然公开了，也征求了意见，但很多时候只是一种程序上的公开，是走形式，对决策没有什么实际影响。此外，在公开听取意见方面坚持得不是特别好。一个是老百姓有时候会提很多无理的要求，不会考虑国家、地方的大局，往往只考虑自己的利益需求。另一个就是因为这样会降低效率，政府消耗不起这么多的时间和精力。还有，目前政府的法律顾问能参与政府决策的机会其实很少，政府在一些重大或敏感问题上对法律顾问存在很强的戒备心理。很多决策进行法律咨询往往只是给法律顾问打电话简单地说一下，缺乏正式有效的咨询。大部分法律顾问更多的是协助政府做一些普法宣传、法律讲座和法律提示，还有就是代理政府参与民事行政纠纷，真正参与行政决策的很少。

2. Q县行政机关在推进依法行政方面有了很大提升，依法行政正在逐步趋于完善。

总体而言，受访者觉得Q县的依法行政有了很大改善。领导干部在依法办事方面有很大进步，领导的批示渐渐少了，法律的地位在行政领导心中得到了提升。行政机关的法律意识越来越强,在执法中越来越重视程序,程序意识得到增强,行政处罚也严格按照标准执行。法制办的清理工作开展得比较好,不符合法律要求的都取消了执法资格。

当然,也有少数受访对象谈到了一些问题。首先,个别领导还是一种行政命令思维模式,以行政命令代替法律法规。个别工作人员没有以国家为中心的思想,执法中讲究人情现象很多。其次,制度执行还不到位,执行的诚信问题有待提高。最后,因为征地拆迁而违反《行政强制法》程序规定的情况比较突出,因为这两年在搞建设,为了确保经济的发展,有时候忽视了相应的执法程序规定。

3. Q县在政府公共服务方面有了较大提升,但个别行政机关在某些环节仍然存在问题。

总体而言,受访者觉得Q县政府的公共服务从上自下,特别是行政审查方面,有特别大的提升,政府一直在做这方面的努力,做好公共服务,释放市场的活力,审批程序不断规范和完善,办事手续不断简化,不给老百姓增加负担。老百姓感觉办事情更方便,效率也更高。同时,有关公共服务的信息公开做的很好,政府网络上公开相应信息,展板上也有宣传资料,建立了专门的网络中心,政府在网络服务这方面购买了很多服务。

存在的主要问题有两个:一是部分边缘地区的老百姓上网有点困难,网络信息和网络服务普及还不到位;二是目前技术上还需要进一步提升,未来争取可以通过网络渠道办理审批手续。

4. 行政机关在有效化解行政争议纠纷中发挥的作用越来越大。

总体而言,受访者觉得Q县的行政机关近几年在有效化解行政争议纠纷方面取得了很大的成绩,发挥的作用也越来越大。首先,Q县政府法制办新增了行政复议的科室。其次,政府建立了行政调解中心,有行政调解方面的专家,个别专家还建立了自己的调解室,各个方面都在促进调解的进行,行政调解方面的制度非常完善,每年行政调解的案件数量非常大,化解了大量矛盾,解决了很多问题,行政争议最终走入司法程序的并不多。简单的行政争议80%以上都通过行政调解有效化解。2016年全县全年的行政复议大概是六七件,行政诉讼相对多一些。司法机关也积极有效地化解行政争议,2016年起诉的50多件行政纠纷,法院化解了30多件,起诉的67户,化解了30多家,非常成功。2016年全年信访有500来件,涉及2000多人,信访部门进行转换交换处理,具体的案件交给具体的行政部门负责处理,不能够处理的,信访部门告诉当事人其他的救济途径，很多行政争议都积极化解了，最后，真正上访的人员非常少。

5. 政府及行政机关落实依法行政的保障措施比较到位。

总体而言，受访者认为依法行政的保障措施、体制机制，国家层面和省级层面的相应设计已经非常好了，Q 县也建立了相应的集体决策制度、行政诉讼负责制、重大行政处罚的决策制度、行政决策过错追究制度，还建立了案件审理委员会等相关部门。发现问题之后，能够严格处理，没有发现问题，也会主动去检查。依法行政的保障措施、机制体制也都纳入了政府目标绩效管理考核之中。今后应该进一步强化党的政策，加强组织保障和财政保障。

6. 能全方位地对行政部门依法行政的情况实施监督。

总体而言，受访者认为 Q 县行政部门已经建立起了一套有效的执法监督机制，能够做到自觉监督，很多监督的事项都是政府在主动牵头。人大监督也比较到位，县政府在进行重大决策的时候，会邀请人大代表、政协委员来参与、视察和考察，这也是监督的一个过程。随着网络发展，公众监督有了长足的进步，舆论监督规范了很多，政府越来越重视网络监督，而且越来越严，政府及各部门都有门户网站，网上受理投诉举报，并在网上公布受理结果，促进行政机关依法行政并备案。对于行政执法中出现的问题，司法机关提出司法建议，行政部门很乐意接受。

7. 关于现有立法、执法情况的改进建议，以及对依法行政的未来展望。

受访者畅所欲言，提出了不少观点。

一是认为我们国家的立法比较“超前”，积极学习国外经验和理念，某些方面的立法与基层自身发展的实际有些不一致，有点不接地气，尤其是关于土地的相关规定存在问题，对发展有很大的影响。很多土地案件，行政要求的效率比较高，但司法效率没那么高，这会对行政的效率产生影响。建议国家今后可以完善立法，切合基层实际修改和制定法律，减少行政执法中的困惑。

二是在搞综合执法的同时应该进行资源整合，现在各个单位都有自己的网络，浪费了很大的资源，除去那些需要保密的信息，对于能够公开的信息可以建设一个信息共享系统，做到资源共享。这样不但是老百姓办事，就连各个部门的人员在办理事务时，也会更加方便。

三是建议完善行政问责制，细化责任，避免“集体决策，集体不负责”。

四是在对主要领导干部的法律意识进行教育和培训的同时，要尽量固定执法人员，执法人员的培训要制度化和经常化，继续提升执法人员的素质，改善执法环境，提高全民遵法守法意识。

结论:整理、归纳受访者的深度访谈内容,我们可以看出,Q县政府近年来紧紧围绕规范行政决策、提升公共服务、改进行政执法、有效化解行政争议、自觉接受监督和落实保障措施等六大依法行政的评估指标,不断提高政府依法行政水平,在推进法治政府建设方面取得了很大的成效。正如一位受访者所说,"Q县的群众评价,从过去到现在,现在的Q县是最好的时期,Q县领导层也是最好的时期"。我们有理由相信,走上法治道路的Q县,未来会更加美好!

四川省E市依法行政第三方评估报告

乐山市委党校课题组*

2017年7月,评估组在E市通过调查问卷、行业代表深度访谈等方式开展依法行政评估工作。此次评估,共发放调查问卷220份,回收有效问卷200份,行业代表深度访谈12人次。评估报告是以调查问卷的统计分析为基础,结合行业代表深度访谈所获得的信息综合分析得出。

一、E市依法行政第三方评估结论

综合分析调查问卷、结合深度访谈所反映的情况,评估组认为,从总体上看,近几年来E市政府依法行政工作取得了较大的成效,法治政府建设处于稳步、持续推进之中。但在具体依法行政领域和行政执法活动中,E市一些政府职能部门及工作人员还没能做到严格依法行政。因此,E市政府应进一步加强推进依法行政,建设法治政府的工作。

(一)E市依法行政工作成效分析

党的十八届四中全会召开以来,E市委、市政府高度重视依法治市工作,强化了政府依法行政全方位的制度性构建和设计,提升了政府公共服务水平,进一步提升了领导干部及工作人员的法治素养,夯实了法治政府建设的基础,一些依法行政方面的工作得到了社会公众较为一致地肯定,现将其依法行政工作取得的成效总结如下:

1.理顺体制机制,创建良好法治环境

评估组在综合分析深度访谈的评价基础上得出这一结论。

一是机制健全。成立由市委书记和市长任组长,市四大班子有关领导为副组长,各乡镇、部门主要负责人为成员的依法治市领导小组,下设办公室、综合

---

* 乐山市委党校课题组:课题负责人邱家胜,课题组成员韩琼慧、葛子靖、廖雪泓、秦国强。

组、宣传组、督察组。各乡镇、部门成立对应机构,确保县乡两级工作无缝对接。E市依法治市领导小组共召开12次专题会议,研究部署工作,推动工作落实。初步建成了党委统筹领导、系统垂直推进、部门各司其职的领导体系和推进机制。

二是责任明确。制发《中共E市委关于贯彻落实党的十八届四中全会精神全面深入推进依法治市的决定》和依法治市年度工作要点,逐一压实党委、政府、人大、政协、司法机关、乡镇部门责任,层层签订依法治市目标责任书,各司其职推动宣传教育、监督检查、依法治理等工作,做到人人肩上有担子,个个身上有责任。

三是保障有力。将依法治市办核定为市委办内设机构,落实了专职副主任,配备两名专项编制,并每年落实28万元作为依法治市专项工作经费,全力保障工作运转。同时,将依法治市工作纳入年终目标考核,开展专项督促检查10次,及时召开推进会议,保证年度任务顺利完成。

2. 法治环境总体较好,市民对法治的信赖度较强

评估组在综合分析调查问卷第2题、第19题的统计结果和深度访谈的评价基础上得出这一结论。

一是行政法的法源是作出行政行为的首先因素。调查问卷第2题"您认为下列哪些因素对行政机关及其工作人员的执法行为具有较强约束力",调查目的在于分析行政机关工作人员作出行政行为的原动力,是将行政法的法源作为行政行为的首要因素,还是依据其他非行政法法源的因素作出。如果是前者为首要因素,那么行政行为的作出基本属于依法行政模式,反之则属于人治的范畴。社会公众作为行政行为的直接作用者和直接观察者,他们的切身感受能够较为真实地反映调查结果。调查结果显示,有占到76%的受访者选择法律法规对行政机关工作人员行政行为的约束力最强,其后依次是社会舆论和评价(48%)、红头文件(主要指政策)(45.5%)、领导批示和指示(38.5%)、道德观念(34%)。由此可见,在E市,受访者认为对行政行为约束力最强的是法律法规,这说明E市政府比较符合依法行政的要求,作出行政行为考量的首要因素是法律法规,依法行政模式已常态化。

二是法律途径(申请行政复议或提起行政诉讼)是市民维护合法权益的主要方式。E市公众维权意识较高,并且偏好于选择法律途径维权,这反映出E市市民较为信任本地司法公正及法治环境,较为认可E市行政机关依法行政内容和法治政府建设。调查问卷第19题调查目的在于分析公民的合法权益受到

违法行政侵犯之时，是否选择法律途径（申请行政复议或提起行政诉讼）解决纠纷，以及不选择法律途径解决行政纠纷最主要的考虑因素。采用公力救济（法律途径）与私力救济（非法律途径）的比例直接说明了该地区依法行政的状况，采取公力救济比例高者说明该地区依法行政的状况较好。从调查结果可以看出，有 69% 的受访者遭遇行政侵权时“会”选择法律途径，说明党的十八大以来，国家高压反腐行动，使 E 市普通民众依法维权意识和司法公正的信任度得以提升，同时对本地法治政府建设工作的普遍认可。

三是法律救济渠道比较畅通。在深度访谈中，访谈对象对法律救济渠道的总体评价是认可的，行政复议机关对行政复议申请都能依法按时受理、按时办理，人民法院能够公正处理行政纠纷。

3. 加强了重大行政决策的制度性建设，初步奠定了法治政府建设的前提基础

评估组在综合分析深度访谈的评价基础上得出这一结论。

一是市政府初步构建起了重大事项公众参与、专家论证、风险评估、合法性审查和集体决策机制，明确规定重大行政决策作出前应交市法制办审核；二是市政府建立了法律顾问制度，指导行政执法部门、乡镇及 264 个村（社区）规范法律顾问工作，明确要求重大行政决策应咨询律师意见，确保重大决策依法合规；三是市政府建立了决策执行效果评估和决策调整、停止执行机制，建立重大决策终身责任追究及责任倒查机制。表明了市政府加强行政决策制度性建设，在弥补依法行政制度性缺失的同时，也进一步培养和提升了领导干部和工作人员的法治思维和法治方式，进一步夯实了法治政府建设的基层基础。

4. 行政审批制度改革取得较好成效，审批事项大幅减少

评估组在综合分析调查问卷第 3 题，结合深度访谈的评价基础上得出这一结论。

在深度访谈中，访谈对象指出 E 市行政审批改革有较好成效，行政审批在逐渐减少，民众反映不错。减少审批，提高服务质量，政府要更加依法行政，更要规范行政。

结合调查问卷第 3 题“您认为目前本地区行政审批制度改革的状况是”的数据统计结果：受访者选择“行政许可和审批事项大幅减少，办事效率明显提高”的比例为 53.5%，然后依次是“行政许可和审批事项得到了清理，但办事程序烦琐，办事效率不高”（28%）、“行政许可和审批事项得到了清理，但改头换面，明减暗增”（11%）和“行政许可和审批事项没有得到清理，与以前差不多”

(7.5%)。这说明E市在推进新一轮行政审批改革中采取了较有力措施,行政审批的事项数量得到了大幅减少,政府进一步规范了行政审批职能,简化了行政审批手续和办事流程,提高了政府服务效率,提升了政府公共服务能力和水平。

5. 政务中心、便民服务中心服务意识不断提高,群众满意度较高

评估组在综合分析调查问卷第4题、结合深度访谈的评价基础上得出这一结论。

一是办事流程简便。在问及“您去本地区的政务服务中心或乡镇便民服务中心办事,同过去相比,现在的情况是?”本题的调查目的在于分析政务服务中心是否高效便民。如果地方政府把行政审批、行政许可纳入政务服务中心和乡镇便民服务中心,权限清晰、项目规范、流程优化、时限明确,按时办结,则达到了高效便民的要求。社会公众作为行政审批的直接服务对象和观察者,他们的切身感受能够较为真实地反映调查结果。有占到70%的受访者选择在政务服务中心或乡镇便民服务中心办事遇到的情况为“办事流程简化,办事效率提高”,这说明E市政务服务中心总体上能按依法行政要求,做过扎实而具体的工作,因而得到绝大部分服务对象的肯定。其后,依次是“办事流程不变,办事效率一般”(20%)、“办事流程繁琐,办事更加困难”(6%)和“办事流程不变,办事效率低下”(4%)。

二是群众对政务服务工作较为满意。在深度访谈中,访谈对象指出E市政务中心基本能做到一站式集中服务,工作人员态度较为热情,工作作风好转,能够按照规定期限办结相应事务。

(二)E市依法行政工作中亟需重视的问题

通过综合分析调查问卷的统计结果和深度访谈的相关情况,评估组认为,近几年来,虽然E市政府在依法行政某些方面工作取得了一定的成效,但是依法行政工作的总体状况与《四川省市县政府依法行政评估指标》的要求还有很大差距,同时,也不能完全满足社会公众对政府依法行政的心理期待。就此次评估而言,评估组认真分析了问卷调查的统计结果、收集整理了深度访谈受访对象反映的问题,认为E市政府依法行政工作主要存在以下几个方面的问题。

1. E市政府依法行政的制度执行力不强,导致已建立的相关制度没有得到充分执行

一是重大行政决策相关制度的作用发挥不够。评估组在综合分析调查问卷(公民版)第1题、第6题和深度访谈的基础上得出这一结论。

调查问卷第 1 题“您认为本地区哪些行政机关依法行政的情况比较好”，所有选择均低于 50%，表明了受访者对市政府各部门的依法行政状况满意度总体偏低。调查问卷第 6 题“据您所知，本地区政府在作出事关重大民生或环境保护方面的决策时，是否公开举行了听证”，38.5% 的受访者认为“个别情况下举行了公开听证”，37% 的受访者认为“举行了公开听证”，而有 24.5% 的受访者认为“没有举行公开听证”。这充分说明大部分公众对市政府在事关重大民生和环境保护方面的决策时，举行了公开听证程序持怀疑或否定等负面态度。

根据深度访谈对象的反映，E 市政府在一些重大行政决策中，政府法律顾问大多流于形式，征求律师或专业人士的法律意见只是一种形式或过程，并没有发挥法律顾问应有的作用；行政决策的随意性较大，官本位意识和风气突出；民主决策制度在一些单位一把手有了方向性意见的情况下也变成了走形式或过场；在一些重大行政决策的公开征求公众意见和听证方面也是重形式、轻实效，导致政府决策难以执行，与此同时也制造了一些社会矛盾纠纷，如征地拆迁问题就特别突出，严重影响了社会稳定。

二是重大行政决策终身责任追究及责任倒查机制执行不力。评估组在综合分析调查问卷（公民版）第 18 题、深度访谈的基础上得出这一结论。

深度访谈对象反映，在行政追责方面，政府做得相当虚化，即使出现了错误也基本没有人承担责任，也因此导致了决策的随意性很大。根据调查问卷第 18 题“据您所知，本地区行政机关及其工作人员是否因行政违法被追究责任”的数据统计结果，选择“被严格追究了责任”比例为 31%；选择“被追究了责任，但是力度不够”比例为 23.5%；选择“个别案件被追究了责任”比例为 23%；选择“没有被追究责任”比例为 22.5%。选择“被严格依法问责”选项的受访者仅有三成多，近六成的社会公众要么认为行政问责力度不够或个别案件被追究了责任，要么持完全否定态度——认为没有被追究责任。这说明，大部分社会公众对于行政机关及其工作人员“行政违法”责任追究情况持怀疑和否定态度。表明了现有的重大行政决策终身责任追究及责任倒查机制要么是执行不力，要么是责任追究不够公开，与社会公众对违法行政决策责任追究预期有差距。

三是领导干部及工作人员学法用法制度效果不明显。根据深度访谈反映，领导干部会前学法大多流于形式，学法的时间短、深度不够、针对性不强，主要是为应付检查。

2. E 市政府依法行政的执法机制不够完善,具体、明确、权责利统一的执法流程尚未完全形成

评估组在综合分析调查问卷(公民版)第 10 题、第 11 题、第 12 题的统计结果以及深度访谈评价基础上得出这一结论。这三道题重点调查四川省依法行政指标体系中行政执法机制的完善,而完善的行政执法机制需要依法界定执法权限,有赖于具体、明确、权责利统一的执法流程。

根据问卷调查第 10 题“您在与本地区行政机关打交道时,是否遇到门难进、事难办、脸难看的情况”的数据统计结果,53.5% 的受访者遇到“门难进,事难办,脸难看”情况,这或许反映出半数民众对市政府及各部门与分支机构具体、明确的权责尚不完全了解,也有可能说明部分部门及分支机构在工作中存在这种不作为现象。同时,“事难办”工作问题和“脸难看”“门难进”等职业操守问题交织存在,公众与其打交道难谈满意。根据问卷调查第 11 题“您在与本地区行政机关打交道时,是否遇到相互推诿扯皮,被踢来踢去的情况”,54.5% 的受访者与本地区行政机关打交道时,遇到“相互推诿扯皮,被踢来踢去”情况,这说明市行政机关中部分部门及分支机构,在履行职责过程中存在“相互推诿扯皮,被踢来踢去”不作为现象。这反映市政府部分部门及分支机构对于有责无利的“多头”共管事项、“交叉”事项,存在恐责不主动作为的消极工作状态。根据调查问卷第 12 题“您在与本地区行政机关打交道时,是否遇到办事效率低下,久拖不决的情况”,48.5% 的受访者与本地区行政机关打交道时遇到“办事效率低下,久拖不决”情况,这反映出部分行政执法部门工作效率低下问题突出,公众与其打交道难谈满意。

3. E 市政府行政执法过程中执法不规范的现象较多

评估组在综合分析调查问卷(公民版)第 13、14、15、16、17 题的统计结果以及深度访谈的评价基础上得出这一结论。此 5 道题的调查目的在于,通过分析社会公众是否遇到“执法不公”现象,考察行政机关及其工作人员行政执法在程序、行为和结果方面是否依法合规、是否令群众满意。

一是行政执法主体资格问题。根据深度访谈对象反映,E 市政府及职能部门存在执法主体不明确,执法主体责任也不明确,执法程序十分混乱的情况,同时政府职能部门存在职能交叉的现象,如在征地拆迁中,到底是国土资源局还是乡镇一级,到底这个部门有哪些行政职权,往往有些是行政机关的执法权却在事业机关;有访谈对象谈到:“E 市政府在行政执法上为什么这么乱,乱在它没有执法主体,虽然有管委会,但它没有执法权,没有执法权要去管理就不好

管理。”

二是行政执法行为不作为或乱作为的现象比较突出，行政执法方式不文明、不公正和程序违法的现象依然存在。根据调查问卷第 13 题“您认为本地区行政机关及其工作人员在行政执法中是否存在执法不公现象”的数据统计结果显示，对本地区行政机关及其工作人员行政执法，持负面看法的受访者合计占 67.5%，其中认为“存在”的受访者有 32%，认为“个别案件中存在”的受访者有 35.5%，这说明市行政机关及其工作人员在行政执法中，不同程度地存在“执法不公”现象；第 14 题“您认为本地区行政机关及其工作人员在行政执法中是否存在粗暴执法、暴力执法现象”的数据统计结果显示，对本地区行政机关及其工作人员行政执法，持负面看法的受访者合计占 53.5%，其中认为“存在”的受访者有 17.5%，认为“个别案件中存在”的受访者有 36%，这说明市行政机关及其工作人员在行政执法中，依然存在“粗暴执法、暴力执法”现象；第 15 题“您认为本地区行政机关及其工作人员在行政执法中是否存在选择性执法现象”的数据统计结果显示，对本地区行政机关及其工作人员行政执法，持负面看法的受访者合计占 56%，其中认为“存在”的受访者有 23%，认为“个别案件中存在”的受访者有 33%，这说明市行政机关及其工作人员在行政执法中，依然存在“选择性执法”现象；第 16 题“您认为本地区行政机关及其工作人员在行政执法中是否存在吃拿卡要现象”的数据统计结果显示，对本地区行政机关及其工作人员行政执法，持负面看法的受访者合计占 45%，其中认为“存在”的受访者有 18.5%，认为“个别案件中存在”的受访者有 26.5%，这说明市政府部分部门及分支机构依然存在“吃拿卡要”现象；第 17 题“您认为本地区行政机关及其工作人员在行政执法中是否存在多头执法、重复执法现象”的数据统计结果显示，对本地区行政机关及其工作人员行政执法，持负面看法的受访者合计占 48%，其中认为“存在”的受访者有 17.5%，认为“个别案件中存在”的受访者有 30.5%，这说明市政府部分部门及分支机构存在“多头执法、重复执法”现象，也反映出一些单位在某些执法事项上还存在权责不清与职能重叠情况。

（三）加强和改进依法行政工作的建议

深入分析通过调查问卷、深度访谈所获取 E 市依法行政的基础数据和基本情况，评估组认为，E 市政府在推进依法行政的工作上按照中央和省委、省政府的部署做了大量的工作，依法行政的整体状况有所改进，法治政府建设工作也在积极稳步地推进，但是，E 市政府及其部门在依法行政中存在的问题也相当突出。因此，针对 E 市依法行政工作存在的上述问题，评估组提出以下建议。

1. E 市政府应进一步强化制度的执行,保证依法行政相关制度的运行实效

一是严格遵守重大行政决策的各项制度。重大行政决策制度的运行实效是依法行政的关键。

E 市政府关于依法行政的政务信息公开制度、法律顾问制度、听证制度和领导干部的民主决策等重大行政决策的相关制度已基本上形成,关键是如何切实发挥这些制度的作用。政府应采取措施提高政府领导干部及工作人员的法治意识,克服在重大行政决策过程中的形式主义、官僚主义和应付上级政府的依法行政工作检查的倾向,从而保证重大行政决策的各项制度得以实际运行。政府信息公开要以“公开为原则,以不公开为例外”的指导思想来处理,对于政府信息条例规定的,政府应当及时通过网络等渠道依法主动公开;进一步完善政府法律顾问制度,指导行政执法部门、乡镇及 264 个村(社区)规范法律顾问工作,充分发挥法律顾问的作用,确保重大决策依法合规;建立公众参与、专家论证和政府决定相结合的行政决策机制,对涉及全市经济社会发展和群众利益的重大事项,严格按照《E 市人民政府工作规则》《E 市人民政府常务会议制度》的要求,坚持部门提议,分管副市长初审,最后提交市政府常务会议讨论决定的制度和程序,涉及法律政策的重大决策,充分发挥法制办参谋、助手作用,依法决策,提高政府决策的科学性和可操作性,对专业性、技术性较强的重大决策事项,及时商请专家咨询论证,对与群众利益密切相关的重大事项,实行公示、听证制度。

二是切实进行违法行政责任追究及责任倒查。违法行政责任追究及责任倒查是依法行政的重要保证。政府应根据依法行政责任追究的相关制度,对违法行政的政府职能部门相关工作强化责任追究,克服官官相护、重责轻罚、轻责免罚的错误做法,同时要做到责任追究过程和结果的公开化,保障相对人及社会公众对违法行政责任追究的知情权,从而提高违法行政责任追究的公信力。推行政府权力清单制度,对行政权力进行自查自清。强化动态监督,实施跟踪审计,推动行政审批等工作不作为、慢作为专项整治、开展网上电子监察,督促整改,加大“三公经费”等政务信息公开力度,权力运行更加公开、透明。

三是提高政府领导干部及工作人员学法用法考法的针对性和实用性。领导干部及工作人员法治意识是依法行政的基础。政府领导干部及工作人员在提高法律专业知识水平的问题上,应着力克服消极应付检查的心理、避免形式主义倾向,做到真学真用真考,同时提高学法的针对性和实用性,只有这样,才能真正提高政府领导干部和工作人员法律专业知识水平,增进他们的法治意识

和法治信仰,从而在整体上提升依法行政能力的水平。

2. E 市政府应进一步厘清政府职能职责,提高依法行政的执法效能

一是严格依法设定政府部门之间职能职责的法律界线。依法设定政府部门的相关职能职责是依法行政的重要前提。针对政府部门之间存在"行政机关之间互相推诿扯皮""多头执法、重复执法"的具体问题,政府应进一步深化综合行政执法体制的改革创新,理顺政府部门之间的行政执法体制,明确政府部门之间的法定职权主体和执法职责,从而提高政府的行政执法效能。

二是严格遵守上下级政府之间职能职责的法律规定。各级政府之间严格遵守法定的职能职责是依法行政的必然要求。针对政府及职能部门与乡镇(街道)政府、社区存在的职权划分不明,责任追究主体错位的问题,政府应进一步依法明确各级政府之间,政府与社区之间的职能划分,并在实际的行政执法中,引导、督促各级政府及政府职能部门严格遵守法律规定的职能职责,从而促进各级政府依法行政,促使违法行政的责任追究的法治化和公平合理化。

3. E 市政府应进一步加强行政执法规范化建设,提高政府依法行政的水平

一是规范行政执法主体资格。具有行政执法的主体资格是依法行政的基本要求。政府应通过加强培训、定岗定人、亮证执法、业务考试等多种方式,确保从事行政执法工作人员符合执法要求;行政执法人员必须经过专业培训并通过相应的执法考试合格、取得执法证后才能上岗执法;实施行政执法人员动态管理,对工作变动的执法人员,及时取消执法资格,收回行政执法证件;严格行政执法资格审查,清理合同工、临时工从事行政执法活动,在一年一度的执法证件审验中,严格把关;加强执法信息公开力度,对涉及民生、环保、农业、林业等领域的行政处罚案件信息及时公开,让公众知晓,主动接受社会和群众的监督及时向社会公布。

二是规范行政执法行为。行政执法行为的规范化是依法行政的核心要求。针对政府及职能部门"粗暴执法、暴力执法""选择性执法""吃拿卡要""多头执法、重复执法""办事效率低下,久拖不决"等行政执法不作为或乱作为的问题,政府应进一步加强对政府领导干部及执法人员的法律专业知识的培训,依法行政至关重要的一点,就是加强对领导干部和行政执法人员的思想教育,促使领导干部和行政执法人员转变思想观念,牢固树立法律权威至上、权力服从法律的观念;强化行政执法的监督考核,严格行政执法的主体责任,强化违法行政的责任追究。

三是规范行政执法方式。行政执法文明化、公正化和程序法定化是依法行

政的重要要求。就行政执法行为而言,依法行政不仅要求执法行为做到实体合法,同时也要求执法行为要做到程序合法和目的正当。政府和执法人员在行政执法过程中应进一步处理好个人利益与社会利益的衡平,个人权利和公权力的衡平,严格做到文明、公正执法,同时应大力培养政府职能部门和执法人员的程序意识,树立行政执法程序的法治价值理念,切实做到严格依照行政程序执法。

二、E 市依法行政第三方评估调查问卷分析

评估组在 E 市,共发放调查问卷 220 份,回收的有效问卷 200 份。E 市依法行政调查问卷(公民版)一共设计了 20 个调查问题,这里结合每个调查问题及其统计结果展开分析。

1. 您认为本地区哪些行政机关依法行政的情况比较好?(可多选)

A. 发展改革委(或局)　B. 税务　C. 公安
D. 民政　E. 国土资源　F. 住房和城乡建设
G. 文化教育　H. 工商行政管理　I. 安全生产监管
J. 食品药品监管　K. 环境保护　L. 城管执法
M. 质量监督检验检疫　N. 交通运输　O. 人力资源和社会保障

本题设计的调查目的:由受访群众对 E 市各主要政府组成部门的依法行政状况进行评价,从各部门的数据总和分析 E 市依法行政的总体状况。

调查选择了发展改革委(或局)、税务、公安、民政、国土资源、住房和城乡建设、文化教育、工商行政管理、安全生产监督、食品药品监管、环境保护、城管执法、质量监督检验检疫、交通运输人力资源和社会保障 15 个主要职能部门,由受访群众对其依法行政状况进行评价,通过分析受访群众对各个职能部门依法行政状况的满意度以及分析受访群众对各个职能部门的“依法行政情况比较好”进行选择的总次数与可选择机会的总次数(200 × 15 = 3000 次)的比率关系分析 E 市政府依法行政的总体状况。

表 1-1　受访者对各职能部门依法行政状况评价总体选择计数和百分比

选　项	选择计数		个案百分比(%)
	个　数	百分比(%)	
发展改革委(或局)	56	7.3	28.0
税务	66	8.7	33.0

续表

选　项	选择计数		个案百分比(%)
	个　数	百分比(%)	
公安	84	11.1	42.0
民政	96	12.6	48.0
国土资源	46	6.0	23.0
住房和城乡建设	56	7.3	28.0
文化教育	72	9.4	36.0
工商行政管理	48	6.3	24.0
安全生产监督	24	3.1	12.0
食品药品监管	38	5.1	19.0
环境保护	61	8.0	30.5
城管执法	41	5.4	20.5
质量监督检验检疫	14	1.8	7.0
交通运输	21	2.8	10.5
人力资源和社会保障	39	5.1	19.5
参选人数总计	762	100.0	381.0

注:上述“选择计数”列中的“百分比”为各选项次数除以各个选项全部被勾选的总次数,该“百分比”的总和等于100%。最后一列“个案百分比”中的数值为各选项被勾选的次数除以有效观察值人数,在多选题中此列百分比总和通常会大于100%。多选题次数分布表要以“个案百分比”列数值来诠释较为贴切。

由表1-1可知,有48%的受访者对民政部门依法行政感到满意,其次是公安部门42%,文化教育部门36%,而对安全生产监督和质量监督检验检疫部门感到满意的受访者较少,分别仅有12%和7%。受访群众进行选择的总次数为762次,可选次数为3000次,两者比率为25.4%。

结论:一是受访者对E市政府各个职能部门依法行政状况不甚满意。对民政部门依法行政感到满意的比例最高也仅有48%,公安部门排在第二为42%,第三是工商行政管理部门为36%,排在最后的分别是安全生产监督12%、质量监督检查检验检疫部门7%,这说明受访者对E市政府各部门的依法行政状况满意度较低,没有一个部门满意度超过50%。同时安监部门低至12%,质量监督检验检疫部门也仅有7%,说明这两个部门的依法行政状况令人堪忧。二是受访者对于依法行政总体满意度也低。按照系统论观点,整体由各个子系统构成,子系统的总和只能是小于或等于整体,本题的调查结果中所有受访者选择“依法行政情况比较好”的总次数为762次,而受访者可以选择“各部门依法行政较好”机会总次数为3000次相比,比率仅为25.4%,这说明受访群众对于E市政府的依法行政总体满意度也低。

2. 您认为下列哪些因素对行政机关及其工作人员的执法行为具有较强约束力?(可多选)

A. 法律法规　　B. 红头文件(主要指政策)　　C. 领导批示和指示

D. 道德观念　　E. 社会舆论和评价

本题的调查目的在于分析行政机关工作人员作出行政行为的原动力,是将行政法的法源作为行政行为的首要因素,还是依据其他非行政法法源的因素作出。如果是前者为首要因素,那么行政行为的作出基本属于依法行政模式,反之则属于人治的范畴。社会公众作为行政行为的直接作用者和直接观察者,他们的切身感受能够较为真实地反映调查结果。

表2-1　受访者对行政机关及其人员执法行为约束因素总体计数和百分比

选　项	选择计数		个案百分比(%)
	个　数	百分比(%)	
法律法规	152	31.4	76.0
红头文件(主要指政策)	91	18.8	45.5
领导批示和指示	77	15.9	38.5
道德观念	68	14.0	34.0
社会舆论和评价	96	19.8	48.0
参选人数总计	484	99.9	242.0

注:上述“计数”列中的“百分比”为各选项次数除以各选项全部被勾选的总次数,该“百分比”的总和等于100%。最后一列“个案百分比”中的数值为各选项被勾选的次数除以有效观察值人数,在多选题中此列百分比总和通常会大于100%。多选题次数分布表要以“个案百分比”列数值来诠释较为贴切。

由表2-1可知,有占到76%的受访者选择法律法规对行政机关工作人员行政行为的约束力最强,其后依次是社会舆论和评价(48%)、红头文件(主要指政策)(45.5%)、领导批示和指示(38.5%)、道德观念(34%)。由此可见,在E市,受访者认为对行政行为约束力最强的是法律、法规,这说明E市政府比较符合依法行政的要求,作出行政行为考量的首要因素是法律、法规。同时我们也注意到受访者中没有选择“法律、法规”的比例也有近 1/4,这说明还有相当比例的受访者对 E 市政府能否真正做到依法行政存有疑虑。第二位是社会舆论和评价(48%),表明当前社会公众和各类媒体对于行政行为的关注和监督具有较大影响力,这符合以公民权利制约公共权力的法治理念,反映出 E 市政府在公众和舆论关注下开始注意社会关切,回应社会意见。第三位是红头文件(主要指政策),比率为 45.5%,这说明红头文件(主要指政策)作为传统行政方式依然具有很大的影响力,这与政府依法行政的要求还有一定差距,E 市需进一步清理红头文件,明确效力和执行时效,进一步实现依政策行政向依法行政转变。第四位是领导批示和指示(38.5%),说明在 E 市,领导干部采取什么样的工作方式对政府依法行政的状况具有显著的影响,领导干部的批示和口头指示具有明显的人治特征,其比例低则依法行政程度高,如果 E 市政府要进一步推进依法行政,还需进一步加强领导干部依法行政意识,转变工作方式、提高法治思维水平、提升用法治手段解决问题的能力。第五位是道德观念(34%),几乎三分之二的受访者不认同道德观念会对行政行为具有约束力,这反映 E 市受访公众中要么认为行政人员的整体道德水平不高,道德约束无法发挥作用;要么认为道德观念是软约束,无法真正约束和制约行政权力和行政行为。

结论:在受访者看来,E 市政府行政机关工作人员作出行政行为的原动力为法律法规,依法行政模式已常态化,但同时其他诸如社会舆论和评价、红头文件(主要指政策)等非法律因素也颇具影响力,其中公众媒体监管作用和人治特征明显,说明依法行政改革仍需不断深化。

3. 您认为目前本地区行政审批制度改革的状况是?(单选)

A. 行政许可和审批事项大幅减少,办事效率明显提高

B. 行政许可和审批事项得到了清理,但办事程序烦琐,办事效率不高

C. 行政许可和审批事项得到了清理,但改头换面,明减暗增

D. 行政许可和审批事项没有得到清理,与以前差不多

本题的调查目的在于分析行政审批改革在 E 市的具体落实情况,新一轮行政审批改革的核心要义是减政放权,大幅减少前置审批和许可数量,提高社会和市场活力,根治“明减暗增”“边减边增”“捉迷藏”“掺水分”等顽疾,新一轮行政审批的实际效果如何关键在落实,而社会公众和组织作为行政审批改革的最终承受者和直接受益者,他们的切身感受能够较为真实地反映新一轮行政审批改革的实际效果。

表3-1　受访者对行政审批制度改革总体计数和百分比

选　项	选择计数		累计百分比(%)
	次　数	百分比(%)	
行政许可和审批事项大幅减少,办事效率明显提高	107	53.5	53.5
行政许可和审批事项得到了清理,但办事程序烦琐,办事效率不高	56	28.0	81.5
行政许可和审批事项得到了清理,但改头换面,明减暗增	22	11.0	92.5
行政许可和审批事项没有得到清理,与以前差不多	15	7.5	100.0
参选人数总计	200	100.0	

从表3-1可以看出,受访者选择“行政许可和审批事项大幅减少,办事效率明显提高”的比例为53.5%,意味着仅有半数多一点的受访者感受到了新一轮行政审批改革在减审批事项及办事效率提升上有了实质性的转变,表明行政许可和审批改革应进一步深化,以切实提升办事效率,做好便民便企服务。然后依次是“行政许可和审批事项得到了清理,但办事程序烦琐,办事效率不高”(28%)、“行政许可和审批事项得到了清理,但改头换面,明减暗增”(11%)和“行政许可和审批事项没有得到清理,与以前差不多”(7.5%),这也进一步说明E市行政审批制度改革事项清理不彻底,甚或还存在死角和反复,须根据实际需要和百姓需求把行政审批制度改革持续深化下去。

结论:E市在推进新一轮行政审批改革中采取了较有力措施,行政审批的事项数量得到了大幅减少,在一定程度上优化了流程并提高了办事效率。但同时仍需进一步持续深化改革,精简审批事项,优化工作流程,认真清查改革死角,严厉打击“明减暗增”行为,使行政审批改革实现从形式到实质上的减政放权,真正方便与惠及人民群众。

4.您去本地区的政务服务中心或乡镇便民服务中心办事,同过去相比,现在的情况是?(单选)

A.办事流程简化,办事效率提高　　B.办事流程不变,办事效率一般

C.办事流程不变,办事效率低下　　D.办事流程烦琐,办事更加困难

本题的调查目的在于分析政务服务中心是否高效便民。如果地方政府把行政审批、行政许可纳入政务服务中心和乡镇便民服务中心,权限清晰、项目规范、流程优化、时限明确,按时办结,则达到了高效便民的要求。社会公众作为行政审批的直接服务对象和观察者,他们的切身感受能够较为真实地反映调查结果。

表 4-1　受访者对政务服务中心或乡镇便民服务中心办事遇到情况总体计数和百分比

选　项	选择计数		累计百分比(%)
	次　数	百分比(%)	
办事流程简化,办事效率提高	140	70.0	70.0
办事流程不变,办事效率一般	40	20.0	90.0
办事流程不变,办事效率低下	8	4.0	94.0
办事流程烦琐,办事更加困难	12	6.0	100.0
总　计	200	100.0	

由表 4-1 可知,有占到 70% 的受访者选择在政务服务中心或乡镇便民服务中心办事遇到的情况为"办事流程简化,办事效率提高"。在 E 市,七成的受访者认为政务服务中心或乡镇便民服务中心"办事流程简化,办事效率提高",这说明 E 市政务服务中心总体上能按依法行政要求,做过扎实而具体的工作,因而得到绝大部分服务对象的肯定。同时,我们理应注意到还有三成的受访者并不认同政务服务中心实现了办事流程的简化和办事效率的提高。可见,E 市在高效便民服务方面还有一定差距,还需继续做好改进工作。其后,依次是"办事流程不变,办事效率一般"(20%)、"办事流程烦琐,办事更加困难"(6%)和"办事流程不变,办事效率低下"(4%)。这反映出,E 市政务服务中心或乡镇便民服务中心某些事务及处理流程依然存在死角和阻碍,可能来源于办公设施、管理体制或运行机制某些方面或某几个方面,也可能由于改革没有充分考虑公众舆情,因而需要不断自查自纠、他查他纠和社会监督评估,以发现改革死角,进一步完善服务流程设计和解决新老问题,进一步深化政务服务中心或乡镇便民服务中心的软硬件建设,从而最终实现"高效""便民"。

结论:在受访公众看来,E 市政务服务中心或乡镇便民服务中心在提高行政审批高效便民方面的确作出了成效,但在流程简化、效率提升等方面与公众的要求还有一定差距,这固然与国家层面行政审批制度改革的逐步推进和社会公众的心理预期水涨船高等有一定的关系,但行政审批高效、便民是建设法治政府和服务政府的重要环节,E 市各政务服务中心和乡镇便民中心还应在完善设施、简化流程、提高效率等方面加大工作力度,提升实际效果。

5.(1)您是否知道可以到本地区政府官网上查找需要的政府信息?(单选)

A. 知道　　　　　　B. 不知道

(2)当您到本地区政府官网上查找你所需要的政府信息时,您遇到的情况是?(单选)

A. 能够方便地查找到相关信息

B. 能够查找到相关信息,但是很费劲

C. 能够打开相关链接,但是查找到的相关信息不完整

D. 不能查找到相关信息

本题调查目的在于分析行政机关网站履行信息公开法定义务的情况。政府官网依法公开政府信息是考察政府依法行政的重要指标,社会公众作为政府官网信息公开的直接观察者或受益者,他们通过政府官网查找需要的政府信息的切身感受能够真实地反映调查结果。

表5-1　受访者对本地区政府官网查找政府信息情况的总体计数和百分比

<table>
<tr><th colspan="2">选　项</th><th>次数</th><th>百分比(%)</th></tr>
<tr><td rowspan="5">知道</td><td>能够方便地查找到相关信息</td><td>61</td><td>30.5</td></tr>
<tr><td>能够查找到相关信息,但是很费劲</td><td>24</td><td>12.0</td></tr>
<tr><td>能够打开相关链接,但是查找到的相关信息不完整</td><td>33</td><td>16.5</td></tr>
<tr><td>不能查找到相关信息</td><td>5</td><td>2.5</td></tr>
<tr><td>小计</td><td>123</td><td>61.5</td></tr>
<tr><td>不知道</td><td>小计</td><td>77</td><td>38.5</td></tr>
<tr><td colspan="2">总　计</td><td>200</td><td>100.0</td></tr>
</table>

由表5-1可知,有61.5%的受访者"知道"可以到本地区政府官网上查找需要的政府信息,表明E市政府官网信息公开的宣传举措较为得力,得到六成以上的受访民众认可。但其中,仅有30.5%的受访者认可"能够方便地查找到相关信息",而直接持负面看法的受访者也有30.5%,分别为"能够打开相关链接,但是查找到的相关信息不完整"(16.5%)、"能够打开相关链接,但是查找到的相关信息不完整"(16.5%)和"能够打开相关链接,但是查找到的相关信息不完整"(2.5%)。这说明,E市不仅需要进一步抓好政府网络信息化工作

的社会宣传,还需要进一步做好政府信息网站日常管理,使公众能便捷地通过政府官网及时了解所需信息。

结论:通过以上分析可以得出,E市政府官网信息化建设及信息公开工作,离群众要求还有一定差距,需切实督管好市级职能部门和各乡镇政务信息的及时上网与更新,并强化社会宣传,使公众了解政府官网信息公开事项,并便捷地获取所需信息。

6. 据您所知,本地区政府在作出事关重大民生或环境保护方面的决策时,是否公开举行了听证?(单选)

A. 举行了公开听证 **B. 没有举行公开听证**

C. 个别情况下举行了公开听证

本题的调查目的在于分析行政机关在事关重大民生或环境保护方面决策时是否履行了法定的公开听证程序。社会公众作为政府重大民生或环境保护决策公开听证的受益者和观察者,他们的切身感受能够客观真实地反映调查结果。

表6-1 受访者对政府在作出事关民生或环境保护的重大决策时公开听证的情况总体计数和百分比

选项	次数	百分比(%)
举行了公开听证	74	37.0
没有举行公开听证	49	24.5
个别情况下举行了公开听证	77	38.5
总计	200	100.0

由表6-1可知,政府在事关民生或环境保护的重大决策时,38.5%的受访者认为"个别情况下举行了公开听证",37%的受访者认为"举行了公开听证",而有24.5%的受访者认为"没有举行公开听证"。这充分说明大部分公众对E市政府在事关重大民生和环境保护方面的决策时,举行了公开听证程序持怀疑或否定等负面态度。这要么反映E市范围内不少公众对本地政治事务参与和关注意识不高,要么说明部分公众难以了解E市政府民生、环保重大决策过程信息,存在信息空白,甚至疑虑和不满。

结论:大部分受访公众对E市政府重大民生和环境保护决策公开听证程序

及工作,持疑虑或否定等负面态度。这要求E市政府未来在事关重大民生或环境保护方面决策时不仅要履行好公开听证程序,还要做好相关信息的及时发布与到位宣传,使大众及时便捷地了解、参与公开听证,增强决策的依法合规性和民意基础。

7.本地区政府在作出重大行政决定时,是否公开听取社会公众的意见?(单选)

A.事前公开听取了意见

B.事前不公开听取意见,事后公布了行政决定

C.偶尔公开听取意见

D.事前既不公开听取意见,事后也不公开行政决定

本题调查目的在于考察四川省依法行政指标体系中决策行为的规范化问题。行政机关是否科学民主依法决策关涉到行政机关依法行政的能力,尤其决策之时,是否听取公众意见,直接决定了决策的公平性,影响决策实施的效果。行政机关在作出重大决定尤其关涉民众利益的重大决定时真正听取民众意见,做到民众参与,将提升决定的后续执行效率,这也是行政机关依法行政能力提升的显现。

表7-1　受访者对本区政府作出重大决定公开听取社会公众意见情况总计数和百分比

选　项	次　数	百分比(%)
事前公开听取了意见	78	39.0
事前不公开听取意见,事后公布了行政决定	39	19.5
偶尔公开听取意见	61	30.5
事前既不公开听取意见,事后也不公开行政决定	22	11.0
总　计	200	100.0

由表7-1可知,对于"本地区政府在作出重大行政决定时,是否公开听取社会公众的意见"事项,受访者表示"事前公开听取了意见"的占39%,以后依次为"偶尔公开听取意见"占30.5%、"事前不公开听取意见,事后公布了行政决定"占19.5%、"事前既不公开听取意见,事后也不公开行政决定"占11%。"事前公开听取了意见"和"偶尔公开听取意见"合计占到69.5%。这说明,E市行政机关在作出重大行政决定时较注重听取社会公众意见。但是,依然有三成多的受访者表示持否定态度,这可能反映E市范围内不少公众对本地政治事

务参与和关注意识不高,也可能说明部分公众难以了解E市政府重大决策相关信息,还可能说明E市政府没有完全做到"事前公开听取意见并事后公布行政决定"。

结论:在受访民众看来,E市行政机关在作出重大行政决定时,较注重公开听取意见,但民众的关注与参与意识不高,且重大行政决定的信息发布与传递可能存在问题,难以有效直达公众、覆盖各阶层。今后,E市政府部门应继续扩大重大行政决定的征求意见的事项及范围,并加强民众参与引导,全方位扩展征求意见的渠道及方式,使公众在重大行政决定中充分反映民意和表达诉求,有效参与政府依法行政,夯实重大决定的民意与执行基础。

8. 您在与本地区行政机关打交道时,是否遇到"该管的不管"的情况?(单选)

A. 遇到过　　　　　　B. 没有遇到

本题重点调查四川省依法行政指标体系中行政执法机制的完善。完善的行政执法机制需要依法界定执法权限,有赖于具体、明确、权责利统一的执法流程。本题基于此,通过考察实践中行政机关"该管的不管"这一不作为情况,来达到推进行政执法体制完善的目的。

表8-1　受访者与本地区行政机关打交道遇到"该管的不管"情况总体计数和百分比

选　项	次　数	百分比(%)
遇到过	111	55.5
没有遇到	89	44.5
总　计	200	100.0

由表8-1可知,与本地区行政机关打交道时,55.5%的受访者遇到"该管的不管"情况,这或许反映出半数民众对E市政府及各部门与分支机构具体、明确的权责尚不完全了解,也有可能说明部分部门及分支机构存在不作为情况。

结论:过半受访民众认为,E市行政机关中部分部门及分支机构,在履行职责过程中存在"该管的不管"不作为情况。这反映出公众对具体、明确、权责利统一的执法流程加快建设的期盼之情,还在一定程度上反映了民众对当前E市政府权力清单制度建设及行政体制改革工作的不认可。

9. 您在与本地区行政机关打交道时,是否遇到"不该管的瞎管"的情况?(单选)

A. 遇到过　　　　　　　　　　B. 没有遇到

本题重点调查四川省依法行政指标体系中行政执法机制的完善。完善的行政执法机制需要依法界定执法权限,有赖于具体、明确、权责利统一的执法流程。本题基于此,通过考察实践中行政机关"不该管的瞎管"这一乱作为情况,来达到推进行政执法体制完善的目的。

表 9-1　受访者与本地区行政机关打交道遇到"不该管的瞎管"情况总体计数和百分比

选　项	次　数	百分比(%)
遇到过	63	31.5
没有遇到	137	68.5
总　计	200	100.0

由表 9-1 可知,与本地区行政机关打交道时,31.5% 的受访者遇到"不该管的瞎管"情况,这或许反映出部分民众对 E 市政府及各部门与分支机构具体、明确的权责尚不完全了解,也有可能说明部分政府部门及分支机构存在"不该管的瞎管"的乱作为情况。

结论:三成多受访民众认为,E 市行政机关中部分部门及分支机构,在履行职责过程中存在"不该管的瞎管"的乱作为情况。这反映出公众对具体、明确、权责利统一的执法流程加快建设的期盼之情,还在一定程度上反映了民众对当前 E 市政府权力清单制度建设及行政体制改革工作的不认可。

10. 您在与本地区行政机关打交道时,是否遇到"门难进,事难办,脸难看"的情况?(单选)

A. 遇到过　　　　　　　　　　B. 没有遇到

本题重点调查四川省依法行政指标体系中行政执法机制的完善。完善的行政执法机制需要依法界定执法权限,有赖于具体、明确、权责利统一的执法流程。本题基于此,通过考察实践中行政机关"门难进,事难办,脸难看"不作为情况,来推进行政执法体制的完善。

表 10-1　受访者与本地区行政机关打交道遇到"门难进,事难办,脸难看"情况总体计数和百分比

选　项	次　数	百分比(%)
遇到过	106	53.0

续表

选　项	次　数	百分比(%)
没有遇到	94	47.0
总　计	200	100.0

由表 10－1 可知,与本地区行政机关打交道时,53.5% 的受访者遇到"门难进,事难办,脸难看"情况,这或许反映出半数民众对 E 市政府及各部门与分支机构具体、明确的权责尚不完全了解,也有可能说明部分部门及分支机构在工作中存在这种不作为现象。

结论:过半数受访民众认为,E 市行政机关中部分部门及分支机构,在履行职责过程中存在"门难进,事难办,脸难看"不作为现象。这反映出 E 市行政执法部门重"事"不重"人"、有"公"难有"仆"的基本履职状况。同时,"事难办"工作问题和"脸难看""门难进"等职业操守问题交织存在,公众与其打交道难谈满意。这需要 E 市行政执法机关在以后依法履职中既要做好权责明晰与效率提升,又要做好行政执法制度、职业道德建设和监管。

11. 您在与本地区行政机关打交道时,是否遇到"相互推诿扯皮,被踢来踢去"的情况?(单选)

A. 遇到过　　　　　　　　　B. 没有遇到

本题重点调查四川省依法行政指标体系中行政执法机制的完善。完善的行政执法机制需要依法界定执法权限,有赖于具体、明确、权责利统一的执法流程。本题基于此,通过考察实践中行政机关"相互推诿扯皮,被踢来踢去"不作为现象,来推进行政执法体制的完善。

表 11－1　受访者与本地区行政机关打交道遇到"相互推诿扯皮,被踢来踢去"的情况总体计数和百分比

选　项	次　数	百分比(%)
遇到过	109	54.5
没有遇到	91	45.5
总　计	200	100.0

由表 11－1 可知,与本地区行政机关打交道时,54.5% 的受访者遇到"相互推诿扯皮,被踢来踢去"情况,这或许反映出过半数民众对 E 市政府及各部门与分支机构具体、明确的权责尚不完全了解,也有可能说明部分部门及分支机

构在工作中存在“相互推诿扯皮,被踢来踢去”不作为现象。

结论:过半数受访民众认为,E 市行政机关中部分部门及分支机构,在履行职责过程中存在“相互推诿扯皮,被踢来踢去”不作为现象。这反映在“苍蝇老虎一起打”严肃党纪国法的大背景下,E 市政府部分部门及分支机构对于有责无利的“多头”共管事项、“交叉”事项,存在恐责不主动作为的消极工作状态。这需要 E 市政府进一步抓好“具体、明确、权责利统一的执法流程”监管与督查工作。

12. 您在与本地区行政机关打交道时,是否遇到“办事效率低下,久拖不决”的情况?(单选)

A. 遇到过　　　　　　B. 没有遇到

本题重点调查四川省依法行政指标体系中行政执法机制的完善。完善的行政执法机制需要依法界定执法权限,有赖于具体、明确、权责利统一的执法流程。本题基于此,通过考察实践中行政机关“办事效率低下,久拖不决”现象,来推进行政执法体制的完善。

表 12－1　受访者与本地区行政机关打交道遇到“办事效率低下,久拖不决”的情况总体计数和百分比

选　项	次　数	百分比(%)
遇到过	97	48.5
没有遇到	103	51.5
总　计	200	100.0

由表 12－1 可知,与本地区行政机关打交道时,48.5% 的受访者遇到“办事效率低下,久拖不决”情况,这或许反映出近半数民众对 E 市政府及各部门与分支机构具体、明确的权责尚不完全了解,也有可能说明部分部门及分支机构在工作中存在“办事效率低下,久拖不决”现象。

结论:近半数受访民众认为,E 市行政机关中部分部门及分支机构,在履行职责过程中存在“办事效率低下,久拖不决”现象。这反映出 E 市部分行政执法部门工作效率低下问题突出,公众与其打交道难谈满意。这需要 E 市行政执法机关在以后依法履职中,要重点抓好限时办结制度的建设、监管及效率提升工作。

13. 您认为本地区行政机关及其工作人员在行政执法中是否存在“执法不公”现象?(单选)

A. 存在　　　　　　B. 不存在　　　　　　C. 个别案件中存在

本题的调查目的在于，通过分析社会公众是否遇到“执法不公”现象，考察行政机关及其工作人员行政执法在程序、行为和结果方面是否依法合规、是否令群众满意。

表 13－1 受访者对行政机关及其工作人员行政执法中存在“执法不公”现象总体计数和百分比

选　项	次　数	百分比(%)
存　在	64	32.0
不存在	65	32.5
个别案件中存在	71	35.5
总　计	200	100.0

由表 13－1 可知，对本地区行政机关及其工作人员行政执法，持负面看法的受访者合计占 67.5%，其中认为“存在”的受访者有 32%，认为“个别案件中存在”的受访者有 35.5%。该选项虽然在一定程度上会受公众法律涵养等主观感受影响，但却真实体现了 E 市社会民众对于公正执法的正常需求，即公众不仅要求程序公正，更要求结果公正。

结论：从公众的感知来看，E 市行政机关及其工作人员在行政执法中，不同程度地存在“执法不公”现象，值得重视和积极改善。E 市行政机关，应在职能科学、权责法定、执法严明、廉洁高效、守法诚信等全方面加快法制政府建设的同时，更加注重执法程序、行为和结果的公正、公平与公开。

14. 您认为本地区行政机关及其工作人员在行政执法中是否存在“粗暴执法、暴力执法”现象？（单选）

A. 存在　　　　B. 不存在　　　　C. 个别案件中存在

本题的调查目的在于，通过分析社会公众是否遇到“粗暴执法、暴力执法”现象，考察行政机关及其工作人员行政执法在程序、行为和结果方面是否依法合规、是否令群众满意。

表 14－1 受访者对行政机关及其工作人员行政执法中存在“粗暴执法、暴力执法”现象的总体计数和百分比

选　项	次　数	百分比(%)
存　在	35	17.5

续表

选　项	次　数	百分比(%)
不存在	93	46.5
个别案件中存在	72	36.0
总　计	200	100.0

由表14－1可知,对本地区行政机关及其工作人员行政执法,持负面看法的受访者合计占53.5%,其中认为“存在”的受访者有17.5%,认为“个别案件中存在”的受访者有36%。这说明E市政府在廉洁执法和文明执法依旧存在死角盲区,尚待彻底覆盖。

结论:从公众的感知来看,E市行政机关及其工作人员在行政执法中,依然存在“粗暴执法、暴力执法”现象,需高度关注与彻底整改。E市行政机关,应在职能科学、权责法定、执法严明、公开公正、廉洁高效、守法诚信等全方面加快法制政府建设的同时,应抓好执法全过程记录监管、文明执法督察和“粗暴执法、暴力执法”及时惩处等工作。

15. 您认为本地区行政机关及其工作人员在行政执法中是否存在“选择性执法”现象?(单选)

A. 存在　　B. 不存在　　C. 个别案件中存在

本题的调查目的在于,通过分析社会公众是否遇到“选择性执法”现象,考察行政机关及其工作人员行政执法在程序、行为和结果方面是否依法合规、是否令群众满意。

表15－1　受访者对行政机关及其工作人员行政执法中存在“选择性执法”现象的总体计数和百分比

选　项	次　数	百分比(%)
存　在	46	23.0
不存在	88	44.0
个别案件中存在	66	33.0
总　计	200	100.0

由表15－1可知,对本地区行政机关及其工作人员行政执法,持负面看法的受访者合计占56%,其中认为“存在”的受访者有23%,认为“个别案件中存

在”的受访者有 33%。这说明 E 市政府部分部门及分支机构存在“选择性执法”现象。

结论：从公众的感知来看，E 市行政机关及其工作人员在行政执法中，依然存在“选择性执法”现象，需高度关注与查处整改。E 市行政机关，应在职能科学、权责法定、执法严明、公开公正、廉洁高效、守法诚信等全方面加快法制政府建设的同时，应抓好执法全过程记录监管和责任追究惩处工作。

16. 您认为本地区行政机关及其工作人员在行政执法中是否存在“吃拿卡要”现象？（单选）

A. 存在　　B. 不存在　　C. 个别案件中存在

本题的调查目的在于，通过分析社会公众是否遇到“吃拿卡要”现象，考察行政机关及其工作人员行政执法在程序、行为和结果方面是否依法合规、是否令群众满意。

表 16－1　受访者对行政机关及其工作人员在行政执法中存在“吃拿卡要”现象的总体计数和百分比

选　项	次　数	百分比(%)
存　在	37	18.5
不存在	110	55.0
个别案件中存在	53	26.5
总　计	200	100.0

由表 16－1 可知，对本地区行政机关及其工作人员行政执法，持负面看法的受访者合计占 45%，其中认为“存在”的受访者有 18.5%，认为“个别案件中存在”的受访者有 26.5%。这说明 E 市政府部分部门及分支机构存在“吃拿卡要”现象。

结论：从公众的感知来看，E 市行政机关及其工作人员在行政执法中，依然存在“吃拿卡要”现象，需高度关注与查处整改。E 市行政机关，应在职能科学、权责法定、执法严明、公开公正、廉洁高效、守法诚信等全方面加快法制政府建设的同时，应抓好执法全过程记录监管和违规违纪的责任追究工作。

17. 您认为本地区行政机关及其工作人员在行政执法中是否存在“多头执法、重复执法”现象？（单选）

A. 存在　　B. 不存在　　C. 个别案件中存在

本题的调查目的在于,通过分析社会公众是否遇到"多头执法、重复执法"现象,考察行政机关及其工作人员行政执法在程序、行为和结果方面是否依法合规、是否令群众满意。

表 17-1 受访者对行政机关及其工作人员行政执法中存在"多头执法、重复执法"现象的总体计数和百分比

选　项	次　数	百分比(%)
存　在	35	17.5
不存在	104	52.0
个别案件中存在	61	30.5
总　计	200	100.0

由表 17-1 可知,对本地区行政机关及其工作人员行政执法,持负面看法的受访者合计占 48%,其中认为"存在"的受访者有 17.5%,认为"个别案件中存在"的受访者有 30.5%。这说明 E 市政府部分部门及分支机构存在"多头执法、重复执法"现象,反映出一些单位在某些执法事项上还存在权责不清与职能重叠情况,这要求其抓好职能科学、权责法定等法治政府建设工作。

结论:从公众的感知来看,E 市行政机关及其工作人员在行政执法中,依然存在"多头执法、重复执法"现象,需高度关注与深度整改。E 市行政机关,应在职能科学、权责法定、执法严明、公开公正、廉洁高效、守法诚信与责任追究等方面全方位开展法治政府建设。

18. 据您所知,本地区行政机关及其工作人员是否因"行政违法"被追究责任?(单选)

A. 没有被追究责任　　**B. 被严格追究了责任**

C. 个别案件被追究了责任　　**D. 被追究了责任,但是力度不够**

本题的调查目的在于分析社会公众对行政问责的关注度,完善行政问责机制是强化对行政权力的制约和监督的关键要素。就与民众生活密切相关的行政执法领域,《中共中央关于全面推进依法治国若干重大问题的决定》明确指出,要全面落实行政执法责任制,严格确定不同部门及机构、岗位执法人员执法责任和责任追究机制,加强执法监督,坚决排除对执法活动的干预,防止和克服地方和部门保护主义,惩治执法腐败现象。

表 18-1　受访者对行政机关及其工作人员“行政违法”责任追究情况总体计数和百分比

选　项	次　数	百分比	累计百分比(%)
没有被追究责任	45	22.5	22.5
被严格追究了责任	62	31.0	53.5
个别案件被追究了责任	46	23.0	76.5
被追究了责任,但是力度不够	47	23.5	100
总　计	200	100.0	

从表 18-1 可以看出,排在第一位的是“被严格追究了责任”,选择比例为 31.0%;第二位则是“被追究了责任,但是力度不够”,比例为 23.5%;第三是选择“个别案件被追究了责任”,比例为 23.0%;排在最后一位的是“没有被追究责任”,选择比例为 22.5%。选择“被严格依法问责”选项的受访者仅有三成多,近六成的社会公众要么认为行政问责力度不够或个别案件被追究了责任,要么持完全否定态度——认为没有被追究责任。

这说明,在受访者认为E市政府行政问责工作有所欠缺,希望以更严厉的法律手段来追究相关行政责任人法律责任,因为行政执法人员的违法行政行为与社会公众的生活密切相关,违法行政行为的姑息将会给民众自身权益带来直接威胁和损失。

结论:从受访者调查结果来看,E市大部分社会公众对于行政机关及其工作人员“行政违法”责任追究情况持怀疑和否定态度。未来,E市政府应充分发挥群众和社会监督作用,进一步完善责任追究制度、强化行政问责的惩处时效,并及时做好相关信息公开工作,切实保障“行政违法”责任追究落到实处和落进群众眼里。

19.(1)当您遭遇行政侵权时,您是否会选择法律途径(申请行政复议或提起行政诉讼)解决纠纷?(单选)

A.会　　　　　　　　B.不会

(2)如果您不选择法律途径解决行政纠纷,最主要考虑的原因是:(单选)

A.成本高　　　　　　B.效率低　　　　　　C.不管用

本题的调查目的在于分析公民的合法权益受到违法行政侵犯之时,是否选择法律途径(申请行政复议或提起行政诉讼)解决纠纷,以及不选择法律途径解决行政纠纷最主要考虑的因素。采用公力救济(法律途径)与私力救济(非法律途径)的比例直接说明了该地区依法行政的状况,采取公力救济比例高者说明该地区依法行政的状况较好。

表 19－1 受访者对遭遇行政侵权时解决纠纷选择途径情况的总体计数和百分比

选　项		次　数	百分比(%)
不会	成本高	20	10.0
	效率低	17	8.5
	不管用	25	12.5
	小计	62	31.0
会	小计	138	69.0
总　计		200	100

从表 19－1 数据可以看出,有 69% 的受访者遭遇行政侵权时“会”选择法律途径,说明党的十八大以来,国家高压反腐行动,使 E 市普通民众依法维权意识和司法公正的信任度得以提升,同时对本地法治政府建设工作的普遍认可。同时,也应看到仍有 31% 的受访者明确表示“不会”选择法律途径,其中,选择主要因素为“成本高”“效率低”和“不管用”的受访者分别为 10%、8.5% 和 12.5%。这说明 E 市法治政府建设工作还存在死角、盲区和不足之处,还应涉深水,不断查漏补缺。

结论:从受访者数据分析可知,遭遇行政侵权时,E 市公众维权意识较高,并且偏好于选择法律途径维权,这反映出 E 市公众较为信任本地司法公正及法治环境,较为认可 E 市行政机关依法行政内容和法治政府建设。同时,E 市法治政府建设工作也存在死角、盲区和不足之处,还应涉深水,不断查漏补缺。

20. 您认为本地区人民法院在审理行政纠纷时,是否能够公正处理案件?(单选)

A. 能够公正处理　　　　**B. 不能公正处理**

C. 个别案件能够公正处理

本题的调查目的在于分析人民法院在审理行政纠纷时是否能够公正处理案件。如果人民法院在审理行政纠纷时能够公正处理案件,则不仅说明地方法院能做到司法审判独立,也能从侧面说明地方政府有法治意识,能够自觉维护法律权威、不扰法,能依法深化政府职能改革和积极开展法治政府建设。社会公众作为人民法院行政纠纷审理的受益者和观察者,他们的切身感受能够客观真实地反映调查结果。

表20－1　受访者对人民法院审理行政纠纷时是否能够公正处理案件总体计数和百分比

选　项	次　数	百分比(%)
能够公正处理	117	58.5
不能公正处理	21	10.5
个别案件能够公正处理	62	31.0
总　计	200	100.0

由表20－1可知，共计89.5%的受访者对E市人民法院审理行政纠纷持肯定或部分肯定态度，其中认为"能够公正处理"和"个别案件能够公正处理"的分别为58.5%与31%，仅有10.5%的受访者认为"不能公正处理"。这说明，总体上E市民众对地方法院审判环境、法律环境和政府依法行政环境的认可和信任，但在部分审判领域或案件上持怀疑态度，个案上可能存在不公正现象。

结论：在受访公众看来，E市地方法院审判环境、法律环境和政府依法行政环境较好，地方人民法院基本能够公正地审理行政纠纷案件，但在个别审判领域或案件上可能存在不公正现象。因此，E市地方政府应进一步加强行政干涉司法案件的查处与惩罚力度，充分保障法院等司法部门独立权，做好法治政府建设工作。

三、E市依法行政深度访谈情况分析

(一)深度访谈实施概述

E市深度访谈具体实施系四川省市县政府依法行政第三方评估的重要组成部分。深度访谈作为一种重要的定性分析方法，结合问卷调查等其他定量调查分析方式，有助于更为全面地、客观地和准确地评估四川省E市政府及其职能部门依法行政的状况。为了实现这一目的，根据《四川省市县政府依法行政评估办法》的相关规定，依法行政第三方评估组以严谨、科学和公正的态度，审慎地确定了深度访谈对象，明确了访谈具体内容，严格规定了访谈程序和访谈纪律，并于2017年7月9日至10日认真组织实施了深度访谈。

1. 确定了深度访谈对象

为获取更加客观真实、详细具体以及多方面、多角度的信息，评估组经研究审慎确定了E市行政区域内的相关部门领导或工作人员作为深度访谈对象，具体包括E市原政法委书记、法院行政审判庭庭长、司法局局长、法制办副主任(主持E市法制办工作)、某镇镇长,另外还包括来自于E市的L市政协常委(现为E市政府法律顾问)、E市某高校2名法学教授、E市2名执业律师(长期担任E市政府的法律顾问)、E市某社区支部书记(E市人大代表),共11名。深度访谈对象的选择体现了此次深度访谈的三大特征:一是深度访谈对象的多元化特征,既有公共权力部门的权力机关、行政机关、司法机关的领导或工作人员,又有长期从事社会法律工作的执业律师和法学教学科研工作的高校教授,还有来自基层一线社区工作者;二是深度访谈对象层级性特征,既有熟知E市依法行政情况的上级政府相关部门的领导干部,又有E市相关的公权部门的领导干部或工作人员,还有E市所辖乡镇的领导干部;三是深度访谈对象对政府依法行政的内、外监督多样性特征,既有体现了对政府及其职能部门的外部监督的人大、司法机关的领导干部或工作人员,又有代表社会公众监督的律师和高校法学教授,还有体现E市政府及其职能部门的内部监督的本级政府法制办、所辖的乡镇领导干部和社区工作者。

2. 明确了深度访谈内容

为了准确地、具体地收集反映E市依法行政情况,本次深度访谈的内容主要限于四川省依法行政评估的12个指标,并且根据上述不同访谈对象有所侧重。

(1)制定行政规范性文件是否规范、是否给工作实践造成阻碍;

(2)行政执法是否做到依法行政、合理行政,是否遵守执法程序;

(3)在政府公共服务方面是否有所提升,简化审批手续、信息依法公开等方面情况如何;

(4)行政调解及行政复议能否有效化解争议、纠纷;

(5)行政机关及工作人员是否自觉接受监督;

(6)如何提高执法人员法律素养和行政相对人的法律意识;

(7)对现有立法、执法的情况有何改进建议,对依法行政的未来展望等。

3. 严格规定了访谈纪律和访谈形式

本次深度访谈着眼于保证访谈内容的真实性、客观性目的,评估组严格规定了访谈的具体形式和访谈的保密纪律。本次深度访谈由三个小组分别进行,每次访谈由访谈小组二名同志共同完成,其中访谈主持人由副教授及以上职称的老师担任,另一名同志(某高校大三在校生)负责访谈记录及录音的整理,每次访谈时间约90分钟左右。同时,为了使访谈对象消除顾虑,本次深度访谈的具体地点由访谈对象进行确定，确保了每次访谈都在相对私密的空间进行，访谈对象能够自由地、客观地发表观点和反映 E 市依法行政情况。

（二）深度访谈结论分析

本着客观的、真实的和负责的态度，评估组经过认真整理、分析和归纳本次深度访谈的记录，从而得出以下深度访谈的结论：

1. E 市政府行政决策合法性审查制度化建设得到加强，但在公开听取意见和重大决策集体审定等方面科学化、民主化和法治化水平尚待进一步提升。

E 市原政法委书记、法制办副主任、司法局局长、乡镇镇长、行政审判庭庭长、2 名执业律师和来自于 E 市的 L 市政协常委等访谈对象在访谈中分别谈到："在行政决策的制度上是有保障的，政府法律顾问制度正在建立中，政府决策的程序和法律意识也在增强""E 市政府及相关职能部门都建立法律顾问制度。政府主要以组建顾问团的形式，保障行政决策的合法性，规避一些行政决策方面的风险""E 市的行政决策有重大的进步，大多能够体现民生诉求""从 E 市政府出台的一些规范性政策和决策中来看，目前来说，合法性审查我觉得是没有什么太大问题，都有履行""法律顾问的作用明显加强了，效果也比起以前好多了""政府的行政决策肯定是有进步的。就我作为政府顾问的经历来说，现在政府要求凡是重大会议，都必须要有部门顾问的法律审查意见""现在政府招聘竞选律师不是靠过去那些人情因素"等，表明了 E 市政府依法行政的政务信息公开制度、法律顾问制度等重大行政决策的相关制度已基本上形成。

但是，E 市原政法书记、法制办副主任、行政审判庭庭长、2 名执业律师和 2 名法学教授也谈道："很多党政部门还不知该如何用法律顾问，而法律顾问也不知道该如何做好法律顾问的工作，究其本质来讲就是大家对法律的认识还达不到理性高度这一层次""但在实际操作中还存在一些问题，审查注重的是对资料的审查，对具体的操作细节审查的较少；同时在公开听取意见方面，还不是很规范，就是有些听取了，有些没有听取，要把公开听取意见变成一种常态化的程序，能够成为一种规范""需要进一步改进的就是公开听取意见，就是政府在出台决策之前公开听取意见的范围还不够大，力度还不够强"" 在专家论证方面是做了的，但这个做更多的是对领导有利方案，专家来论证方案的可能性。真正地或者说真诚地真实地去反映这个东西能做还是不能做，是比较差的。在公众参与，个人觉得做得还是比较弱的"等，表明了 E 市政府行政决策科学化、民主化和法治化水平有待进一步提升。

2. E 市政府行政审批、服务网络平台建设等方面有了很大的提升，但在政府信息公开和公共服务的某些领域仍存在“短板”。

这次所有的访谈对象均谈到:E 市行政审批事项大幅减少,简化了服务流程,三级政务服务网络平台建设逐渐完善,如 E 市法制办主任谈到“我感觉的话,在行政审批方面做的还是相当不错的”,行政审判庭长认为,“目前在行政审批、简化服务程序,网络服务的方面做得还是比较好,政府行政审批的流程,以及网上办事流程的公开,还有网上申请这些也在不断地完善”,社区书记也表示“公共服务这块,很多行政审批都简化了,不让群众多跑路,效率也提高了”,司法局长也谈到“在政府公共服务,行政审批,政府信息公开,简化审批手续方面应该做得还是比较不错的。最大的体现就是体现在我们政务中心,这种窗口式的服务,所有涉及民生方面的事务,去窗口就能办理”等,表明了 E 市政府公共服务能力建设有很大的提升。

但与此同时,E 市 2 名执法律师、行政审判庭庭长、法制办副主任、社区书记和原政法委书记在访谈中分别谈到“现在政府信息公开部门在做,但还是不够,有些该公开的,没意识到它的重要性”“从审判实践来看,有关政府部门存在主动公开不及时,另外一个就是有些行政机关的思路没有按照‘以公开为原则,以不公开为例外’的指导思想来处理,申请公开的信息不予以公开,在当事人诉诸法律的情况下,行政机关的败诉率比较高,还有就是答复的内容不完善,就是该公开的不公开,或者是该公开的只公开一部分,没有公开全部,比如征地拆迁的信息”“在信息公开方面我还不太清楚,但是在一些行政复议的案件反映出政府信息公开力度不够”“但是实际运用中有时候有些部门害怕承担责任就相互推诿,要求我们社区提供证明”“但仍然有部分工作人员的办事态度和能力还不尽如人意”等,表明了 E 市政府在政府信息公开和公共服务某些领域还存在较长的短板,不够满足社会公众的要求和期待。

3. E 市政府行政执法理念有较大的进步,但在行政执法中普遍存在着主体不适格、违反执法程序和部门之间权责交叉的执法乱象。

E 市原政法委书记、社区书记、行政审判庭庭长、2 名执法律师和 2 名法学教授访谈对象分别认为:“现在很流行一句话叫做官不好当,其实这从另一个侧面来讲是好事,说明官员们以前的老一套不顶用了,依法行政势不可挡”“行政执法状况总体来说比较好,现在呢执法都是文明执法,没有暴力执法”“目前我们审理的案件中反映的就是行政机关在行政执法过程中,依法行政,适用法律的准确性方面,没有太大问题”“这种依法行政的理念还是比较强烈”“关于行政机关执法问题,从主观观念上有进步,认识到要依法执法,如 E 市城管执法局”等,表明了E市行政执法理念有了较大的进步。

但是E市社区书记、行政审判庭庭长、法制办主任、2名执法律师、2名法学教授和L市政协常委访谈对象也分别谈道:“但是现在执法中存在的一个问题就是部门与部门之间职能划分模棱两可,不明确;同时,我们社区的工作人员身份也不明确,我们承担着很大的压力和责任,但是身份又不是国家公务员”“执法程序问题比较多,有些案件中,就严重存在违反法定程序的行为,导致大量的行政案例败在程序上。比如,工伤认定,法律规定要在60日内作出工伤认定,那么在这个认定的过程中,就存在超期的现象”“ 在实际操作中,有些部门没有执法权但仍然在执法”“行政执法不够规范,随意性很大。而且看领导意思,有时候多罚点,找不到依据”“就是充实对行政立法程序的认识和理解,更多的需要进行行政程序法的研究”“但就当下而言,执法主体不明确,执法主体责任也不明确,导致了执法程序十分混乱,另一方面,行政执法合理性缺失”等,表明E市行政执法存在主体不适格、违法执法程序和部门之间权责交叉的执法乱象。

4. E市政府行政复议、行政调解和行政投诉处理制度逐渐健全,但是它们在化解行政争议纠纷时存在体制机制障碍。

E市法制办副主任、行政审判庭庭长、司法局局长和2名执业律师在访谈中认为:“行政调解制度和投诉处理制度肯定也是健全的,在化解这些纠纷的时候,还是起到了一定作用”“虽然行政调解的问题比较多,但比起之前是有一定改善了的,从我们的案件中来看,进入行政诉讼的案子在减少,这个就表明行政机关自己在化解行政纠纷的能力有提高,使当事人诉诸法律的情况减少”“行政复议、行政诉讼制度完善这两方面,我个人觉得政府部门做得还是比较好的,依法复议的水平都得到明显提升,行政投诉处理制度也做得比较好,也都建立健全了”“化解行政争议和纠纷这块的话,我觉得应该要表扬相关行政机关,他们做的事情实在是太多了”等,表明了E市化解行政争议的行政复议、行政调解相关制度逐渐健全,并发挥了一定的作用。

但是,E市法制办副主任、行政审判庭庭长、2名执业律师和2名法学教授在访谈中也认为:“但是,我感觉到老百姓确实不太愿意使用行政救济手段来主张自己的权利,相反更多的是选择了信访,同时在行政复议中我们必须考虑到利益平衡,要从服务地方发展大局出发”“从目前的很多案件来看,行政机关调解的意愿不强,甚至是不进行调解,还是希望法院能够直接进行裁决,他们认为判决比较好执行,觉得调解拿回去,好像自己让步了,会有些顾虑,觉得不好执行,更愿意执行法院的判决,导致这个行政调解的适用不高”“我认为现在的信访制度的目的很模糊了,它不应当作为一种法律救济手段。在当前大力建设法治政府的过程中,应当更多地把它作为政府联系群众的纽带"等,表明了E市行政复议、行政调解在化解行政争议中还存在体制机制障碍,导致其应然功能发挥不够。

5. 对E市政府依法行政的权利性监督和权力性监督日益增强,但司法监督机制体制仍需进一步完善。

E市法制办副主任、行政审判庭庭长、乡镇镇长、司法局局长、社区书记和2名执业律师在访谈中认为:"近几年来对行政权力的监督在加强,社会公众的法律和权利意识在不断地增长""总的来说是在变好,一个就是行政机关对判决的认同度和执行力都还比较好,另外我们给行政机关提出一些司法建议,这些建议的采纳度也有提高,也能够积极地给予法院反馈""肯定会接受监督,人大、政协这些就不说了,我们现在信息公开,老百姓的法律意识也在加强,人大代表也好,政协委员也好,都是老百姓中产生的,涵盖了各个方面的人大代表本身就有多重身份""自这个依法治国工作开展以来,体现在这些拥有执法实权的部门,包括体制也好,机制也好,都是比较健全的""监督方面的话也做得比较好,每年的两会啊,人大对我们的诉求这些方面都整的比较好""个人认为还是加强了的""行政部门自觉监督这个方面,这几年应该还算做得比较好,备案也在做"等,表明了E市政府对行政权力的权利性监督和权力性监督日益增强。

但是,E市行政审判庭庭长、2名执业律师、2名法学教授和L市政协常委在访谈中同时也认为:"我们认为,可能在落实行政机关负责人出庭应诉这方面还有待加强。我们建议把这个行政机关负责人出庭应诉纳入政府对相关行政机关的目标绩效考核,这样也许可能会改善这个不出庭的现象""有时候涉及理解上的,如行政机关认为正确的,而立法机关认为不对的情况,我觉得应该以司法审查作为基本办事的依据""还是需要进一步落实到位""说到这点就不得不提一下司法独立问题,要去司法行政化、地方化。司法审查是个好制度,但我国目前没有采取这个。而我国目前审判权独立现状不容乐观,要大力推进司法改革,核心是要解决司法审判问题""要大力对抽象行政决策的有限审查"等,表明了E市司法监督机制体制还需要进一步完善。

6. E市政府依法行政制度性保障逐步建立健全,但在绩效管理和责任追究落实等依法行政保障制度的执行上需要进一步强化。

E市法制办副主任、原政法委书记在访谈中谈道:"我市成立由市委书记和市长任组长,市四大班子有关领导为副组长,各乡镇、部门主要负责人为成员的

E 市依法治市领导小组,E 市依法治市领导小组每年均定期召开领导小组会议,研究部署工作,推动工作落实。各乡镇、部门成立对应机构,确保县乡两级工作无缝对接,形成了党委统筹领导、系统垂直推进、部门各司其职的领导体系和推进机制;逐一压实党委、政府、人大、政协、司法机关、乡镇部门责任,层层签订依法治市目标责任书,各司其职推动宣传教育、监督检查、依法治理等工作,做到人人肩上有担子,个个身上有责任;每年落实 28 万元作为依法治市专项工作经费,全力保障工作运转。同时,将依法治市工作纳入年终目标考核,开展专项督促检查 10 次,及时召开推进会议,保证年度任务顺利完成”“现在大多是实行签字责任制,努力做到严禁侵害行政相对人合法权益。”表明了 E 市依法行政制度性保障逐步建立健全。

但是,E 市法制办副主任、乡长、镇长、行政审判庭庭长、2 名执业律师、2 名法学教授和 L 市政协常委在访谈中同时也认为:“在实际工作中,一些良好的制度落实还很不到位”“有追究,只是有些不到位”“传统执法部门比较规范,大部分还是相对较差。所以,我个人建议就是加强学习,是真正的学习,而不是走过场”“责任的追击和落实,有些问题根本落实不到领导身上,下面的人就把它顶了,所以下面的人就比较反感。责任追究要真真正正地落实到领导上,首长责任制”“还是有,这个是业务人员素质问题。比如,有些事情自己没有权力的话,你要给老百姓解释清楚并且告知他们去哪找相关的权力部门或有资格的部门”“还是需要进一步落实到位。如公安,你来报案,我先不立案,破案后再去立案,100% 立案。所以说,考核的机制不好,可能就会把人憋聪明,憋坏”“如果把执法过程作为一个绩效考核来看的话,我们这目前是没有的,也不知道其他部门有没有”“行政执法保障方面,特别是有重大执法职能部门要更加重视执法能力素质培养,首先要自己执法懂法再谈执法。同时要准确定位它的价值取向,把监督回归到司法制度体系中来,要加强司法建设,信访制度在很大程度上干扰了司法规范”等,表明了 E 市在绩效管理和责任追究落实等依法行政保障制度的执行上需要进一步强化。

四川省Y县依法行政第三方评估报告

中共凉山州委党校课题组*

2017年9月25日至26日，评估组在Y县通过调查问卷、深度访谈等方式开展评估工作。此次评估，共收集有效调查问卷200份，深度访谈9人。评估报告以调查问卷的统计分析为基础，结合深度访谈所获得的信息综合分析得出。

一、Y县依法行政第三方评估结论

（一）Y县依法行政成效分析

十八大以来，尤其是党的十八届四中全会后，在全面依法治国战略背景下，Y县党委政府非常重视依法治县，领导的法律意识不断提高。依法行政工作得到了县委、政府领导的重视，工作作风有所转变，政府及其工作人员依法行政工作取得了一定成效。评估组在综合深度访谈内容与问卷调查分析的基础上得出这一结论。

1. 规范性文件得到统一管理和审查，依法行政工作可操作性增强

县委政府多次开会强调在发文和执法时要坚持依法办案、程序到位，县级重大决策和各单位发文都要经过法制办等机构审查把关。虽然县上的立法权很小，但是所有的行政权力要在监督平台上依法公开，纪监部门也会进行监督。

2. 不断拓展监督广度，公正合法得到保证

一方面，行政机关、法检两院都能自觉地接受人大、政协的监督，监督方式主要有主动汇报、调研评议、重点督办等。另一方面，初步形成监督列会制度。自最高人民法院和最高人民检察院出台了“全程留痕”规定之后，没有出现过县领导打招呼和干预办案，司法公正性得到较好的保护，司法部门认为Y县的

---

* 凉山州委党校课题组：课题组负责人胡澜；课题组成员：秦国俊、薛昌建、尚培霖、李连秀。

司法公正水平正在逐步提升。

3. 着力加大培训力度，执法水平得到提升

特别重视公务员队伍的岗前业务培训和法律知识培训，公安、工商、税务、城管等执法部门能做到依法行政、合理行政。全县每年行政案件在 500 件左右，都没有发现错案。每年的行政诉讼案件只有 4 ~ 8 件，纪委查处的违法案件中几乎没有行政违法的，近两年也没有发生较大的群体性事件。

4. 提高公共服务水平，高效便民得到改善

党的十八大以来，Y 县政府公共服务有较大的改善，政务中心设施日趋完善，各乡镇也相继设立了便民服务中心。党的十八届四中全会以后，Y 县严格落实行政审批制度改革，建立了简政放权机制，所有的行政审批部门都集中到政务中心统一办理。同时，在政务中心设置了电子屏幕和公开栏，方便群众及时了解政务信息；法检两院和公安机关的大门口都有公告栏，政府官方网站也可以查询案件的办理进展情况。深度访谈的受访者均表示，现在办事环节减少了，成本降低了，也更加高效了，是最满意的改革之一。

调查问卷第 3 题的调查目的是分析行政审批改革在 Y 县的具体落实情况。调查结果显示，选择“行政许可和审批事项大幅减少，办事效率明显提高”和选择“行政许可和审批事项得到了清理，但办事程序烦琐，办事效率不高”两个肯定性选项的结果分别为 42.5%、33%，也就意味着有近六成的受访者感受到了新一轮行政审批改革无论是在减少审批事项上还是在办事程序简化上的实质性转变。第 4 题分析 Y 县政务服务中心或乡镇便民服务中心的运行状况，判断其行政审批是否能做到高效便民。调查结果显示，51% 受访公众认为政务服务中心或乡镇便民服务中心“办事流程简化，比较方便”，认为“办事流程不变，办事效率低下”的仅占 9%，表明 Y 县便民服务中心总体上能按依法行政的要求，做过扎实而具体的工作，能得到相当部分服务对象的肯定。说明该县的公共服务水平有所提高，高效便民有所实现。

（二）Y 县依法行政亟须重视的问题

评估组通过认真分析调查问卷和深度访谈内容，分析得出 Y 县政府依法行政的总体状况并不理想。民族地区的传统习俗和固有特点使 Y 县政府的依法行政工作面临矛盾和困境。Y 县依法行政亟须重视的问题主要有：

1. Y 县行政决策的公开度、透明度较低，信息公开工作不到位

评估组在综合分析调查问卷第 5 题、第 6 题、第 7 题基础上得出这一结论。

调查问卷第 5 题分析政府政务公开和信息公开的状况。调查结果显示，

59%的受访者选择“不知道”可以到本地区政府官网上查找需要的政府信息,说明民族地区群众受教育程度低,要么政府认为不必要公开政府信息,或者公开了,但因种种原因群众未能知晓。同时也表明,Y县政府政务公开和信息公开工作远未做到位,如何改善公开的方式、方法,提高群众的知晓度应当是该县政府政务公开和信息公开工作亟待解决的问题。

从调查问卷第6题和第7题可知,对Y县政府作出事关民生或环境保护的重大决策所经历的听证程序,有32%的受访者表示“没有举行听证”;对于政府在作出重大行政决策时是否征求社会公众的意见,有55%的受访者表示“公开或偶尔公开”,不公开的占29%,说明普通民众对政府决策知之甚少。要么是有的群众法治意识不强,不关心,要么想关心,但是没有渠道和方法,说明重大行政决策过程中公开听取公众意见还没有普遍推行或者没有公开进行,当然也可能较少公开进行或公开报道相关信息,即便是后两种情况,也偏离了行政公开的要求。

此外,通过深度访谈,评估组认为,面对较为突出的高价嫁娶、吸毒等社会问题,Y县政府与公众沟通不足,对公众的知情权保障不充分,其开放性决策还远未达到民主的程度。

2. Y县行政机关履职质量效率需进一步提升

评估组在综合分析调查问卷第8题、第9题、第10题、第11题、第12题以及深度访谈内容基础上得出这一结论。

调查问卷第8题、第9题是针对Y县行政机关在履行职责的过程中存在的情况进行调查。调查结果显示:认为“该管的不管”和“不该管的瞎管”的为58.5%和45.5%,这表明Y县在涉及行政机关履责效率各个方面的问题都存在,而办事效率低下以及履职不积极现象较为突出。

调查问卷第10题至第12题是针对Y县行政执法职业道德规范进行的调查。调查结果显示:有63%的受访者遇到过“门难进,事难办,脸难看”的情况;有65%的受访者遇到过“相互推诿扯皮,被踢来踢去”的情况;有69.5%的受访者遇到过“办事效率低下,久拖不决”的情况。由此可见,大多数受访者认为,Y县执法机关的执法态度不好,服务意识不强,存在效率低、办事不够畅通等问题,民众与行政执法机关打交道存在重大问题。

通过深度访谈发现:政务中心有的窗口服务人员虽然要办事,但是脸色不好看,态度生硬;部门之间有相互推诿和扯皮的现象。县城和乡村的公共服务水平相差较大,边远山区的农民能享受的公共服务少,老百姓不知道办事的途径和程序。因此,提高工作效率,强化服务理念应当是 Y 县行政执法部门亟须解决的问题。在公共服务上,Y 县还要下大力气,多思考,向乡镇延伸部分服务职能机构,提高窗口服务人员的服务意识,增强政府管理的主动性和科学性。

3. Y 县行政执法机制需进一步完善

评估组在综合分析调查问卷第 13 题至第 17 题及深度访谈内容基础上得出这一结论。

调查问卷第 13 题至第 17 题是针对 Y 县行政机关及其工作人员在执法上是否存在问题进行调查。调查结果显示,受访者认为本地区行政机关及其工作人员在行政执法中,选择“存在”和“个别案件中存在”的两项之和,“执法不公”现象占 77.5%,“选择性执法”现象占 74.5%,“粗暴执法、暴力执法”现象占 65%,“多头执法、重复执法” 现象占 55.5%,“吃拿卡要”现象占 62.5%。表明 Y 县行政执法行为不规范、不公正问题较突出,需进一步加强行政执法行为的程序化规制。

在深度访谈中,有受访者提出要加强对重点执法部门的规范和管理。据了解,Y 县上访问题最多的是土地征用,违章建筑的强拆,这两项工作公安和城管都要参与,人手不够,不得不招录临时人员,而临时人员的文化层次和法律素养又难以达到依法行政的要求,因而依法行政负面评价最多的就集中在公安和城管。说明执法部门面临的困难和矛盾较多,完善行政执法机制还需努力。

4. Y 县民间纠纷多在法外解决,但行政救济渠道利用不足

评估组在综合分析调查问卷第 19 题和深度访谈调研基础上得出这一结论。

调查问卷第 19 题是针对 Y 县社会公众的合法权益受到行政违法行为侵害时所采取的救济方式进行调查。调查结果显示,78% 的受访者当遭遇行政侵权时,您是否会选择法律途径(申请行政复议或提起行政诉讼)解决纠纷,体现了党的十八大以来全面依法治国与强力反腐不仅深入人心,更带给社会公众极大的维权信心;也说明部分社会公众对 Y 县司法公正和纪检机关的信任。如果不选择法律途径解决行政纠纷,考虑的最主要原因,31.82% 的受访者认为“成本高”,25% 的受访者认为“效率低”,43.18% 的受访者认为“不管用”。

Y 县在每一个乡镇上都设立了专门的司法所,配备了专门的司法员。在平坝地区是独立的司法所,在山区则是片区司法所。都涉及争议的时候,处理都是采取“三三制”的原则,即组上调解 3 次、村上调解 3 次、乡镇上调解 3 次,如果都还未调解成功的话,就上报县上进行调解处理。

评估组通过深度访谈和调查发现,当地群众基本不爱诉讼、不善诉讼、不懂诉讼,与寻求公力救济相比,其更愿意依据习惯法选择民间权威人士定分止争。因为Y县受彝族社会的传统和习惯,通过"德古"依照民族习惯进行民间调解的方式广泛适用于彝族地区百姓当中。但群众法治意识淡漠,对行政复议不了解或对政府公信力不认同,或者由于德古协调解决绝大多数行政争议纠纷而不进入正式诉讼阶段,民间纠纷多在法外解决。

5. Y县普法宣传教育工作亟待加强

评估组在综合分析调查问卷和深度访谈内容基础上得出这一结论。

尽管Y县政府也在积极探索彝族地区法制教育宣传模式。比如,司法局组织流动宣传车,在"6·26""12·4"等主题宣传日、逢年过节、乡镇赶场时,在主要的街道和广场滚动播放法律知识,而且是用民族语言。但是,评估组在发放调查问卷的过程中发现,Y县的山区有相当一部分群众不识字,青壮年基本上处于半文盲状态,这种现状离我们对公众受教育程度的期望差距过大。不仅如此,因传统习惯法根深蒂固,民众对国家法律及法院的认知度、信任度很低,都成为Y县普法教育工作及法治建设中的困境。

通过深度访谈调研,评估组得出的结论是Y县群众受教育程度较低,普法教育工作远远没有落实到位,主要表现在公务人员没有较高的法律素养以及普通群众缺乏基本的法律意识。如何针对民族地区的现实,破解困境是急迫课题。

(三)加强和改进Y县依法行政工作的建议

评估组通过分析所获取的基础数据,认为Y县政府在推进依法行政上按照中央和省委、省政府的部署做了大量的工作,依法行政的整体状况有所改进,但不可否认的是Y县政府及其职能部门的依法行政状况与法治政府建设的要求及当地民众的期望还有一定差距。为提高Y县政府依法行政水平,提升政府公信力,提出以下工作建议:

1. 领导干部要加强学习,切实提高依法行政意识

现实中,领导的工作理念和方式无疑对行政机关的工作效果产生着直接且重要的影响,因此,增强领导干部依法行政理念对推动法治政府建设是首要任务。Y县依法行政的现实状况表明,当地领导干部的工作理念和法治观念亟待提高。只有领导干部高度重视依法行政的重要作用、将依法行政作为日常工作的重点,以上率下模范践行,才能有效解决Y县当前依法行政工作面临的困惑和难题。

一是树立坚定的法治理念，以信念上的坚定带动行为上的自觉，以行为上的自觉维护法治的尊严。领导干部要定期集体学习法律制度。将法治讲座纳入各级各部门中心组学习内容，通过“头脑风暴”促使领导干部切实在思想上强化法治意识，牢固树立法治思维，自觉带头尊法、守法、学法、用法，不因日常工作繁忙而忽视或弱化，使法治理念真正能在日常工作中加以体现和深化。

二是建立科学合理的绩效考核评价体系。加强依法行政目标考核工作力度，考核方式要由原来的内部考核、层级考核为主逐步增加社会评价、第三方评估等内容，让普通民众的知情权、参与权、监督权真正得到落实；考核内容要逐步从主观意愿较为浓厚、内容相对单一的满意度评价向以客观要素为主同时结合满意度评价的多层级评价内容转变，增加服务型政府的指标权重，引导各级领导干部树立正确的工作理念；进一步转变行政问责工作机制，使行政问责常态化、公开化，真正发挥其惩处功能、指引功能和监督功能，用制度的力量推动依法行政由被动转为主动。

2. 严格履行法定程序，确保决策的科学性和民主性

一是建立以公众参与为重点的决策方式，增加公众对行政决策的直接参与度，提高行政决策的民主性。这就要求 Y 县行政机关不仅要对行政决策中的相关事项进行公开且让公众参与，而且要对行政决策前、决策中及决策后的相关事项进行公开，让公众参与进来表达意见，进行直接监督，以实现行政决策的民主化。尤其要重视决策作出前征求民意或民意代表的程序。

二是建立和完善以专家咨询制度、听证制度和调查研究制度、评估论证制度为重点的行政决策方式，保障行政决策的民主化和科学化。为使这些制度在决策中真正发挥其作用和价值，应当确立专家咨询意见、听证结果、调研结果、评估结果一定的地位，落实行政决策责任机制，使决策权利与义务、责任相一致。

3. 继续加大政府信息公开力度，加强与民众的沟通能力

法治政府应当是透明政府。Y 县政府要把公开透明作为政府工作的基本制度和依法行政的重点工作来抓。

一是切实深化政务公开，完善各类办事公开制度，健全政府信息发布制度，推进权力行使依据、过程、结果公开，切实保障人民群众的知情权、参与权、表达权和监督权。政府全体会议和常务会议讨论决定的事项，除了依法不予公开的，应当及时公布。凡涉及公共利益、公众权益、需要广泛知晓的事项和社会关切的事项以及依法需要公开的事项，均应通过政府网站、新闻发布会、报刊、电视、广播等渠道，依法及时、全面、准确、具体地向社会公开。

二是做好公安、国土、规划、行政执法等与群众生产生活关联性较强领域的依申请公开的工作,降低政府信息公开案件的纠错率和败诉率。尤其是要针对民族地区实际问题,探索得力措施提升与公众沟通的能力,切实增强公开的广度、力度和实效。

4. 深化行政执法体制改革,健全行政执法和刑事司法衔接机制

一是进一步规范执法主体,界定执法权限。建立要求具体、期限明确、责任落实的执法流程,全面落实行政执法公开、亮证、告知、听证、说明理由、回避等程序规定,解决执法随意、执法错位等问题,保障执法公正;建立定期专业及法律知识培训,提升执法人员的业务素质,促进政府行政执法工作质量提升。

二是落实各项制度,提升服务质量。全面落实行政执法责任制,严格确定不同机构、岗位执法人员执法责任和责任追究机制。要加强行政人员业务培训和职业道德教育,倡导、培育良好工作作风;要建立科学的奖惩机制,增强工作动力,提高公务人员的工作积极性;严格按照岗位责任制、限时办结制、公开承诺制、首问责任制、一次性告知制、否定事项报告制、失职责任追究制等要求,明确职责,提高行政服务水平和效率,推动民族地区服务型政府建设。

5. 加强普法宣传教育工作,引导社会向法治文明迈进

一是鼓励多形式、多渠道地开展普法教育和法制宣传工作,提高公众法律素养。实行“谁执法谁普法”的普法责任制,推动全社会树立法治意识,引导全民自觉守法、遇事找法、解决问题靠法。认真落实“法律七进”工程,加强对中小学生、进城务工农民、农村家支头人和留守妇女、老人的宣传教育。建议由司法局、法制办牵头,制作彝语的、乡土化、接地气的地方典型案件专题片和法制宣传微电影,编排法制宣传小品、相声等,用群众喜闻乐见的内容和形式,结合文化下乡,到彝区村寨开展法制宣传,提高彝区群众对国家法律及政府、法院等职能部门的认知度和信任度。民众法律素养的提高,可以为依法行政提供源源不断的社会监督,促进政府依法行政工作的良性发展。

二是提高法制部门为民服务的能力。Y县是彝族聚居区,民族习惯法在彝民心中根深蒂固,德古作为习惯法的重要传承者和执行者,他们在彝区社会中的作用不能忽视。在“大调解”工作思路下,有关部门应当加强对德古的法制培训,着力强化他们的国家法意识,通过制度约束和激励,规范他们的民间调解行为,培养他们成为彝族群众中国家法的宣传员和解读者,通过“再造”引导他们向现代法治文明的方向发展。与此同时,法院及其他执法部门也应当加强对公务人员适应民族地区工作能力的培训,只有真正做到服务群众,才能赢得群

众的信赖,政府公信力才能够得到提高。

二、Y 县依法行政第三方评估调查问卷分析

对 Y 县开展的依法行政第三方评估问卷调查,采取调查人员与调查对象一对一的方式进行,有效问卷共计 200 份。调查问卷一共设计了 20 个调查问题(其中第 5 题和第 19 题是逻辑关联题,加上衍生出来的 2 个题,实际题目数量为 22 个),这里结合每个调查问题及其统计结果展开分析。

1. 您对本地区哪些行政机关依法行政的状况感到满意?(可多选)

A. 发展改革委(或局)　B. 税务　C. 公安
D. 民政　E. 国土资源　F. 住房和城乡建设
G. 文化教育　H. 工商行政管理　I. 安全生产监管
J. 食品药品监管　K. 环境保护　L. 城管执法
M. 质量监督检验检疫　N. 交通运输　O. 人力资源和社会保障

本题设计的调查目的:由受访群众对 Y 县各主要政府组成部门的依法行政状况进行评价,从各部门的数据总和分析 Y 县依法行政的总体状况。

调查选择了发展改革委(或局)、税务、公安、民政、国土资源、住房和城乡建设、文化教育、工商行政管理、安全生产监督、食品药品监管、环境保护、城管执法、质量监督检验检疫、交通运输、人力资源和社会保障 15 个主要职能部门,由受访群众对其依法行政状况进行评价,通过分析受访群众对各个职能部门依法行政状况的满意度以及分析受访群众对各个职能部门的“依法行政情况比较好”进行选择的总次数与可选择机会的总次数(200 × 15 = 3000 次)的比率关系分析 Y 县政府依法行政的总体状况。

表 1-1　受访者对各职能部门依法行政状况评价总体选择计数和百分比

选　项	选择计数		个案百分比(%)
	个　数	百分比(%)	
发展改革委(或局)	32	5.7	16
税　务	64	11.5	32
公　安	75	13.5	37.5
民　政	72	12.9	36
国土资源	23	4.1	11.5

续表

选　项	选择计数		个案百分比(%)
	个　数	百分比(%)	
住房和城乡建设	28	5.0	14
文化教育	67	12.0	33.5
工商行政管理	32	5.7	16
安全生产监管	20	3.6	10
食品药品监管	32	5.7	16
环境保护	31	5.6	15.5
城管执法	13	2.3	6.5
质量监督检验检疫	12	2.2	6
交通运输	28	5.0	14
人力资源和社会保障	28	5.0	14
总　计	557	99.8	278.5

注:上述“选择计数”列中的“百分比”为各选项次数除以各个选项全部被勾选的总次数,该“百分比”的总和等于100%。最后一列“个案百分比”中的数值为各选项被勾选的次数除以有效观察值人数,在多选题中此列百分比总和通常会大于100%。多选题次数分布表要以“个案百分比”列数值来诠释较为贴切。

由表1-1可知,受访者对公安、文化教育和税务三部门的依法行政相对比较满意,分别为37.5%、33.5%、32%,而对城管执法、质量监督检验检疫部门感到满意的受访者较少,分别仅有6.5%和6%。受访群众进行选择的总次数为3000次,可选次数为557,二者比率为18.6%。

由表1-1统计结果可以得出以下两个结论:

一是受访者对于政府各个职能部门依法行政状况满意度较低。在对行政机关依法行政做得较好进行评价时,最高比例仅有37.5%,没有一个部门满意度超过40%,且10%~30%占绝大多数,这说明受访者感到满意的部门比例低,这些行政机关依法行政工作做得不够好,还有很大的提升空间。

二是从整体而言,Y县的依法行政总体状况还不够好。按照系统论的观点,整体是由各个子系统构成的,子系统的总和只能是小于或等于整体,本题的调查结果中所有受访者选择“依法行政情况比较好”的总次数为557次,而受访者可以选择“各部门依法行政较好”的机会总次数为3000次,两者比率只有

18.6%,还有81.4%的选择机会而受访者并未选出“做得好”的部门。可见,Y县政府的依法行政状况总体情况有待提高。

2. 您认为下列哪些因素对行政机关及其工作人员的执法行为具有较强约束力?(可多选)

A. 法律法规　　B. 红头文件(主要指政策)　　C. 领导批示和指示

D. 道德观念　　E. 社会舆论和评价

本题的调查目的在于分析行政机关工作人员作出行政行为的原动力,是将行政法的法源作为行政行为的首要因素还是依据其他非行政法法源的因素作出,如果是前者为首要因素那么行政行为的作出基本属于依法行政模式;反之则属于人治的范畴,社会公众作为行政行为的直接作用者和直接观察者,他们的切身感受能够较为真实地反映调查结果。

表2-1　受访者对行政机关工作人员行政行为约束因素总体选择计数和百分比

选　项	选择计数		个案百分比(%)
	个　数	百分比(%)	
法律法规	124	30.9	62.0
红头文件(主要指政策)	73	18.2	36.5
领导批示和指示	83	20.7	41.5
道德观念	55	13.7	27.5
社会舆论和评价	66	16.5	33.0
总　计	401	100.0	200.5

注:上述“选择计数”列中的“百分比”为各选项次数除以各选项全部被勾选的总次数,该“百分比”的总和等于100%。最后一列“个案百分比”中的数值为各选项被勾选的次数除以有效观察值人数,在多选题中此列百分比总和通常会大于100%。多选题次数分布表要以“个案百分比”列数值来诠释较为贴切。

由表2-1可知,有占到62%的受访者选择法律规范对行政机关工作人员行政行为的约束力最强,这说明Y县政府基本符合依法行政的要求,作出行政行为考量的首要因素是法律规范。同时我们也注意到受访者中没有选择“法律规范”的比例也有近40%,这说明还有相当比例的受访者对县政府能否真正做到依法行政存有疑虑;排在第二位的是领导批示、口头指示,比例为41.5%,说明在Y县范围内,领导干部采取什么样的工作方式对政府依法行政的状况具有显著的影响,领导干部的批示和口头指示具有明显的人治特征,如果Y县政府要推进依法行政,还需进一步强化领导干部依法行政意识,转变工作方式、提高法治思维水平、提高用法治手段解决问题的能力;排在第三位的是红头文件(或政策),比例为36.5%,这说明红头文件(或政策)作为传统行政方式依然具有较大的影响力,这与政府依法行政的要求有一定差距,Y县需进一步清理红头文件,明确效力和执行时效,进一步实现依政策行政向依法行政的转变;排在第四位的是社会舆论和评价,比例为33.0%,说明当前社会公众和各类媒体对于行政行为的关注和监督具有一定的影响力,这符合以公民权利制约公共权力的法治理念,反映出Y县政府在公众和舆论关注下开始注意社会关切,回应社会意见。选择道德观念的比例为27.5%,说明有超过八成的受访者不认同道德观念会对行政行为具有约束力,这反映在Y县受访公众中要么认为行政人员的整体道德水平不高,道德约束无法发挥作用,要么认为道德观念是软约束,无法真正约束和制约行政权力和行政行为。

结论:在受访公众看来,Y县政府作出行政行为的原动力基本源于法律法规,但是其他非法律因素的影响力也相当大,具有从人治向法治过渡的特征,基本符合我国当前政府推动依法行政模式的基本状况。值得进一步说明的是,Y县依法行政状况明显地具有自身的特点:从问卷统计结果可看出,其法律规范对行政行为的约束力虽然相对其他因素较强,但比例较低,领导批示、口头指示等其他因素影响行政行为力量巨大。而社会舆论和评价作为现代社会公民制约行政行为的重要方式,其作用的发挥,有待加强。

3. 您认为目前本地区行政审批制度改革的状况是?(单选)

A. 行政许可和审批事项大幅减少,办事效率明显提高

B. 行政许可和审批事项得到了清理,但办事程序烦琐,办事效率不高

C. 行政许可和审批事项得到了清理,但改头换面,明减暗增

D. 行政许可和审批事项没有得到清理,与以前差不多

本题的调查目的在于分析行政审批改革在Y县的具体落实情况,新一轮行政审批改革的核心要义是减政放权,大幅减少前置审批和许可数量,提高社会和市场活力,根治"明减暗增""边减边增""捉迷藏""掺水分"等顽疾,新一轮行政审批的实际效果如何关键在落实,而社会公众和组织作为行政审批改革的最终承受者和直接受益者,他们的切身感受能够较为真实地反映新一轮行政审批改革的实际效果。

表 3－1　受访者对行政审批制度改革总体选择计数和百分比

选　项	选择计数		个案百分比(%)
	个　数	百分比(%)	
行政许可和审批事项大幅减少，办事效率明显提高	85	42.5	42.5
行政许可和审批事项得到了清理，但办事程序烦琐，办事效率不高	66	33.0	33.0
行政许可和审批事项得到了清理，但改头换面，明减暗增	22	11.0	11.0
行政许可和审批事项没有得到清理，与以前差不多	27	13.5	13.5
总　计	200	100.0	100.0

从表 3－1 可以看出，受访者选择“行政许可和审批事项大幅减少，办事效率明显提高”的比例为 42.5%，选择“行政许可和审批事项得到了清理，但办事程序烦琐，办事效率不高”的比例为 33%，选择“行政许可和审批事项没有得到清理，与以前差不多”的比例为 13.5%，选择“行政许可和审批事项得到了清理，但改头换面，明减暗增”的比例为 11%。将选择“行政许可和审批事项得到了清理，审批事项大幅减少”的比例 42.5% 和选择“行政许可和审批事项得到了清理，但办事程序烦琐，办事效率不高”的比例 33% 两个肯定性选项的结果相加为 75.5%，也就意味着有七成的受访者感受到了新一轮行政审批改革无论是在减少审批事项上还是在办事程序简化上的实质性转变，但同时我们也注意到负面性选项“行政许可和审批事项没有得到清理，与以前差不多”的比例为 13.5%，这说明还有相当数量的受访者没有直接感受到新一轮行政审批改革的效果，而选择负面性选项“行政许可和审批事项得到了清理，但改头换面，明减暗增”的比例仍然有 11%，这说明行政审批改革的力度还需进一步加大，避免出现改革死角和反复。

结论：Y 县在推进新一轮行政审批改革中采取了比较有力的举措，行政审批的事项数量得到了减少，简化了办事程序，提高了办事效率，但同时应将工作重点放在如何突出改革实效、提高工作效率上，消除改革死角和避免出现反复，使人民群众能真正从改革中感受到政府的决心和行动力。

4. 您去本地区的政务服务中心或乡镇便民服务中心办事，同过去相比，现在的情况是？（单选）

A. 办事流程简化，办事效率提高　　B. 办事流程不变，办事效率一般

C. 办事流程不变,办事效率低下　　　D. 办事流程烦琐,办事更加困难

本题的调查目的在于分析政务服务中心是否高效便民。如果地方政府把行政审批、行政许可纳入政务服务中心和乡镇便民服务中心,权限清晰、项目规范、流程优化、时限明确,按时办结,则达到了高效便民的要求。社会公众作为行政审批的直接服务对象和观察者,他们的切身感受能够较为真实地反映调查结果。

表 4-1　受访者对政务服务中心或乡镇便民服务中心办事遇到的情况总体选择计数和百分比

选　项	选择计数		个案百分比(%)
	个　数	百分比(%)	
办事流程简化,办事效率提高	102	51.0	51.0
办事流程不变,办事效率一般	45	22.5	22.5
办事流程不变,办事效率低下	18	9.0	9.0
办事流程烦琐,办事更加困难	35	17.5	17.5
总　计	200	100.0	100.0

由表 4-1 可知,有占 51% 的受访者选择在政务服务中心或乡镇便民服务中心办事遇到的情况为"办事流程简化,办事效率提高",这说明 Y 县政务服务中心或乡镇便民服务中心总体上能按依法行政的要求,做过扎实而具体的工作,能得到相当部分服务对象的肯定。同时,我们注意到还有接近五成的受访者并不认同政务服务中心"办事流程简化,办事效率提高",可见,Y 县在高效便民方面还有较大差距,还需要做较多改进工作;排在第二位的是"办事流程不变,办事效率一般",比例为 22.5% 。说明 Y 县政务服务中心或乡镇便民服务中心在"高效"和"便民"上还有进一步提高的空间,这需要有关方面积极回应公众的合理意见和建议,切实推进政务服务中心或乡镇便民服务中心的软硬件建设;排在第三位的是"办事流程烦琐,办事更加困难",比例为 17.5% ,说明 Y 县政务服务中心或乡镇便民服务中心需要进一步完善流程设计,提高办事效率。"办事流程烦琐,办事更加困难"和"办事流程不变,办事效率低下"这两类受访者的总和占比达到 26.5% ,说明 Y 县政务服务中心或乡镇便民所的工作尚未得到公众普遍认可,还应加快改革步伐,以回应公众的期望。排在最后一位的是"办事流程不变,办事效率低下",选择此项的比例低至 9% ,说明在 Y 县

范围内,超过九成的受访者认为政务服务中心或乡镇便民服务中心存在的问题是客观的,而且主要是设施、体制或机制自身的问题,因此,需要不断检视这些问题,并进行富有成效的改革,才能真正达到“高效”“便民”的目的。

结论:在受访公众看来,Y县政务服务中心或乡镇便民服务中心在提高行政审批高效便民方面虽作出了较多的努力,但与公众的要求还有相当大的差距。这一方面与国家层面行政审批制度改革的逐步推进和社会公众的心理预期较高等有一定的关系,另一方面因彝族群众文化程度低、语音障碍等因素的影响,但行政审批高效便民是建设法治政府和服务政府的重要环节,Y县各政务服务中心和乡镇便民中心还应在完善设施、优化服务、简化流程、提高效率等方面加大工作力度,提升实际效果。

5.(1)您是否知道可以到本地区政府官网上查找需要的政府信息?(单选)

A.知道　　　　　　B.不知道

这只是一个基本概况了解题,本题的调查目的在于分析公民对于当地政府公开信息的收集查询。一方面,考察当地政府的公开信息的渠道是否搭建畅通;另一方面,考察公民对于政府公开信息的监督意识。确定受访者拥有获取相关信息的知情权,了解Y县受访者的法制意识和法制观念,进而了解本地依法行政的状况。

表5(1)-1　受访者对是否知道可以到本地区政府官网上查找需要的政府信息总体选择计数和百分比

选　项	选择计数		个案百分比(%)
	个　数	百分比(%)	
知道	82	41.0	41.0
不知道	118	59.0	59.0
总　计	200	100.0	100.0

由表5(1)-1可知,41.0%的受访者知道到本地区政府官网上查找需要的政府信息,59.0%的受访者不知道到本地区政府官网上查找需要的政府信息。

这一调查结果中选择“不知道”从当地政府官网上查询相关的政府信息的达到了六成,占压倒性的优势。这一方面说明受访者的信息收集能力较弱和信息收集意识较为淡化,另一方面也说明当地的政府需要公开的信息多数都是通过传统的张贴栏等进行信息的公开,而对于政府官网的建设和使用相对弱化。

结论:从调查结果来看,Y 县政府对外信息的公开力度相对较小,近一半的受访者还不知道可以从当地的政府官网查询所需要的政府信息;再者,民众的监督意识相对较弱,监督权还未较为良好地发挥。因此,为了营造使社会公众较为信服的法治环境,为民众提供适当的对外信息公开渠道,当地政府有必要加强信息的宣传和普及工作。

5.(2)当您到本地区政府官网上查找你所需要的政府信息时,您遇到的情况是?(单选)

A.能够方便地查找到相关信息

B.能够查找到相关信息,但是很费劲

C.能够打开相关链接,但是查找到的相关信息不完整

D.不能查找到相关信息

本题的调查目的在于分析公民知道从当地的政府官网上查找需要的政府信息时所遇到的情况。这道调查题目与第 5(1) –1 题是姊妹题,是逻辑关联题,当第 5(1) –1 选择“会”的时候就会出现第 5(2) –1 题,因此,本题的答题人数较少,总共只有 82 人答题。

表 5(2) –1 受访者对政府官网查找信息时遇到情况的总体选择计数和百分比

选　项	选择计数		个案百分比(%)
	个　数	百分比(%)	
能够方便地查找到相关信息	30	36.6	36.6
能够查找到相关信息,但是很费劲	19	23.2	23.2
能够打开相关链接,但是查找到的相关信息不完整	32	39.0	39.0
不能查找到相关信息	1	1.2	1.2
总　计	82	100.0	100.0

由表 5(2) –1 可知,仅有 42% 的受访者不选择法律途径解决行政纠纷。82 个有效数据里面,有 39.0% 的受访者认为“能够打开相关链接,但是查找到的相关信息不完整”,排在第一位;排在第二位的是“能够方便地查找到相关信息”,占 36.6%,排在第三位的是“能够查找到相关信息,但是很费劲”,占 23.2%,排在末位的是“不能查找到相关信息”,占 1.2%。

这一调查结果的出现，原因可能有三：第一，政府网站的建设和使用没有跟上信息公开的需要步伐；第二，受访者自身的计算机能力和水平相对较弱；第三，政府相关信息选择性地予以公开，信息不全面。

结论：从调查结果来看，Y 县政府的官网信息查询时遇到情况可以说明，政府官网信息公开的渠道还没有让每一个人都熟悉了解。因此，Y 县在做好行政纠纷的法律解决途径的宣传推广的时候，要抓住这些关键，重点突破，以期营造了使社会公众较为信服的法治监督环境，提高民众对政府官网信息公开公信力的高度认同。

6. 据您所知，本地区政府在作出事关重大民生或环境保护方面的决策时，是否公开举行了听证？（单选）

A. 举行了公开听证　　B. 没有举行公开听证

C. 个别情况下举行了公开听证

本题调查目的在于考察四川省依法行政指标体系中决策行为的规范化问题。行政决策是政府在社会管理活动中经常运用的重要手段。政府重大民生和环保行政决策时举行听证，能保证行政决策更符合民意，也能推动行政决策更好地实施。行政机关是否科学民主依法决策关涉到行政机关依法行政的能力，尤其决策之时，是否公开听证，直接决定了决策的公开透明性以及政策的落地效果，也会影响决策实施的效果。行政机关在做重大决定尤其关涉民众利益的重大决定时真正听取民众意见，真正做到民众参与，将提升决定的后续执行效率，也是行政机关依法行政能力提升的表现。

表 6－1　受访者对当地政府是否举行听证情况的总体选择计数和百分比

选　项	选择计数		个案百分比(%)
	个　数	百分比(%)	
举行了公开听证	55	27.5	27.5
没有举行公开听证	64	32.0	32.0
个别情况下举行了公开听证	81	40.5	40.5
总　计	200	100.0	100.0

由表 6－1 可知，排在选择位序第一位的是“个别情况下举行了公开听证”，占到 40.5%；排第二位的是“没有举行公开听证”，占 32.0%；排第三位的是“举行了公开听证”，占 27.5%。由此可见，Y 县行政机关在作出重大决定时注重

听取社会公众意见,但力度和成效还不明显,"个别情况下举行了公开听证"与"举行了公开听证"过半。这说明Y县在贯彻落实党的十八届四中全会精神,扩大民众参与重大行政决策方面做了很多工作。另外"没有举行公开听证"的占32%,说明了要么是有的群众法治意识不强,不关心;要么想关心,但是没有渠道和方法。说明重大行政决策过程中公开听取公众意见还没有普遍推行或者没有公开进行,当然也可能较少公开进行或公开报道相关信息,即便是后两种情况,也偏离了行政公开的要求。

结论:在受访民众看来,Y县的重大决策民众参与与民众的期望仍存在一些差异。Y县政府要尽快转变观念,增强行政决策的公众参与意识,进一步推进政务公开和重大行政决策中的公众参与工作。对于关涉群众自身利益的重大决策,应该积极主动地公开、公示,并提供多种群众参与重大决策和意见表达的平台和渠道,如问卷调查、听证会、网络民意调查等多种方式,当然还要进一步提高群众的法律意识和素养,尽量降低不知道和没有听说的比例。

7. 本地区政府在作出重大行政决定时,是否公开听取社会公众的意见?(单选)

A. 事前公开听取了意见

B. 事前不公开听取意见,事后公布了行政决定

C. 偶尔公开听取意见

D. 事前既不公开听取意见,事后也不公开行政决定

本题调查目的在于考察四川省依法行政指标体系中决策行为的规范化问题。行政决策是政府在社会管理活动中经常运用的重要手段。政府重大行政决策时公开听取社会公众意见,能保证行政决策更符合民意,也能推动行政决策更好地实施。行政机关是否科学民主依法决策关涉到行政机关依法行政的能力,尤其决策之时,是否听取公众意见,直接决定了决策的公平性,影响决策实施的效果。行政机关在做重大决定尤其关涉民众利益的重大决定时真正听取民众意见,真正做到民众参与,将提升决定的后续执行效率,也是行政机关依法行政能力提升的表现。

表7-1　受访者对行政机关在作出重大决定时是否公开听取社会公众的意见的情况的总体选择计数和百分比

选　项	选择计数		个案百分比(%)
	个　数	百分比(%)	
事前公开听取了意见	49	24.5	24.5
事前不公开听取意见,事后公布了行政决定	58	29.0	29.0
偶尔公开听取意见	61	30.5	30.5
事前既不公开听取意见,事后也不公开行政决定	32	16.0	16.0
总　计	200	100.0	100.0

由表7-1可知,排在选择位序第一位的是"偶尔公开听取意见",占30.5%;第二位是"事前不公开听取意见,事后公布了行政决定",占29.0%;"事前公开听取了意见"占24.5%;"事前既不公开听取意见,事后也不公开行政决定"占16.0%,"偶尔公开听取意见"和"事前公开听取了意见"的选择率合计54.5%。由此可见,Y县行政机关在作出重大决定时注重听取社会公众意见,但力度和成效还不明显。"偶尔公开听取意见"和"事前公开听取了意见"合计过半,"偶尔公开听取意见"占30.5%,"事前公开听取了意见"占24.5%。这说明Y县在贯彻落实党的十八届四中全会精神,扩大民众参与重大行政决策方面做了很多工作。另外"事前既不公开听取意见,事后也不公开行政决定"的占16%,说明了要么是有的群众法治意识不强,不关心;要么想关心,但是没有渠道和方法。说明重大行政决策过程中公开听取公众意见还没有普遍推行或者没有公开进行,当然也可能较少公开进行或公开报道相关信息,即便是后两种情况,也偏离了行政公开的要求。

结论:在受访民众看来,Y县的重大决策民众参与与民众的期望仍存在一些差异。Y县政府要尽快转变观念,增强行政决策的公众参与意识,进一步推进政务公开和重大行政决策中的公众参与工作。对于关涉群众自身利益的重大决策,应该积极主动地公开、公示,并提供多种群众参与重大决策和意见表达的平台和渠道,如问卷调查、听证会、网络民意调查等多种方式,当然还要进一步提高群众的法律意识和素养,尽量降低不知道和没有听说的比例。

8. 您在与本地区行政机关打交道时,是否遇到“该管的不管”的情况?(单选)

A. 遇到过　　　　　B. 没有遇到

本题重点调查四川省依法行政指标体系中行政执法机制的完善。完善的行政执法机制需要依法界定执法权限,杜绝执法机关“该管的不管”乱象。确立责任机制有助于推进执法的效率,但也易使行政机关畏手畏脚、互相推诿、久拖不决导致执法效率下降;因此,有必要通过推进相对集中行政处罚权和综合执法,保障执法机制。本题基于此,通过考察实践中行政机关多发、易发的执法问题,来达到推进行政执法体制完善的目的。

表 8-1　受访者对行政机关“该管的不管”的情况的总体选择计数和百分比

选　项	选择计数		个案百分比(%)
	个　数	百分比(%)	
遇到过	117	58.5	58.5
没有遇到过	83	41.5	41.5
总　计	200	100.0	100.0

由表 8-1 可知,对于行政机关在履行职责的过程中存在情况,“遇到过”“没有遇到”的个案百分比分别为 58.5%、41.5%,近六成的受访者对行政机关工作人员的履职范围界限表示模糊不定,这表明 Y 县在这个方面的问题较为严重。

结论:受访民众普遍认为 Y 县行政机关履职效率较低,尤其是认为理应由行政机关负责的事项并没有完全做好,亦反映出民众其实对行政机关的要求并不高,只要政府在依法行政中履行自己应尽的职责,民众就会比较满意。

9. 您在与本地区行政机关打交道时,是否遇到“不该管的瞎管”的情况?(单选)

A. 遇到过　　　　　B. 没有遇到

本题重点调查四川省依法行政指标体系中行政执法机制的完善。完善的行政执法机制需要依法界定执法权限,杜绝执法机关“不该管的瞎管”乱象。确立责任机制有助于推进执法的效率,但也易使行政机关畏手畏脚、互相推诿、久拖不决导致执法效率下降;因此,有必要通过推进相对集中行政处罚权和综合执法,保障执法机制。本题基于此,通过考察实践中行政机关多发、易发的执法问题,来达到推进行政执法体制完善的目的。

表 9-1　受访者对行政机关是否“不该管的瞎管”的情况的总体选择计数和百分比

选　项	选择计数		个案百分比(%)
	个　数	百分比(%)	
遇到过	91	45.5	45.5
没有遇到过	109	54.5	54.5
总　计	200	100.0	100.0

由表 9-1 可知,对于行政机关在履行职责的过程中存在情况,“遇到过”“没有遇到”的个案百分比分别为 45.5%、54.5%,近六成的受访者对行政机关工作人员的履职范围界限有些辨识不清,这表明 Y 县在这个方面的问题较多。

结论:受访民众普遍认为 Y 县行政机关权责范围较为明确,但是也存在倚仗自己行政机关的身份和地位,存在权限范围交叉、管理不到位、管理越权等问题。

10. 您在与本地区行政机关打交道时,是否遇到“门难进,事难办,脸难看”的情况?(单选)

A. 遇到过　　　　B. 没有遇到

本题设计基于四川省依法行政指标体系制定,需要推行行政执法职业道德规范。调查的侧重点在于执法部门,重点考察是否存在门难进、事难办、脸难看的问题。这个问题是行政执法机关的“门面”之一,反映了执法机关依法行政的水平与品德,是四川省依法行政的一个重要方面。

表 10-1　受访者对行政机关是否“门难进,事难办,脸难看”的情况的总体选择计数和百分比

选　项	选择计数		个案百分比(%)
	个　数	百分比(%)	
遇到过	126	63.0	63.0
没有遇到过	74	37.0	37.0
总　计	200	100.0	100.0

由表 10-1 可知,从个案百分比来看,有 63.0% 的受访者在与本地区行政机关打交道时,遇到过“门难进,事难办,脸难看”的情况;37.0% 的受访者没有遇到过此种情况。

由此数据分析可以看出,由此可见,Y 县行政机关在工作效率以及办事风格上存在效率低、办事不够畅通等问题。因此,提高工作效率,强化服务理念应当是 Y 县行政执法部门亟须解决的问题。其次,63% 的受访者认为与行政执法部门打交道存在脸难看与门难进的现象,大多数人认为,执法机关的执法态度不好,服务意识不强,造成执法公信力下降。最后,仅有 37% 的受访者在与行政执法部门打交道没有遇到过“门难进,事难办,脸难看”的情况,这一选项的百分比在各选项中只占 1/3。由此可见,Y 县受访者认为与行政执法机关打交道存在重大问题。

结论:在 Y 县的受访民众看来,与行政执法部门打交道困难较大,执法部门处于执法第一线,与受访民众接触较多,因此,民众在面临处理不了的难题之时,往往归责于执法机关,有一定的感性程度。但这些感性理解也真实存在于执法过程中,需要 Y 县行政执法机关在依法行政中改变上述问题。

11. 您在与本地区行政机关打交道时,是否遇到“相互推诿扯皮,被踢来踢去”的情况?(单选)

A. 遇到过　　　　　　B. 没有遇到

本题设计基于四川省依法行政指标体系制定,需要推行行政执法职业道德规范。调查的侧重点在于执法部门,重点考察是否存在“相互推诿扯皮,被踢来踢去”的问题。这个问题是行政执法机关的“门面”之一,反映了执法机关依法行政的水平与品德,是四川省依法行政的一个重要方面。

表 11-1　受访者对行政机关是否“相互推诿扯皮,被踢来踢去”的情况的总体选择计数和百分比

选　项	选择计数		个案百分比(%)
	个　数	百分比(%)	
遇到过	130	65.0	65.0
没有遇到过	70	35.0	35.0
总　计	200	100.0	100.0

由表 11-1 可知,根据个案百分比来看,有 65.0% 的受访者在与本地区行政机关打交道时,遇到过“相互推诿扯皮,被踢来踢去”的情况;35.0% 的受访者没有遇到过此种情况。

由此数据分析可以看出,由此可见,Y 县行政机关在工作权责范围以及办事风格上存在界限不清晰、办事不够畅通等问题。因此,确定权责界限,强化部门合作应当是 Y 县行政执法部门亟须解决的问题。其次,65% 的受访者认为与行政执法部门打交道存在"相互推诿扯皮,被踢来踢去"的情况,大多数人认为,执法机关的执法态度不好,服务意识不强,造成执法公信力下降。最后,仅有 35% 的受访者在与行政执法部门打交道没有遇到过"相互推诿扯皮,被踢来踢去"的情况,这一选项的百分比在各选项中只占 1/3,由此可见,Y 县受访者认为与行政执法机关打交道存在重大问题。

结论:在 Y 县的受访民众看来,与行政执法部门打交道困难较大,执法部门处于执法第一线,与受访民众接触较多。因此,民众在面临处理不了的难题之时,往往归责于执法机关,有一定的感性程度。但这些感性理解也真实地存在于执法过程中,需要 Y 县行政执法机关在依法行政中改变上述问题。

12. 您在与本地区行政机关打交道时,是否遇到"办事效率低下,久拖不决"的情况?(单选)

A. 遇到过　　　　　B. 没有遇到

本题设计基于四川省依法行政指标体系制定,需要推行行政执法职业道德规范。调查的侧重点在于执法部门,重点考察是否存在"办事效率低下,久拖不决"的问题。这个问题是行政执法机关的"门面"之一,反映了执法机关依法行政的水平与品德,是四川省依法行政的一个重要方面。

表 12 - 1　受访者对行政机关是否"办事效率低下,久拖不决"的情况总体选择和百分比

选　项	选择计数		个案百分比(%)
	个　数	百分比(%)	
遇到过	139	69.5	69.5
没有遇到过	61	30.5	30.5
总　计	200	100.0	100.0

由表 12 - 1 可知,根据个案百分比来看,有 69.5% 的受访者在与本地区行政机关打交道时,遇到过"办事效率低下,久拖不决"的情况;有 30.5% 的受访者没有遇到过此种情况。

由此数据分析可以看出,由此可见,Y 县行政机关在工作效率以及工作方法上存在效果不理想、办事不够畅通等问题。因此,提高工作效率,改善工作方法应当是 Y 县行政执法部门亟须解决的问题。其次,近七成的受访者认为与行政执法部门打交道存在“办事效率低下,久拖不决”的情况。大多数人认为,执法机关的执法效率不好,服务意识不强,造成执法公信力下降。最后,仅有1/3的受访者在与行政执法部门打交道时没有遇到过“办事效率低下,久拖不决”的情况。由此可见,Y县受访者认为与行政执法机关打交道存在重大问题。

结论:在Y县的受访民众看来,与行政执法部门打交道困难较大,执法部门处于执法第一线,与受访民众接触较多。因此,民众在面临处理不了的难题之时,往往归责于执法机关,有一定的感性程度。但这些感性理解也真实地存在于执法过程中,需要Y县行政执法机关在依法行政中改变上述问题。

13. 您认为本地区行政机关及其工作人员在行政执法中是否存在“执法不公”现象?(单选)

A. 存在　　B. 不存在　　C. 个别案件中存在

本题的调查目的在于分析社会公众对具体行政执法行为存在问题的关注点,选项设计分别从行政行为程序、行政违法行为、行政行为结果等几方面出发,考察社会公众对具体行政执法行为的不满更多存在于程序方面、结果方面还是行政违法行为。

表13-1　受访者对本地区行政机关及其工作人员是否存在“执法不公”情况的总体选择计数和百分比

选　项	选择计数		个案百分比(%)
	个　数	百分比(%)	
存在	69	34.5	34.5
不存在	45	22.5	22.5
个别案件中存在	86	43.0	43.0
总　计	200	100.0	100.0

由表13-1可知,有43%的受访者认为本地区行政机关及其工作人员执法的个别案件中存在“执法不公”的现象,有34.5%的受访者认为本地区行政机关及其工作人员执法中存在“执法不公”的现象,有22.5%的受访者认为本地区行政机关及其工作人员执法中不存在“执法不公”的现象。

由此数据分析可以看出,七成多受访者认为“执法不公”是本地区行政机关及其工作人员执法中存在的突出问题之一。受访者认为“执法不公正”是本地区行政机关及其工作人员执法中存在的较为突出的问题,体现了本地区社会民众对此问题的重视程度,反映了社会公众对于公正执法的迫切需求,即公众不仅要求程序公正,更要求结果公正。表明了社会公众对行政执法人员道德素质、执法效率、执法手段的关注,因此,必须坚持严格规范公正文明执法。

结论:从调查结果来看,Y 县社会公众认为本地区行政机关及其工作人员的行政行为中主要存在着执法结果不公平两方面问题,即社会公众认为本地区行政执法机制不够完善,行政执法行为不够规范,需要进一步加强行政执法行为的程序化规制。

14. 您认为本地区行政机关及其工作人员在行政执法中是否存在“粗暴执法、暴力执法”现象?(单选)

A. 存在　　B. 不存在　　C. 个别案件中存在

本题的调查目的在于分析社会公众对具体行政执法行为存在问题的关注点,选项设计分别从行政行为程序、行政违法行为、行政行为结果等几方面出发,考察社会公众对具体行政执法行为的不满更多存在于程序方面、结果方面还是行政违法行为。

表 14 - 1　受访者对本地区行政机关工作人员是否存在“粗暴执法、暴力执法”情况的总体选择计数和百分比

选　项	选择计数		个案百分比(%)
	个　数	百分比(%)	
存在	63	31.5	31.5
不存在	70	35.0	35.0
个别案件中存在	67	33.5	33.5
总　计	200	100.0	100.0

由表 14 - 1 可知,有 35% 的受访者认为本地区行政机关及其工作人员执法的个别案件中不存在“粗暴执法、暴力执法”的现象,有 33.5% 的受访者认为本地区行政机关及其工作人员执法中个别案件中存在“粗暴执法、暴力执法”的现象,有 31.5% 的受访者认为本地区行政机关及其工作人员执法中存在“粗暴执法、暴力执法”的现象。

由此数据分析可以看出,近六成多受访者认为“粗暴执法、暴力执法”是本地区行政机关及其工作人员执法中存在的突出问题之一。受访者认为“粗暴执法、暴力执法”是本地区行政机关及其工作人员执法中存在的较为突出的问题,体现了本地区社会民众对此问题的重视程度;反映了社会公众对于文明执法的迫切需求,即公众不仅程序合理,更要求手段文明;表明了社会公众对行政执法人员道德素质、执法效率、执法手段的关注。因此,必须坚持严格规范文明执法。

结论:从调查结果来看,Y县社会公众认为本地区行政机关及其工作人员的行政行为中主要存在着执法不文明方面的问题,即社会公众认为本地区行政执法方式原始,行政执法行为不够规范,需进一步加强行政执法行为的程序化规制。

15. 您认为本地区行政机关及其工作人员在行政执法中是否存在“选择性执法”现象?(单选)

A. 存在　　B. 不存在　　C. 个别案件中存在

本题的调查目的在于分析社会公众对具体行政执法行为存在问题的关注点,选项设计分别从行政行为程序、行政违法行为、行政行为结果等几方面出发,考察社会公众对具体行政执法行为的不满更多存在于程序方面、结果方面还是行政违法行为。

表 15-1　受访者对本地区行政机关工作人员是否存在“选择性执法”情况的总体选择计数和百分比

选　项	选择计数		个案百分比(%)
	个　数	百分比(%)	
存在	76	38.0	38.0
不存在	51	25.5	25.5
个别案件中存在	73	36.5	36.5
总　计	200	100.0	100.0

由表15-1可知,有38.0%的受访者认为本地区行政机关及其工作人员执法的个别案件中存在“选择性执法”的现象,有36.5%的受访者认为本地区行政机关及其工作人员执法的个别案件中存在“选择性执法”的现象,有25.5%的受访者认为本地区行政机关及其工作人员执法中不存在“选择性执法”的现象。

由此数据分析可以看出,七成多受访者认为“选择性执法”是本地区行政机关及其工作人员执法中存在的突出问题之一。受访者认为“选择性执法”是本地区行政机关及其工作人员执法中存在的较为突出的问题,体现了本地区社会民众对此问题的重视程度;反映了社会公众对于执法公平的迫切需求,即公众不仅程序合理,更要求对不同受众都要公平;表明了社会公众对行政执法人员道德素质、执法效率、执法手段的关注。因此,必须坚持严格规范公平执法。

结论:从调查结果来看,Y 县社会公众认为本地区行政机关及其工作人员的行政行为中主要存在着执法不公平方面的问题,即社会公众认为本地区行政执法时不能平等对待。总之,需进一步加强行政执法行为的程序化规制。

16. 您认为本地区行政机关及其工作人员在行政执法中是否存在“吃拿卡要”现象?(单选)

A. 存在　　　　B. 不存在　　　　C. 个别案件中存在

本题的调查目的在于分析社会公众对具体行政执法行为存在问题的关注点,选项设计分别从行政行为程序、行政违法行为、行政行为结果等几方面出发,考察社会公众对具体行政执法行为的不满更多存在于程序方面、结果方面还是行政违法行为。

表 16-1　受访者对本地区行政机关工作人员是否存在“吃拿卡要”情况的总体选择计数和百分比

选　项	选择计数		个案百分比(%)
	个　数	百分比(%)	
存在	64	32.0	32.0
不存在	75	37.5	37.5
个别案件中存在	61	30.5	30.5
总　计	200	100.0	100.0

由表 16-1 可知,有 37.5% 的受访者认为本地区行政机关及其工作人员执法的个别案件中不存在“吃拿卡要”的现象,有 30.5% 的受访者认为本地区行政机关及其工作人员执法的个别案件中存在“吃拿卡要”的现象,有 32.0% 的受访者认为本地区行政机关及其工作人员执法中存在“吃拿卡要”的现象。

由此数据分析可以看出,六成多受访者认为“吃拿卡要”是本地区行政机关及其工作人员执法中存在。受访者认为“吃拿卡要”是本地区行政机关及其工作人员执法中存在的较为突出的问题之一,体现了本地区社会民众对此问题的重视程度;反映了社会公众对于执法过程的关注,即公众不仅程序合理,更要求对过程要依理依法;表明了社会公众对行政执法人员道德素质、执法过程的公开化、执法手段的关注。因此,必须坚持严格规范公开执法。

结论:从调查结果来看,Y 县社会公众认为本地区行政机关及其工作人员的行政行为中主要存在着执法过程吃拿卡要的问题,即社会公众认为本地区行政执法时不能平等对待。总之,需进一步加强行政执法行为的程序化规制。

17. 您认为本地区行政机关及其工作人员在行政执法中是否存在“多头执法、重复执法”现象?(单选)

A. 存在　　B. 不存在　　C. 个别案件中存在

本题的调查目的在于分析社会公众对具体行政执法行为存在问题的关注点,选项设计分别从行政行为程序、行政违法行为、行政行为结果等几方面出发,考察社会公众对具体行政执法行为的不满更多存在于程序方面、结果方面还是行政违法行为。

表 17-1　受访者对本地区行政机关工作人员是否存在“多头执法、重复执法”情况的总体选择计数和百分比

选　项	选择计数		个案百分比(%)
	个　数	百分比(%)	
存在	43	21.5	21.5
不存在	89	44.5	44.5
个别案件中存在	68	34.0	34.0
总　计	200	100.0	100.0

由表 17-1 可知,有 44.5% 的受访者认为本地区行政机关及其工作人员执法的个别案件中不存在“多头执法、重复执法”的现象,有 34.0% 的受访者认为本地区行政机关及其工作人员执法的个别案件中存在“多头执法、重复执法”的现象,有 21.5% 的受访者认为本地区行政机关及其工作人员执法中存在“多头执法、重复执法”的现象。

由此数据分析可以看出,六成多受访者认为“多头执法、重复执法”在本地区行政机关及其工作人员执法中存在。受访者认为“多头执法、重复执法”是本地区行政机关及其工作人员执法中存在的较为突出的问题之一,体现了本地区社会民众对此问题的重视程度;反映了社会公众对于执法过程的关注;表明了社会公众对行政执法人员道德素质、执法过程的公开化、执法手段的关注。

因此，必须坚持严格规范科学执法。

结论：从调查结果来看，Y 县社会公众认为本地区行政机关及其工作人员的行政行为中存在着执法过程多头执法、重复执法的问题，即社会公众认为本地区行政执法时效率不高、某些未确定领域的交叉执法。总之，需进一步加强行政执法行为的程序化规制。

18. 据您所知，本地区行政机关及其工作人员是否因“行政违法”被追究责任？（单选）

A. 没有被追究责任　　　　B. 被严格追究了责任

C. 个别案件被追究了责任　　D. 被追究了责任，但是力度不够

本题的调查目的在于分析社会公众对行政问责的关注度，完善行政问责机制是强化对行政权力的制约和监督的关键要素。就与民众生活密切相关的行政执法领域，《中共中央关于全面推进依法治国若干重大问题的决定》明确指出，要全面落实行政执法责任制，严格确定不同部门及机构、岗位执法人员执法责任和责任追究机制，加强执法监督，坚决排除对执法活动的干预，防止和克服地方和部门保护主义，惩治执法腐败现象。

表 18－1　受访者对本地区行政机关工作人员是否存在“行政违法”情况的总体选择计数和百分比

选　项	选择计数		个案百分比(%)
	个　数	百分比(%)	
没有被追究责任	58	29.0	29.0
被严格追究了责任	27	13.5	13.5
个别案件被追究了责任	63	31.5	31.5
被追究了责任，但是力度不够	52	26.0	26.0
总　计	200	100.0	100.0

从表 18－1 可以看出，排在第一位的是“个别案件被追究了责任 ”，选择比例高达 31.5%，第二位的则是“没有被追究责任”，比例为 29.0%，选择“被追究了责任，但是力度不够”的比例为 26.0%，“被严格追究了责任”的选择比例为 13.5%，排在最后一位。近四成的社会公众认为本地区的行政违法进行了追责和部分个案的追责，近六成的社会公众则认为行政问责力度不够或违法行政行为根本没有被问责。

由此可见,受访者认为Y县政府在行政问责力度方面的工作不够,行政执法人员的违法行政行为与社会公众的生活密切相关,对于违法行政行为的姑息将给民众的自身权益带来重大损失,因此,社会公众希望以更严厉的法律手段来追究法律责任。此外,此次调查中有1/3的受访者选择了"个别案件被追究了责任",其可能原因:第一,受访者没有在Y县政府公布的信息中见到过行政问责的情况;第二,受访者认为此事涉及官方相关事宜,采取迂回保守的态度;第三,受访者认为普遍的行政追责不到位。因此,Y县政府应当进一步做好行政问责方面的信息公开:一是让人民群众更加了解相关法律法规,消除疑虑;二是明确行政问责的事由、案件处理、结果公开,树立政府公信力。

结论:从调查结果来看,Y县社会公众对于当地政府行政问责实施状况的意见主要存在于以下两方面:一是行政问责方面的信息公开不足,社会公众对行政问责状况不甚了解;二是Y县政府在行政问责方面基本能够按照相关规定追究行政执法过错人员的法律责任,但追究责任的力度不够。因此,Y县政府要进一步加强问责方面的政府信息公开,强化行政问责的力度,完善行政问责的落实机制。

19.(1)当您遭遇行政侵权时,您是否会选择法律途径(申请行政复议或提起行政诉讼)解决纠纷?(单选)

A.会　　　　　　B.不会

本题的调查目的在于分析公民的合法权益受到违法行政侵犯之时,会不会采取法律途径来保障自己的权利。确定受访者会不会采取法律措施,了解Y县受访者的法治意识和法制观念,进而了解本地依法行政的状况。

表19(1)-1　受访者对遭遇行政侵权时,是否会选择法律途径解决的总体选择计数和百分比

选　项	选择计数		个案百分比(%)
	个　数	百分比(%)	
会	156	78.0	78.0
不　会	44	22.0	22.0
总　计	200	100.0	100.0

由表19(1)-1可知,有78.0%的受访者选择申请行政复议或提起行政诉讼,22%的受访者不会通过法律途径解决行政侵权。

这一调查结果中选择向申请行政复议或提起行政诉讼,占压倒性的优势,体现了党的十八大以来全面依法治国与强力反腐不仅深入人心，更带给社会公众极大的维权信心；也说明部分社会公众对Y县司法公正和纪检机关的信任，一定程度上反映出民众对维护自身合法权益的自信心态。

结论：从调查结果来看，Y县政府的依法行政工作得到了社会公众在一定程度上的认可，营造了使社会公众较为信服的法治环境，为民众提供了适当的法律救济措施。当民众的合法权益遭受侵犯时，选择法律途径解决行政侵权案件的比例较高，尤其是对行政机关的公信力较为认同。

19.(2)如果您不选择法律途径解决行政纠纷，最主要考虑的原因是：(单选)

A.成本高　　　　B.效率低　　　　C.不管用

本题的调查目的在于分析公民的合法权益受到违法行政侵犯之时，不会采取法律途径来保障自己的权利，所主要考虑的原因有哪些。这道调查题目与第19(1)题是姊妹题，是逻辑关联题，当第19(1)题选择“不会”的时候就会出现第19(2)题，因此本题的答题人数较少，总共只有44人答题。

表19(2)-1　受访者对不选择法律途径解决行政纠纷，最主要考虑的原因的总体选择计数和百分比

选　项	选择计数		个案百分比(%)
	个　数	百分比(%)	
成本高	14	31.8	31.8
效率低	11	25.0	25.0
不管用	19	43.2	43.2
总　计	44	100.0	100.0

由表19(2)-1可知，仍然有23%的受访者不选择法律途径解决行政纠纷。44个有效数据里面，受访者对不选择法律途径解决行政纠纷，最主要考虑的原因，有43.2%的受访者认为“不管用”，排在第一位；排在第二位的是“成本高”，占31.8%；排在第三位的是“效率低”，占25.0%。

这一调查结果的出现，原因可能有三：第一，小部分不认同法律途径的民众受传统解决途径(如私下协商、中间人调解)的束缚；第二，法律途径所要经过的程序、所要支付的费用等因素是小部分民众不愿意采取法律途径解决的另一些考虑；第三，受当地传统和风俗，如少数民族地区“德古”调解机制的影响。

结论:从调查结果来看,Y县政府的行政纠纷的法律解决途径还没有让每一个人都熟悉了解,小部分民众对非法律解决途径(传统途径)尚存保守意见,因此Y县在做好行政纠纷的法律解决途径的宣传推广的时候,要抓住这些关键少数,重点突破,以期营造了使社会公众较为信服的法治环境,提高民众对行政纠纷法律解决途径的公信力的高度认同。

20. 您认为本地区人民法院在审理行政纠纷时,是否能够公正处理案件?(单选)

A. 能够公正处理　　B. 不能公正处理　C. 个别案件能够公正处理

本题的调查目的在于分析当地的人民法院是否能够公正处理案件。司法公正是现代社会政治民主、进步的重要标志,也是现代国家经济发展和社会稳定的重要保证,其基本内涵是要在司法活动的过程和结果中体现公平、平等、正当、正义的精神。

表 20-1　受访者对人民法院在审理行政纠纷时,是否能够公正处理案件的总体选择计数和百分比

选　项	选择计数		个案百分比(%)
	个　数	百分比(%)	
能够公正处理	94	47.0	47.0
不能公正处理	31	15.5	15.5
个别案件能够公正处理	75	37.5	37.5
总　计	200	100.0	100.0

由表20-1可知,受访者对人民法院审理行政纠纷时,能否公正处理案件的选择。有47.0%的受访者认为"不能够公正处理",排在第一位;排在第二位的是"个别案件能够公正处理",占37.5%;排在第三位的是"不能公正处理",占15.5%。

这一调查结果里面,近八成的受访者认为,当地的人民法院在处理行政纠纷的时候能够公正处理或者个别案件能够公正处理。这说明当地的受访者对于人民司法的信心和当地人民法院的认可。

结论:从调查结果来看,Y县人民法院在处理行政纠纷的时候,基本上能够做到不偏不倚,不官官相护,能够站在公平和正义的一边。另一方面也说明Y县的司法环境相对较好,随着法治建设的推进,法律的实施和法律权威已经基本落实。

三、Y县依法行政深度访谈情况分析

(一)深度访谈实施概述

Y县深度访谈具体实施系四川省市县政府依法行政第三方评估的重要组成部分。深度访谈作为一种重要的定性分析方法,结合问卷调查等其他定量调查分析方式,有助于更为准确地评估Y县政府及其各部门依法行政的状况。

为保证深度访谈能够获得尽量客观的信息,作为第三方的评估组不能通过私人渠道、私人关系选择深访对象进行非正式访谈,因此,评估组通过与Y县人民政府办公室联系,将深访对象的人数及具体要求提交后,Y县组织部、Y县县委党校按照要求帮助评估组选择了深访对象。

为获取更加客观真实、详细具体以及多方面、多角度的信息,评估组审慎确定了下列深访对象:县纪委、县政协、县法院、县公安局、县检察院、县法制办、县司法局、县城管执法大队、县食药工商局等单位的中高层领导干部每个单位各一人,共9人。

此次的深访对象突出多元化,既有权力机关和司法机关的深访对象,体现对政府及其职能部门的外部监督,又有政府及其职能部门的深访对象,体现行政系统的内部监督,能够尽量做到全面收集信息,不偏听偏信;此次深访对象的特点之二就是有一定的职务也有一定的威望,其提供的信息有一定的高度和深度,使评估组能够获取更有效的信息;另外,此次深访对象都是多年从事相关工作,且有较高法律素养的人员,对公民与企业、对社会、对行政工作都有相当的了解。

本次深度访谈于2017年9月26日在县委党校2楼小会议室和校长办公室进行,本次深度访谈分为两个小组进行,每个小组2人(1人负责记录)。为使访谈对象在相对私密的空间,自由地、客观地发表观点和反映情况,每个小组的深度访谈在独立的、封闭的办公室内进行,访谈方式为一对一,即每个小组每次只对一名对象进行访谈。访谈时间平均每人约60分钟左右。

深度访谈内容主要限于四川省依法行政评估的12个指标,并且根据上述不同访谈对象有所侧重。

(1)制定行政规范性文件是否规范、是否给工作实践造成阻碍;

(2)行政执法是否做到依法行政、合理行政,是否遵守执法程序(纪委查处的行政违法案件、检察院职务犯罪案件);

(3)在政府公共服务方面是否有所提升,简化审批手续、依法公开信息等方面情况;

(4)能否有效化解争议纠纷(行政复议情况、行政诉讼情况、行政调解中是否有"德古"参与?);

(5)是否自觉接受监督(人大、政协监督情况);

(6)如何提高执法人员法律素养(是否存在领导干预执法问题?执法人员持证率,协管员问题、培训情况);

(7)提升行政相对人的法律意识(普法宣传的情况、措施,尤其是对彝民、藏民的有效性);

(8)对现有立法、执法的情况有何改进建议,对依法行政的未来展望等(包括对现状的总体评价)。

(二)深度访谈结论分析

1. 政府和领导法治意识有所增强,法治政府建设仍需继续推进

近年来,Y县法治政府建设步伐加快,进展显著。地方党委非常重视依法治县,领导的法律意识也有所增强,县级重大决策和各单位发文都要经过政法委、法制办等机构审查把关,各受访人员单位在发文和执法时都坚持依法办案、程序到位。领导干部打电话、批条子等干预办案的情况大幅减少。此外,决策的可行性调查研究比以前更加强化、周密,更加注重民主决策、科学决策。全县社会秩序和社会治安状况,总体良好,偷鸡摸狗的事少了很多。老百姓安居乐业,对未来很有信心,对党和政府充满希望,一切都在向着好的方向发展。

访谈中,有多人谈到2017年上半年开展的某旅游景区"两违"整治工作。整治工作开展之前,科学研判、制订方案,听取民意、深度动员。在整治过程中,严格执法、真诚关心,坚持"一把尺子量到底""有情操作",营造"公平、公正、公开"的整治氛围。通过向群众大力宣讲相关法律、法规知识,耐心细致地讲解维护景区秩序、保护景区资源和促进景区长远发展的重要意义,使广大人民群众对开展这项工作的目的、意义有了充分的认识,有力地提高了违建群众的法治意识,赢得了广大人民群众的理解和支持,违建户普遍接受违法事实并主动积极配合整治工作。整个整治工作平稳有序推进,共清理出有未批先建、少批多占、不符合风貌等违法违规行为的421户,未发生一起过激行为,景区社会大局稳定,真正实现了和谐拆违。

但是,由于Y县是大凉山集中连片的深度贫困县,交通欠发达、经济社会发展滞后、文化教育落后,民众法律常识较为缺乏,加之执法者水平的参差不齐

和管理对象的多样化,使该县的法治政府建设进程推进较为缓慢。

综上,Y 县的法治政府建设仍需继续加快推进,脱离了治理对象的法治是没有意义的。因此,在提升政府法治意识和治理水平的前提下,带领、促进、提升民众学法、守法、信法才是根本之道,但在民族地区这也是最艰难的。

2. 依法行政总体情况良好,服务水平和质量仍需提高

司法机关和行政机关工作人员的法律素质和培训力度普遍提高。近几年,县法院和检察院的新进法官和检察官都是全省统一招考的本科以上法律专业毕业生,其他行政机关公务员也是全州、全县按照凡进必考的原则统一招录。公安、工商、税务、城管等执法部门能做到依法行政、合理执政,遵守执法程序、亮证执法。近两年没有发生较大的群体性事件。

但经过访谈了解和分析,Y 县的依法行政仍然存在一些问题。比如,一些辅助性和临时性的执法岗位,因为人手不够,只能向社会招聘。这部分人员的文化程度都在高中以下,虽然要经过培训上岗,但是培训的力度和效果不大,导致在执法过程中个别工作人员因为工作方式不恰当、态度粗暴等和老百姓发生口角和争执,甚至有极个别的乱收费现象,损害了行政部门的整体形象。例如,在公安系统,全县警员 181 个,平均年龄 38 岁,老化严重。并且,因警力紧张,大量使用辅警、协管员,素质参差不齐,在执法环境、队伍素质、执法尊严等方面,还需要提高和改善,尤其是要关注环保警察的设立。还有政府偶尔在参与一些民事活动中不得不动用自己的特权协调各方面关系,以便节省时间和财力的消耗。受访者表示,Y 县老百姓基本不爱诉讼、不善诉讼。基于政府自身的原因和法制环境的外部影响,Y 县的依法行政情况还需进一步地整改提高。

3. 政府公共服务水平不断提高,应注重公共服务的区域均衡化

党的十八大以来,Y 县政府公共服务有较大的改善,也是我们能看见的改革成效。在县财政局对面新建一幢政务中心,为公众提供了方便,也提高了政府的管理效能。党的十八届四中全会以后,Y 县严格落实行政审批制度改革,建立了简政放权机制,所有的行政审批部门都集中到政务中心统一办理。受访者表示,现在的办事效率比以前高效,环节减少了,成本也降低了,是最满意的改革之一。

政务公开也做了很多工作,在政务中心设置了电子屏幕和公开栏,方便群众及时了解政务信息。包括法检两院和公安机关的大门口都有公告栏,官方网站也可以查询案件的办理进展情况。说明了该县的公共服务水平有所提升,为民服务意识有所增强。

但也存在一些问题:如有的窗口服务人员虽然要办事,但是脸色不好看,态度生硬;部门之间有相互推诿和扯皮的现象。县城和乡村的公共服务水平相差较大,边远山区的农民能享受的政务服务几乎为零,老百姓不知道做一件事(如计划生育)要办理什么手续,也不知道在哪里办?怎么办?综上,在公共服务上,Y县还要下大力气,多思考,向乡镇延伸部分服务职能机构,提高窗口服务人员的服务意识,增强政府管理的主动性和科学性。

4.公众思想意识较为滞后和固化,法治教育宣传有待加强

随着Y县经济发展和社会转型,土地纠纷类案件呈急速上升趋势。2016年县法院立案土地纠纷类案件仅15件,截至2017年9月28日,立案审理的土地纠纷类案件达111件。这些案件都呈现出土地权属不明确,事实认定困难;当事人争议大,签订合同不规范;案情复杂,后续问题多;涉案范围广,维稳风险大等特点。囿于民族地区的老百姓的文化程度偏低,思想观念传统守旧,法治意识和法律素养跟不上等因素,法院充分认识到,解决农村土地纠纷的大量工作在农村基层,基层的调解组织和调解工作是法院进一步调解和解决土地纠纷的基础。因此,为真正解决实际问题,法院在坚持严格审查证据,慎重适用法律的原则上,着力加大调解力度,兼顾法律效果与社会效果。在调解土地纠纷时邀请组、村、乡干部及基层调解组织参与,在公平、公正、合法、合理的价值观指引下,组织当事人进行“背靠背”或“面对面”的庭外调解,才能真正做到案结事了。

民族地区有其特有的习惯和文化,有的时候完全按照法律按部就班,反而不好办,不得不灵活变通。这表明,一方面,民族地区领导、彝族家支头人的个人魅力和影响力很重要,如果领导能带头守法、严格执法,民众就会效仿;另一方面,人治的色彩在乡土文化中还是比较浓厚的,加强民族地区的文化教育和法制教育迫在眉睫。

受访者表示,他们也在积极探索Y县的法制教育宣传模式。比如,司法局组织流动宣传车,在“6·26”“12·4”等主题法制宣传日、逢年过节、乡镇集市(赶场)时,在主要的街道和广场滚动播放法律知识,而且是用民族语言。比如,加强执法队伍建设,开展专业的法律培训,要求实体上、程序上都依法行政。他们建议:一是由司法局、法制办牵头,制作地方典型案件专题片和部门(税务、工商等)法制宣传片。尽量乡土化、接地气。二是依法行政考核要充分考虑少数民族的习惯和现代法律的冲突,他们信访不信法,行政救济和法律救济不受信任,不要搞“一刀切”。三是认真落实“法律七进”工程,加强对中小学生、进

城务工农民、农村家支头人和留守妇女老人的教育宣传,从总体上提高公众法律素质,倒逼政府依法行政。

5. 法治政府建设出现新障碍,应加大重点领域的规范管理

通过调研发现,2017 年 1 ~ 8 月 Y 县法院共受理案件 1848 件,其中 67 件(含旧存)直接涉及职务犯罪 1385 件,占 47.98%。民生事件 1210 件,刑事案件 105 件,行政案件 6 件,执行 515 件。在新时代,Y 县法治政府建设的新障碍呈现出以下特点:

第一,Y 县近几年职务犯罪向村一级蔓延,窝案、塌方式腐败很少,逐渐转向村社腐败。涉案金额从几十万到几百万不等,数目巨大。另外,老百姓可以通过网络、信访等形式举报,但是存在重复上访的情况,而且每一次上访的问题大同小异,只是内容稍有不同。Y 县这几年的职务犯罪平均 4 ~ 5 件/年,最多 7 ~ 8件/年。2017 年总共立案 4 件,都已经全满查处。

第二,问题领域相对集中,主要涉及医疗、国土、林业等部门。刑事案件里面土地纠纷比较多,主要是因为界线不明确,土地归属问题。县级机关、卫生系统采购药品、医疗设备时存在"返点回扣"情况,尤其是 2014 年和 2015 年尤其厉害。卫生系统在采购药品、医疗设备的时候,首先要院长签字,供货商直接与院长联系,从中吃回扣。另外,Y 县是全国重点扶贫县,中央和省的对口扶贫资金多,但是在资金监管方面,很多老百姓都不是很知晓,存在乡、村联合作案,套取相关款项的情况。尤其是在偏远的交通不便的山区,这种现象更加明显。

综上,Y 县在新形势下出现了一些新的法治政府建设的障碍,应当具体问题具体分析,因地制宜,在关键领域和部门寻求突破。

6. 重视行政调解弱化社会矛盾,发挥民间调解的积极作用

Y 县在每一个乡镇上都设立了专门的司法所,配备了专门的司法员。在平坝地区是独立的司法所,在山区则是片区司法所。涉及争议的时候,都是采取"三三制"的原则处理,即组调解 3 次、村调解 3 次、乡镇调解 3 次,如果都未调解成功的话,就上报县进行调解处理。另外,县人大积极行使监督职能,县政协积极协调。这几年县人大和政协展开调研,在脱贫、教育均衡、环保、重大民生方面溢出了很多问题,县政府也积极整改处理。

"德古"是彝族家支中负责调解矛盾纠纷的人。通过"德古"依照民族习惯进行民间调解的方式广泛适用于彝区百姓当中。在进行依法治县的过程中不得不考虑民族习惯法和现行法律的对接,既要尊重民族习惯也不能违背基本法律规范。由于"德古"在民众中地位比较高,其调解的效果比较好,加上具有民

族地区的特殊特点,其所进行的调解没有重复性,效率也比较高,因此进入法院诉讼程序的案件都比较少。

但是也有受访者认为,“德古”调解的依据主要是传统规矩和民族习惯,结合法律的情况比较少,偶尔会产生调解结果的不公正、不公平;还有个别家支大的欺负家支小的现象,当事人被迫无奈承担调解结果,而非真正地信服;如果“德古”调解只讲习惯不普及法律适用,会在公众中形成重习惯而轻法律的弊端。

四川省M县依法行政第三方评估报告

吴　涛*

2017年9月26日至27日，评估组在M县通过调查问卷、行业代表深度访谈等方式开展依法行政评估工作。此次评估，共收集调查问卷200份，行业代表深度访谈10人次。评估报告以调查问卷的统计分析为基础，结合行业代表深度访谈所获得的信息综合分析得出。

相比市级政府依法行政的评估而言，县级政府由于其行政领域较小且对行政行为客体作用更明显，评估报告更侧重于从小的、细的方面反映M县依法行政的真实水平，进而总结得出该县依法行政的总体状况。

一、M县依法行政第三方评估结论

（一）M县依法行政工作成效分析

M县政府依法行政工作得到了县委、县政府领导的重视，工作作风有了比较大的转变，政府及其工作人员从法律认识、行政执法程序规范、法治宣传等方面都有很大改进。现将其依法行政工作取得的成效总结如下。

1. M县法治环境有所好转

评估组在分析问卷调查和深度访谈的评价基础上得出这一结论。

一是政府在法治环境建设上有所重视。例如，M县行政决策的制度化建设、听证会做法、专家咨询环节以及法律顾问团等机制建设都体现了其在依法行政工作上所做的努力。

二是法治环境客观上趋于优化。评估组认为M县法治环境相较于过去有所好转，政府工作人员在工作中能强调法治建设，群众对法治具有一定的认识和理解。

---

* 作者单位：中共四川省委党校、四川行政学院法学部。

三是M县建立了相应的集体决策制度、行政诉讼负责制、重大行政处罚的决策制度、行政决策过错追究制度,还建立了案件审理委员会等相关部门。依法行政的保障措施、机制体制也都纳入政府目标绩效管理考核之中。

2. M县政府依法化解行政争议,促进社会和谐

评估组在综合分析深度访谈的评价基础上得出这一结论。

通过深度访谈,评估组了解到M县政府近几年在有效化解行政争议纠纷方面取得了很大的成绩,发挥的作用也越来越大。M县行政调解方面的制度非常完善,每年行政调解的案件数量非常大,化解了大量矛盾,解决了很多问题,绝大部分行政争议在走入司法程序之前,都通过行政调解得以有效化解。这对于构建和谐社会,有着非常重要的意义。

3. M县政府新一轮的行政审批事项清理较为彻底,行政审批的效率也大大提高

评估组在综合分析问卷调查和深度访谈的评价基础上得出这一结论。

从问卷调查的情况看,七成多的受访者感受到了M县新一轮行政审批改革在减审批事项及办事效率提升上有了实质性转变,M县政府在不断创新便民服务。同时,八成以上的受访者认为政务服务中心或乡镇便民服务中心"办事流程简化,办事效率提高",这说明M县政务服务中心总体上能按依法行政要求,做过扎实而具体的工作,因而得到绝大部分服务对象的肯定。这与深度访谈的受访者所反映的情况完全一致。

(二)M县依法行政工作中亟须重视的问题

评估组通过认真分析问卷调查和深度访谈内容,分析得出M县政府依法行政的总体状况不错,但与受访公众的期望之间还存在一定差距,群众满意度还有待提高。总体而言,M县依法行政工作中亟须重视的问题具体表现在以下几个方面。

1. M县政府信息公开工作还有很大的提升空间

评估组在综合分析调查问卷第5题和深度访谈内容的基础上得出这一结论。

总体来讲,M县政府官网信息公开的宣传举措比较得力,只有39.6%的受访者"知道"可以在本地区政府官网上查找需要的政府信息,但是,其中仅有46.2%的受访者认可"能够方便地查找到相关信息",而直接持负面看法的受访者高达54%,分别为"能够打开相关链接,但是查找到的相关信息不完整"(18.0%)、"能够查找到相关信息,但是很费劲"(33.3%)和"不能查找到相关

信息”(2.7%)。这和深度访谈的受访者反映的情况基本一致,说明M县政府官网信息化建设及信息公开工作,离群众要求还有相当大的差距。

2. M县政府依法行政的水平还有上升空间

评估组在综合分析调查问卷第8题到第17题,以及深度访谈内容的基础上得出这一结论。

从调查问卷上看,与本地区行政机关打交道时,39.6%的受访者遇到“该管的不管”情况(第8题),21.8%的受访者遇到“不该管的瞎管”情况(第9题),42.1%的受访者遇到“相互推诿扯皮,被踢来踢去”情况(第11题)。这反映出部分民众对M县政府及各部门具体的权责尚不完全了解,也说明部分部门可能存在不作为、乱作为的情况。此外,有47.2%的受访者声称遇到过“门难进,事难办,脸难看”情况(第10题),47.7%的受访者遇到“办事效率低下,久拖不决”情况(第12题)。

从公众的感知来看,对于M县行政机关及其工作人员的行政执法,有24.9%的受访者认为,不同程度存在“执法不公”现象(第13题),有8.6%的受访者认为存在“粗暴执法、暴力执法”现象(第14题),有18.8%的受访者认为存在“选择性执法”现象(第15题),有14.2%的受访者认为存在“吃拿卡要”现象(第16题),有13.7%的受访者认为存在“多头执法、重复执法”现象(第17题),这些现象需高度关注与查处整改。

在这一问题上,调查问卷的结果与深度访谈的内容基本一致。

3. 行政问责公开性和力度都不够

评估组在综合分析调查问卷第18题,以及深度访谈内容的基础上得出这一结论。

问卷调查反映出,受访者认为“被追究了责任,但是力度不够”的占21.8%,认为“个别案件被追究了责任”的占29.0%,认为“没有被追究责任”的占24.4%,而认为“被严格追究了责任”的仅占24.9%。这说明,受访者认为M县政府行政问责工作群众感知度不高,希望以更严厉的法律手段来追究相关行政责任人的法律责任。

在这一问题上,调查问卷的结果与深度访谈的内容基本一致。

(三)关于M县加强和改进依法行政工作的建议

评估组通过分析所获取的基础数据,认为M县政府在推进依法行政上按照中央和省委、省政府的部署做了大量的工作,依法行政的整体状况有了很大改进,但M县政府及其部门在依法行政中也存在一些问题。鉴于此,评估组提出以下建议。

1. 强化法治理念,加大法治宣传

一是加强对领导干部的法治培训。领导干部的法治思维和法治能力建设,对于一个地区和一个国家来讲,都是非常重要的。M县今后的干部培训应更注重实际可操作性和现实意义,强化领导干部的法治意识和法治思维,确保法治理念常态化,确保领导干部在工作生活中不轻易触碰法律的底线。

二是强化执法人员依法行政的规则意识。中国一切的问题在基层,执法人员长期与人民群众打交道,代表的是行政机关和政府的形象,强化其规则意识尤为重要。M县要经过培训,让广大执法人员树立法治思维、程序意识、权责意识,熟悉和掌握自身执法领域中的法律规范,自觉维护法律、遵守法律。

三是广泛开展法治宣传教育工作。全面推进依法治国,不但要求政府要守法,执法人员要遵法,还要求全民守法,只有全社会都信仰法治,才能真正建立起法治国家。M县要加强法治宣传工作,提高全县人民尊法、学法、守法、用法的整体水平。

2. 加大政府信息公开的力度

一是认真学习《政府信息公开条例》及相应规定,要依法做好主动公开的事项,尤其是关系到M县发展的重要事项、重大决策,相应政府信息必须主动公开。对于依申请公开的事项,要严格依据法律规定进行审查和公开。

二是M县政府要切实监督职能部门和各乡镇政务信息的及时上网与更新,并强化社会宣传,使公众了解政府官网信息公开事项、便捷获取所需信息。

3. 积极整改,促使行政执法更加规范化

一是M县行政执法机关今后应做好行政执法职业道德建设,重点抓好限时办结制度的建设及效率提升工作。

二是M县行政机关应在职能科学、权责法定、执法严明、公开公正、廉洁高效、守法诚信等方面加快法治政府建设的同时,更加注重执法程序、行为和结果的公正、公平与公开,并抓好执法全过程记录监管和责任追究惩处工作。

三是建立和完善要求具体、期限明确、责任落实的执法流程,保障执法公正,促进行政执法更加规范化。

4. 完善行政责任追究机制

权力应当与义务、责任相一致。只有进一步转变行政问责的工作机制,使行政问责常态化、公开化,方能真正发挥行政问责的惩处功能、指引功能和监督功能。M县政府应充分发挥群众和社会监督作用,进一步完善责任追究制度、强化行政问责的惩处时效，并及时做好相关信息公开工作，切实保障“行政违法”责任追究落到实处和落进群众心里眼里。

二、M 县依法行政第三方评估调查问卷分析

评估组在 M 县，共发放调查问卷 220 份，回收的有效问卷 197 份。M 县依法行政调查问卷（公民版）一共设计了 20 个调查问题，这里结合每个调查问题及其统计结果展开分析。

1. 您认为本地区哪些行政机关依法行政的情况比较好？（可多选）

A. 发展改革委（或局）　B. 税务　C. 公安
D. 民政　E. 国土资源　F. 住房和城乡建设
G. 文化教育　H. 工商行政管理　I. 安全生产监管
J. 食品药品监管　K. 环境保护　L. 城管执法
M. 质量监督检验检疫　N. 交通运输　O. 人力资源和社会保障

本题设计的调查目的：由受访群众对 M 县各主要政府组成部门的依法行政状况进行评价，从各部门的数据总和分析 M 县依法行政的总体状况。

调查选择了发展改革委（或局）、税务、公安、民政、国土资源、住房和城乡建设、文化教育、工商行政管理、安全生产监督、食品药品监管、环境保护、城管执法、质量监督检验检疫、交通运输、人力资源和社会保障 15 个主要职能部门，由受访群众对其依法行政状况进行评价，通过分析受访群众对各个职能部门依法行政状况的满意度以及分析受访群众对各个职能部门的“依法行政情况比较好”进行选择的总次数与可选择机会的总次数（197 × 15 = 2955 次）的比率关系分析 M 县政府依法行政的总体状况。

（1）总体分析

表 1－1　受访者对各职能部门依法行政状况评价总体选择计数和百分比

选　项	选择计数		个案百分比(%)
	个　数	百分比(%)	
发展改革委(或局)	51	6.7	25.9
税　务	75	9.8	38.1
公　安	91	11.9	46.2
民　政	83	10.9	42.1

续表

选　项	选择计数		个案百分比(%)
	个　数	百分比(%)	
国土资源	39	5.1	19.8
住房和城乡建设	41	5.4	20.8
文化教育	92	12.0	46.7
工商行政管理	51	6.7	25.9
安全生产监管	38	5.0	19.3
食品药品监管	38	5.0	19.3
环境保护	57	7.5	28.9
城管执法	37	4.8	18.8
质量监督检验检疫	23	3.0	11.7
交通运输	17	2.2	8.6
人力资源和社会保障	32	4.2	16.2
参选人数总计	765	100.2	388.3

注:上述"选择计数"列中的"百分比"为各选项次数除以各个选项全部被勾选的总次数,该"百分比"的总和等于100%。最后一列"个案百分比"中的数值为各选项被勾选的次数除以有效观察值人数,在多选题中此列百分比总和通常会大于100%。多选题次数分布表要以"个案百分比"列数值来诠释较为贴切。

由表1-1可知,有46.7%的受访者对文化教育依法行政感到满意,其次是公安46.2%,民政部门42.1%,而对质量监督检验检疫和交通运输部门感到满意的受访者较少,分别为11.7%和8.6%。受访群众进行选择的总次数为765次,可选次数为2955,两者比率为25.9%。

结论:一是受访者对M县政府各个职能部门依法行政状况不甚满意。对文化教育部门依法行政感到满意的比例最高也仅为46.7%,公安部门排在第二为46.2%,第三是民政部门为42.1%,排在最后的分别是交通运输8.6%、质量监督检查检验检疫部门11.7%,这说明受访者对M县政府各部门的依法行政状况满意度较低,没有一个部门满意度超过50%。同时质量监督检验检疫和交通运输部门满意度极低,说明这两个部门的依法行政状况令人堪忧。二是受访者对于依法行政总体满意度也低。按照系统论观点,整体由各个子系统构成,子系统的总和只能是小于或等于整体。本题的调查结果中所有受访者选择

“依法行政情况比较好”的总次数为765次，而受访者可以选择“各部门依法行政较好”机会总次数为2955次相比，比率仅为25.9%，这说明受访群众对于M县政府的依法行政状总体满意度也低。

(2)分类分析

①基于年龄分析

表1-2 不同年龄段受访者对各职能部门依法行政评价总体选择计数和百分比

X/Y	A. 18~30岁	B. 31~45岁	C. 46~59岁	D. 60岁以上	选择计数
发展改革委(或局)	21(41.2%)	16(31.4%)	12(23.5%)	2(3.9%)	51
税　务	25(33.3%)	27(36.0%)	21(28.0%)	2(2.7%)	75
公　安	34(37.4%)	36(39.6%)	20(22.0%)	1(1.1%)	91
民　政	29(34.9%)	35(42.2%)	17(20.5%)	2(2.4%)	83
国土资源	14(35.9%)	15(38.5%)	10(25.6%)	0(0%)	39
住房和城乡建设	15(36.6%)	12(29.3%)	13(31.7%)	1(2.4%)	41
文化教育	34(37.0%)	36(39.1%)	20(21.7%)	2(2.2%)	92
工商行政管理	13(25.5%)	20(39.2%)	17(33.3%)	1(2.0%)	51
安全生产监管	16(42.1%)	12(31.6%)	10(26.3%)	0(0%)	38
食品药品监管	12(31.6%)	12(31.6%)	13(34.2%)	1(2.6%)	38
环境保护	28(49.1%)	15(26.3%)	13(22.8%)	1(1.8%)	57
城管执法	17(46.0%)	7(18.9%)	12(32.4%)	1(2.7%)	37
质量监督检验检疫	7(30.4%)	8(34.8%)	8(34.8%)	0(0%)	23
交通运输	5(29.4%)	5(29.4%)	7(41.2%)	0(0%)	17
人力资源和社会保障	13(40.6%)	9(28.1%)	9(28.1%)	1(3.1%)	32

表1-3 不同年龄段受访者对各职能部门依法行政状况评价选择率位序

X/Y	A. 18~30岁	B. 31~45岁	C. 46~59岁	D. 60岁以上
发展改革委(或局)	5	5	5	1
税　务	4	3	1	1
公　安	1	1	2	2
民　政	2	2	3	1

续表

X/Y	A. 18～30 岁	B. 31～45 岁	C. 46～59 岁	D. 60 岁以上
国土资源	9	6	6	3
住房和城乡建设	8	7	4	2
文化教育	1	1	2	1
工商行政管理	10	4	3	2
安全生产监管	7	7	6	3
食品药品监管	11	7	4	2
环境保护	3	6	4	2
城管执法	7	10	5	2
质量监督检验检疫	12	9	8	3
交通运输	13	11	9	3
人力资源和社会保障	10	8	7	2

经过表 1－2 和表 1－3 不同年龄的受访者对 M 县各个部门的选项选择情况的分析和仔细对比，发现不同年龄的受访者对文化教育部门依法行政基本认可，在选择率位序表中基本排第一；对质量监督检验检疫部门基本不认可，在选择率位序表中几乎均排最末。

②基于文化程度分析

表 1－4　不同文化程度受访者对各职能部门依法行政状况评价计数和百分比

X/Y	A. 初中以下	B. 高中、中专	C. 大学专科	D. 大学本科及以上	小计
发展改革委(或局)	15(29.4%)	10(19.6%)	18(35.3%)	8(15.7%)	51
税　务	21(28.0%)	17(22.7%)	25(33.3%)	12(16.0%)	75
公　安	38(41.8%)	20(22.0%)	23(25.3%)	10(11.0%)	91
民　政	30(36.1%)	22(26.5%)	23(27.7%)	8(9.6%)	83
国土资源	12(30.8%)	10(25.6%)	11(28.2%)	6(15.4%)	39
房和城乡建设	14(34.2%)	9(22.0%)	14(34.2%)	4(9.8%)	41
文化教育	35(38.0%)	26(28.3%)	24(26.1%)	7(7.6%)	92
工商行政管理	20(39.2%)	14(27.5%)	14(27.5%)	3(5.9%)	51

续表

X/Y	A. 初中以下	B. 高中、中专	C. 大学专科	D. 大学本科及以上	小计
安全生产监管	12(31.6%)	12(31.6%)	10(26.3%)	4(10.5%)	38
食品药品监管	11(29.0%)	10(26.3%)	14(36.8%)	3(7.9%)	38
环境保护	25(43.9%)	12(21.1%)	14(24.6%)	6(10.5%)	57
城管执法	14(37.8%)	7(18.9%)	11(29.7%)	5(13.5%)	37
M 质量监督检验检疫	7(30.4%)	4(17.4%)	9(39.1%)	3(13.0%)	23
交通运输	5(29.4%)	3(17.7%)	7(41.2%)	2(11.8%)	17
人力资源和社会保障	5(15.6%)	11(34.4%)	11(34.4%)	5(15.6%)	32

表 1-5　不同文化程度受访者对各职能部门依法行政状况评价选择率位序

X/Y	A. 初中以下	B. 高中、中专	C. 大学专科	D. 大学本科及以上
发展改革委(或局)	7	8	4	3
税　务	5	4	1	1
公　安	1	3	—	2
民　政	3	2	3	3
国土资源	9	8	6	5
住房和城乡建设	8	9	5	7
文化教育	2	1	2	4
工商行政管理	6	5	5	8
安全生产监管	9	6	7	7
食品药品监管	10	8	5	8
环境保护	4	6	5	5
城管执法	8	10	6	6
质量监督检验检疫	11	11	8	8
交通运输	12	12	9	9
人力资源和社会保障	12	7	6	—

通过表 1-4 和表 1-5 不同文化程度的受访者对 M 县各个部门的选项选择情况的仔细分析和对比，发现不同文化程度的受访者对质量监督检验检疫部

门高度不认可,在选择率位序表中排最末;对文化教育部门依法行政基本认可,在选择率位序表中排位居前。

③基于职业分析

表1-6　不同职业受访者对各职能部门依法行政状况计数和百分比

X/Y	A. 学生	B. 职工	C. 农民	D. 参公公务员	E. 事业单位	F. 私企工商户	G. 自由职业	H. 离退休	I. 其他	小计
发展改革委(或局)	4 (7.8%)	8 (15.7%)	5 (9.8%)	6 (11.8%)	9 (17.7%)	5 (9.8%)	8 (15.7%)	3 (5.9%)	3 (5.9%)	51
税　务	3 (4.0%)	11 (14.7%)	9 (12.0%)	10 (13.3%)	18 (24.0%)	11 (14.7%)	8 (10.7%)	2 (2.7%)	3 (4.0%)	75
公　安	5 (5.5%)	11 (12.1%)	19 (20.9%)	6 (6.6%)	13 (14.3%)	14 (15.4%)	14 (15.4%)	1 (1.1%)	8 (8.8%)	91
民　政	3 (3.6%)	10 (12.1%)	14 (16.9%)	9 (10.8%)	14 (16.9%)	11 (13.2%)	16 (19.3%)	1 (1.2%)	5 (6.0%)	83
国土资源	2 (5.1%)	8 (20.5%)	7 (18.0%)	3 (7.7%)	7 (18.0%)	2 (5.1%)	7 (18.0%)	0 (0%)	3 (7.7%)	39
住房和城乡建设	1 (2.4%)	8 (19.5%)	6 (14.6%)	4 (9.8%)	5 (12.2%)	2 (4.9%)	12 (29.3%)	0 (0%)	3 (7.3%)	41
文化教育	2 (2.2%)	15 (16.3%)	21 (22.8%)	7 (7.6%)	14 (15.2%)	13 (14.1%)	13 (14.1%)	2 (2.2%)	5 (5.4%)	92
工商行政管理	1 (2.0%)	7 (13.7%)	7 (13.7%)	4 (7.8%)	4 (7.8%)	16 (31.4%)	8 (15.7%)	1 (2.0%)	3 (5.9%)	51
安全生产监管	2 (5.3%)	6 (15.8%)	6 (15.8%)	4 (10.5%)	5 (13.2%)	4 (10.5%)	8 (21.1%)	0 (0%)	3 (7.9%)	38
食品药品监管	0 (0%)	6 (15.8%)	5 (13.2%)	4 (10.5%)	7 (18.4%)	5 (13.2%)	8 (21.1%)	1 (2.6%)	2 (5.3%)	38
环境保护	1 (1.8%)	8 (14.0%)	11 (19.3%)	3 (5.3%)	8 (14.0%)	7 (12.3%)	12 (21.1%)	0 (0%)	7 (12.3%)	57
城管执法	1 (2.7%)	5 (13.5%)	6 (16.2%)	5 (13.5%)	5 (13.5%)	4 (10.8%)	5 (13.5%)	1 (2.7%)	5 (13.5%)	37
质量监督检验检疫	0 (0%)	6 (26.1%)	1 (4.4%)	3 (13.0%)	2 (8.7%)	3 (13.0%)	6 (26.1%)	0 (0%)	2 (8.7%)	23
交通运输	0 (0%)	5 (29.4%)	3 (17.7%)	2 (11.8%)	2 (11.8%)	1 (5.9%)	3 (17.7%)	0 (0%)	1 (5.9%)	17
人力资源和社会保障	0 (0%)	6 (18.8%)	4 (12.5%)	4 (12.5%)	5 (15.6%)	5 (15.6%)	5 (15.6%)	1 (3.1%)	2 (6.3%)	32

表 1－7　不同职业受访者对各职能部门依法行政状况评价的选择排序

X/Y	A. 学生	B. 职工	C. 农民	D. 参公公务员	E. 事业单位	F. 私企工商户	G. 自由职业	H. 离退休	I. 其他
发展改革委(或局)	2	4	8	4	4	6	5	1	4
税　务	3	2	5	1	1	4	5	2	4
公　安	1	2	2	4	3	2	2	3	1
民　政	3	3	3	2	2	4	1	3	3
国土资源	4	4	6	7	6	9	6	4	4
住房和城乡建设	5	4	7	6	7	9	4	4	4
文化教育	4	1	1	3	2	3	3	2	3
工商行政管理	5	5	6	6	8	1	5	3	4
安全生产监管	4	6	7	6	7	7	5	4	4
食品药品监管	6	6	8	6	6	6	5	3	5
环境保护	5	4	4	7	5	5	4	4	2
城管执法	5	7	7	5	7	7	8	3	3
质量监督检验检疫	6	6	11	7	9	8	7	4	5
交通运输	6	7	10	8	9	10	9	4	6
人力资源和社会保障	6	6	9	6	7	6	8	3	5

通过表 1－6 和表 1－7 不同职业的受访者对于 M 县各个部门选项选择情况的仔细分析和对比，发现不同职业的受访者对不同部门认同没有明显的一致性。

2. 您认为下列哪些因素对行政机关及其工作人员的执法行为具有较强约束力？（可多选）

A. 法律、法规　　B. 红头文件(主要指政策)　　C. 领导批示和指示

D. 道德观念　　E. 社会舆论和评价

(1)总体分析

表2-1 受访者对行政机关及其人员执法行为约束因素总体计数和百分比

选项	选择计数		个案百分比(%)
	个数	百分比(%)	
法律法规	140	33.3	71.1
红头文件(主要指政策)	80	19.1	40.6
领导批示和指示	80	19.1	40.6
道德观念	64	15.2	32.5
社会舆论和评价	56	13.3	28.4
总计	420	100.0	213.2

注:上述“选择计数”列中的“百分比”为各选项次数除以各选项全部被勾选的总次数,该“百分比”的总和等于100%。最后一列“个案百分比”中的数值为各选项被勾选的次数除以有效观察值人数,在多选题中此列百分比总和通常会大于100%。多选题次数分布表要以“个案百分比”列数值来诠释较为贴切。

本题的调查目的在于分析行政机关工作人员作出行政行为的原动力,是将行政法的法源作为行政行为的首要因素,还是依据其他非行政法法源的因素作出。如果是前者为首要因素,那么行政行为的作出基本属于依法行政模式;反之则属于人治的范畴。社会公众作为行政行为的直接作用者和直接观察者,他们的切身感受能够较为真实地反映调查结果。

由表2-1可知,有占到71.1%的受访者选择法律法规对行政机关工作人员行政行为的约束力最强,其后依次是红头文件(主要指政策)(40.6%)、领导批示和指示(40.6%)、道德观念(32.5%)、社会舆论和评价(28.4%)。由此可见,在M县,受访者认为对行政行为约束力最强的是法律法规,这说明M县政府比较符合依法行政的要求,作出行政行为考量的首要因素是法律法规。同时,我们也注意到受访者中没有选择“法律法规”的比例也有近30%,这说明还有相当比例的受访者对M县政府能否真正做到依法行政存有疑虑;第二位是红头文件(主要指政策),比率为40.6%,这说明红头文件(主要指政策)作为传统行政方式依然具有极大的影响力,这与政府依法行政的要求还有相当差距,M县需进一步清理红头文件,明确效力和执行时效,进一步实现依政策行政向依法行政转变。第三位是领导批示和指示(40.6%),说明在M县,领导干部采取什么样的工作方式对政府依法行政的状况具有显著影响,领导干部的批示和口头指示具有明显的人治特征，其比例低则依法行政程度高，如果 M 县政府要进一步推进依法行政，必须进一步加强领导干部依法行政意识，转变工作方式、提高法治思维水平、提升用法治手段解决问题的能力。第四位是道德观念（32.5%），接近七成的受访者不认同道德观念会对行政行为具有约束力，这反映 M 县受访公众中要么认为行政人员的整体道德水平不高，道德约束无法发挥作用；要么认为道德观念是软约束，无法真正约束和制约行政权力和行政行为。最后是社会舆论和评价（28.4%），在当前经济比较发达的地区，社会公众和各类媒体对于行政行为的关注和监督具有较大的影响力，这是符合以公民权利制约公共权力的法治理念的，但在 M 县却排位最后，这与当地属于少数民族边远山区的地理位置有一定联系，但是更重要的可能是当地政府并不怎么关注社会公众和舆论，并不怎么回应社会意见。

结论：在受访者看来，M 县政府行政机关工作人员作出行政行为的原动力为法律法规，依法行政的观念已经初步建立，同时红头文件（主要指政策）、领导干部的批示和指示具有显著影响力，而社会舆论和评价作用缺失，反映在 M 县人治特征明显，说明依法行政改革任重道远。

（2）分类分析

①不同年龄段的分析

表 2－2　不同年龄段受访者对行政机关及人员执法行为约束因素的计数和百分比

X/Y	A. 18～30 岁	B. 31～45 岁	C. 46～59 岁	D. 60 岁以上	选择计数
法律、法规	60（42.9%）	50（35.7%）	27（19.3%）	3（2.1%）	140
红头文件（主要指政策）	31（38.8%）	30（37.5%）	16（20.0%）	3（3.8%）	80
领导批示和指示	35（43.8%）	32（40.0%）	10（12.5%）	3（3.8%）	80
道德观念	31（48.4%）	22（34.4%）	10（15.6%）	1（1.6%）	64
社会舆论和评价	27（48.2%）	19（33.9%）	9（16.1%）	1（1.8%）	56

表 2－3　不同年龄段受访者对行政机关及人员执法行为约束因素选择率位序

X/Y	A. 18～30 岁	B. 31～45 岁	C. 46～59 岁	D. 60 岁以上
法律、法规	1	1	1	1
红头文件（主要指政策）	3	3	2	1
领导批示和指示	2	2	3	1

续表

X/Y	A. 18 ~ 30 岁	B. 31 ~ 45 岁	C. 46 ~ 59 岁	D. 60 岁以上
道德观念	3	4	3	2
社会舆论和评价	4	5	4	2

从表 2 - 2、表 2 - 3 可以看出,不同年龄段的受访者对于法律法规的约束力是高度认同的,在选择率位序表中均排第一。

②不同文化程度的分析

表 2 - 4　不同文化程度受访者对行政机关及人员执法行为约束因素的计数和百分比

X/Y	A. 初中以下	B. 高中、中专	C. 大学专科	D. 大学本科及以上	小计
法律、法规	50(35.7%)	42(30.0%)	33(23.6%)	15(10.7%)	140
红头文件(主要指政策)	27(33.8%)	18(22.5%)	28(35.0%)	7(8.8%)	80
领导批示和指示	32(40.0%)	22(27.5%)	21(26.3%)	5(6.3%)	80
道德观念	23(35.9%)	20(31.3%)	14(21.9%)	7(10.9%)	64
社会舆论和评价	15(26.8%)	17(30.4%)	18(32.1%)	6(10.7%)	56

表 2 - 5　不同文化程度受访者对行政机关及人员执法行为约束因素选择率位序

X/Y	A. 初中以下	B. 高中、中专	C. 大学专科	D. 大学本科及以上
法律、法规	1	1	1	1
红头文件(主要指政策)	3	4	2	2
领导批示和指示	2	2	3	4
道德观念	4	3	5	2
社会舆论和评价	5	5	4	3

由表 2 - 4、表 2 - 5 可知,不同文化程度受访者对法律法规的约束力是高度认可的,在选择率位序表中均排第一。

③不同职业的分析

表2-6 不同职业受访者对行政机关及人员执法行为约束因素的计数和百分比

X/Y	A. 学生	B. 职工	C. 农民	D. 参公公务员	E. 事业单位	F. 私企工商户	G. 自由职业	H. 离退休	I. 其他	小计
法律、法规	6 (4.3%)	18 (12.9%)	27 (19.3%)	13 (9.3%)	17 (12.1%)	20 (14.3%)	27 (19.3%)	3 (2.1%)	9 (6.4%)	140
红头文件(主要指政策)	1 (1.3%)	13 (16.3%)	11 (13.8%)	5 (6.3%)	16 (20.0%)	18 (22.5%)	10 (12.5%)	1 (1.3%)	5 (6.3%)	80
领导批示和指示	1 (1.3%)	6 (7.5%)	22 (27.5%)	4 (5.0%)	13 (16.3%)	16 (20.0%)	14 (17.5%)	2 (2.5%)	2 (2.5%)	80
道德观念	4 (6.3%)	7 (10.9%)	11 (17.2%)	5 (7.8%)	10 (15.6%)	6 (9.4%)	14 (21.9%)	2 (3.1%)	5 (7.8%)	64
社会舆论和评价	1 (1.8%)	5 (8.9%)	11 (19.6%)	3 (5.4%)	10 (17.9%)	10 (17.9%)	10 (17.9%)	1 (1.8%)	5 (8.9%)	56

表2-7 不同职业受访者对行政机关及人员执法行为约束因素选择率位序

X/Y	A. 学生	B. 职工	C. 农民	D. 参公公务员	E. 事业单位	F. 私企工商户	G. 自由职业	H. 离退休	I. 其他
法律、法规	1	1	1	1	1	1	1	1	1
红头文件(主要指政策)	3	2	3	2	2	2	4	3	2
领导批示和指示	3	4	2	3	3	3	2	2	3
道德观念	2	3	3	2	4	5	3	2	2
社会舆论和评价	3	5	3	4	4	4	4	3	2

从表2-6、表2-7可以看出,所有职业群体都高度认可法律法规的约束力,在选择率位序表中均排在第一。

3. 您认为目前本地区行政审批制度改革的状况是?(单选)

A. 行政许可和审批事项大幅减少,办事效率明显提高

B. 行政许可和审批事项得到了清理,但办事程序烦琐,办事效率不高

C. 行政许可和审批事项得到了清理,但改头换面,明减暗增

D. 行政许可和审批事项没有得到清理,与以前差不多

本题的调查目的在于分析行政审批改革在M县的具体落实情况,新一轮行政审批改革的核心要义是减政放权,大幅减少前置审批和许可数量,提高社会和市场活力,根治“明减暗增”“边减边增”“捉迷藏”“掺水分”等顽疾,新一轮行政审批的实际效果如何关键在落实,而社会公众和组织作为行政审批改革的最终承受者和直接受益者,他们的切身感受能够较为真实地反映新一轮行政审批改革的实际效果。

(1)总体分析

表3-1 受访者对行政审批制度改革总体计数和百分比

选 项	选择计数		个案百分比(%)
	个 数	百分比(%)	
行政许可和审批事项大幅减少,办事效率明显提高	98	49.8	49.8
行政许可和审批事项得到了清理,但办事程序烦琐,办事效率不高	56	28.4	28.4
行政许可和审批事项得到了清理,但改头换面,明减暗增	20	10.2	10.2
行政许可和审批事项没有得到清理,与以前差不多	23	11.7	11.7
总 计	197	100.1	100.1

从表3-1可以看出,受访者选择“行政许可和审批事项大幅减少,办事效率明显提高”的比例为49.8%,意味着在M县只有不到一半的受访者感受到了新一轮行政审批改革中在减审批事项及办事效率提升上的变化,当前行政许可和审批改革已经进入深水区,M县还需要进一步提高服务意识,不断创新便民服务,提高公众的感知度。然后依次是“行政许可和审批事项得到了清理,但办事程序烦琐,办事效率不高”(28.4%)、“行政许可和审批事项没有得到清理,与以前差不多”(11.7%)和“行政许可和审批事项得到了清理,但改头换面,明减暗增”(10.2%),这也进一步说明M县行政审批制度改革实施情况不尽如人意,还必须大力加强行政审批事项的清理,同时必须进一步提升服务意识。

结论:M县行政审批制度改革实施情况不尽如人意,还必须大力加强行政审批事项的清理,同时必须进一步提升服务意识。

(2)分类分析

①基于年龄分析

表3-2 不同年龄段受访者对行政审批制度改革计数和百分比

X/Y	A. 18~30岁	B. 31~45岁	C. 46~59岁	D. 60岁以上	选择计数
行政许可和审批事项大幅减少,办事效率明显提高	33(33.7%)	49(50.0%)	13(13.3%)	3(3.1%)	98
行政许可和审批事项得到了清理,但办事程序烦琐,办事效率不高	29(51.8%)	16(28.6%)	9(16.1%)	2(3.6%)	56
行政许可和审批事项得到了清理,但改头换面,明减暗增	9(45.0%)	8(40.0%)	3(15.0%)	0(0%)	20
行政许可和审批事项没有得到清理,与以前差不多	9(39.1%)	4(17.4%)	10(43.5%)	0(0%)	23

表3-3 不同年龄段受访者对行政审批制度改革选择率位序

X/Y	A. 18~30岁	B. 31~45岁	C. 46~59岁	D. 60岁以上
行政许可和审批事项大幅减少,办事效率明显提高	1	1	1	1
行政许可和审批事项得到了清理,但办事程序烦琐,办事效率不高	2	2	3	2
行政许可和审批事项得到了清理,但改头换面,明减暗增	3	3	4	3
行政许可和审批事项没有得到清理,与以前差不多	3	4	2	3

通过表3-2、表3-3的对比与分析不难看出,不同年龄段的受访者对"行政许可和审批事项大幅减少,办事效率明显提高"和"行政许可和审批事项得到了清理,但办事程序烦琐,办事效率不高"选择高度一致,分别在选择率位序表中排第一和第二。

②基于文化程度分析

表3-4 不同文化程度受访者对行政审批制度改革计数和百分比

X/Y	A. 初中以下	B. 高中、中专	C. 大学专科	D. 大学本科及以上	小计
行政许可和审批事项大幅减少,办事效率明显提高	38(38.8%)	30(30.6%)	17(17.4%)	13(13.3%)	98
行政许可和审批事项得到了清理,但办事程序烦琐,办事效率不高	19(33.9%)	19(33.9%)	16(28.6%)	2(3.6%)	56
行政许可和审批事项得到了清理,但改头换面,明减暗增	9(45.0%)	3(15.0%)	7(35.0%)	1(5.0%)	20
行政许可和审批事项没有得到清理,与以前差不多	8(34.8%)	8(34.8%)	5(21.7%)	2(8.7%)	23

表3-5 不同文化程度受访者对行政审批制度改革选择率位序

X/Y	A. 初中以下	B. 高中、中专	C. 大学专科	D. 大学本科及以上
行政许可和审批事项大幅减少,办事效率明显提高	1	1	1	1
行政许可和审批事项得到了清理,但办事程序烦琐,办事效率不高	2	2	2	2
行政许可和审批事项得到了清理,但改头换面,明减暗增	3	4	3	3
行政许可和审批事项没有得到清理,与以前差不多	4	3	4	2

经过表3-4、表3-5分析发现,在行政审批改革事项上,不同文化程度受访者在“行政许可和审批事项大幅减少,办事效率明显提高”“行政许可和审批事项得到了清理,但办事程序烦琐,办事效率不高”选择上高度一致,分别在选择率位序表中排第一、第二位。

③基于职业分析

表3-6 不同职业受访者对行政审批制度改革计数和百分比

X/Y	A. 学生	B. 职工	C. 农民	D. 参公公务员	E. 事业单位	F. 私企工商户	G. 自由职业	H. 离退休	I. 其他	小计
行政许可和审批事项大幅减少，办事效率明显提高	4 (4.1%)	12 (12.2%)	21 (21.4%)	7 (7.1%)	15 (15.3%)	21 (21.4%)	9 (9.2%)	2 (2.0%)	7 (7.1%)	98
行政许可和审批事项得到了清理，但办事程序烦琐，办事效率不高	2 (3.6%)	5 (8.9%)	11 (19.6%)	3 (5.4%)	6 (10.7%)	8 (14.3%)	14 (25.0%)	1 (1.8%)	6 (10.7%)	56
行政许可和审批事项得到了清理，但改头换面，明减暗增	0 (0%)	1 (5.0%)	5 (25.0%)	4 (20.0%)	1 (5.0%)	3 (15.0%)	6 (30.0%)	0 (0%)	0 (0%)	20
行政许可和审批事项没有得到清理，与以前差不多	1 (4.4%)	3 (13.0%)	2 (8.7%)	0 (0%)	6 (26.1%)	3 (13.0%)	6 (26.1%)	1 (4.4%)	1 (4.4%)	23

表3-7 不同职业受访者对行政审批制度改革选择率位序

X/Y	A. 学生	B. 职工	C. 农民	D. 参公公务员	E. 事业单位	F. 私企工商户	G. 自由职业	H. 离退休	I. 其他
行政许可和审批事项大幅减少，办事效率明显提高	1	1	1	1	1	1	2	1	1
行政许可和审批事项得到了清理，但办事程序烦琐，办事效率不高	2	2	2	3	2	2	1	2	2
行政许可和审批事项得到了清理，但改头换面，明减暗增	4	4	3	2	3	3	3	3	4
行政许可和审批事项没有得到清理，与以前差不多	3	3	4	4	2	3	3	2	3

从表3－6、表3－7的数据分析可看出，不同职业受访者对M县行政审批事项改革的正面评价基本一致，“行政许可和审批事项大幅减少，办事效率明显提高”选择率位序表均排第一。

4. 您去本地区的政务服务中心或乡镇便民服务中心办事，同过去相比，现在的情况是？（单选）

A. 办事流程简化，办事效率提高　　B. 办事流程不变，办事效率一般

C. 办事流程不变，办事效率低下　　D. 办事流程烦琐，办事更加困难

本题的调查目的在于分析政务服务中心是否高效便民。如果地方政府把行政审批、行政许可纳入政务服务中心和乡镇便民服务中心，权限清晰、项目规范、流程优化、时限明确，按时办结，则达到了高效便民的要求。社会公众作为行政审批的直接服务对象和观察者，他们的切身感受能够较为真实地反映调查结果。

（1）总体分析

表4－1　受访者对政务服务中心或乡镇便民服务中心办事遇到情况总体计数和百分比

选　项	选择计数		个案百分比(%)
	个　数	百分比(%)	
办事流程简化，办事效率提高	119	60.4	60.4
办事流程不变，办事效率一般	48	24.4	24.4
办事流程不变，办事效率低下	20	10.2	10.2
办事流程烦琐，办事更加困难	10	5.1	5.1
总　计	197	100.1	100.1

由表4－1可知，有占到60.4%的受访者选择在政务服务中心或乡镇便民服务中心办事遇到的情况为“办事流程简化，办事效率提高”。在M县，六成左右的受访者认为政务服务中心或乡镇便民服务中心“办事流程简化，办事效率提高”，这说明M县政务服务中心总体上能按依法行政要求开展行政许可和审批工作，能够得到六成左右服务对象的肯定。下一步应积极提高服务作风，进一步提高工作效率。其后，依次是“办事流程不变，办事效率一般”（24.4%）、“办事流程不变，办事效率低下”（10.2%）、“办事流程烦琐，办事更加困难”（5.1%）。这反映出，M县政务服务中心或乡镇便民服务中心某些事务及处理流程还存在着死角和阻碍，导致办事效率不高，这可能来源于办公设施、管理体

制或运行机制某些方面或某几方面，也可能由于没有充分考虑公众感受，因而需要不断自查自纠、他查他纠和社会监督评估，进一步提高服务意识和完善服务流程，同时加大政务服务中心或乡镇便民服务中心的软硬件建设，从而最终实现“高效”“便民”。

结论：在受访公众看来，M 县政务服务中心或乡镇便民服务中心在提高行政审批高效便民方面取得了一定效果，但是，受众的总体感知度不高，下一步 M 县各政务服务中心和乡镇便民中心必须进一步提高服务意识，完善设施、简化流程、提高效率，使政务服务工作达标。

(2)分类分析

①不同年龄段分析

表 4-2 不同年龄段受访者对政务服务中心或乡镇便民服务中心办事遇到情况计数和百分比

X/Y	A. 18～30 岁	B. 31～45 岁	C. 46～59 岁	D. 60 岁以上	选择计数
办事流程简化，办事效率提高	47(39.5%)	48(40.3%)	22(18.5%)	2(1.7%)	119
办事流程不变，办事效率一般	22(45.8%)	16(33.3%)	7(14.6%)	3(6.3%)	48
办事流程不变，办事效率低下	7(35.0%)	9(45.0%)	4(20.0%)	0(0%)	20
办事流程烦琐，办事更加困难	4(40.0%)	4(40.0%)	2(20.0%)	0(0%)	10

表 4-3 不同年龄段受访者对政务服务中心或乡镇便民服务中心办事遇到情况选择率

X/Y	A. 18～30 岁	B. 31～45 岁	C. 46～59 岁	D. 60 岁以上
办事流程简化，办事效率提高	1	1	1	2
办事流程不变，办事效率一般	2	2	2	1
办事流程不变，办事效率低下	3	3	3	3
办事流程烦琐，办事更加困难	4	4	4	3

从表 4-2、表 4-3 可以看出，不同年龄段的受访者对于政务服务中心或乡镇便民服务中心“办事流程简化，办事效率提高”的认同度较高，选择率位序表中基本排第一。同时，对“办事流程不变，办事效率一般”选择比较一致，选择率位序表中基本排第二。

②不同文化程度分析

表4-4　不同文化程度受访者对政务服务中心或乡镇便民服务中心办事遇到情况计数和百分比

X/Y	A. 初中以下	B. 高中、中专	C. 大学专科	D. 大学本科及以上	小计
办事流程简化,办事效率提高	47(39.5%)	33(27.7%)	26(21.9%)	13(10.9%)	119
办事流程不变,办事效率一般	16(33.3%)	18(37.5%)	11(22.9%)	3(6.3%)	48
办事流程不变,办事效率低下	10(50.0%)	4(20.0%)	6(30.0%)	0(0%)	20
办事流程烦琐,办事更加困难	1(10.0%)	5(50.0%)	2(20.0%)	2(20.0%)	10

表4-5　不同文化程度受访者对政务服务中心或乡镇便民服务中心办事遇到情况选择率

X/Y	A. 初中以下	B. 高中、中专	C. 大学专科	D. 大学本科及以上
办事流程简化,办事效率提高	1	1	1	1
办事流程不变,办事效率一般	2	2	2	2
办事流程不变,办事效率低下	3	4	3	4
办事流程烦琐,办事更加困难	4	3	4	3

由表4-4、表4-5可以看出,不同文化程度的受访者对政务服务中心或乡镇便民服务中心"办事流程简化,办事效率提高"和"办事流程不变,办事效率一般"选择高度一致,选择率位序表中分别排第一和第二。

③不同职业分析

表4-6　不同职业受访者对政务服务中心或乡镇便民服务中心办事遇到情况计数和百分比

X/Y	A. 学生	B. 职工	C. 农民	D. 参公公务员	E. 事业单位	F. 私企工商户	G. 自由职业	H. 离退休	I. 其他	小计
办事流程简化,办事效率提高	4 (3.4%)	17 (14.3%)	22 (18.5%)	9 (7.6%)	18 (15.1%)	21 (17.7%)	19 (16.0%)	2 (1.7%)	7 (5.9%)	119
办事流程不变,办事效率一般	2 (4.2%)	2 (4.2%)	9 (18.8%)	3 (6.3%)	6 (12.5%)	8 (16.7%)	10 (20.8%)	1 (2.1%)	7 (14.6%)	48

续表

X/Y	A. 学生	B. 职工	C. 农民	D. 参公公务员	E. 事业单位	F. 私企工商户	G. 自由职业	H. 离退休	I. 其他	小计
办事流程不变,办事效率低下	1 (5.0%)	2 (10.0%)	6 (30.0%)	1 (5.0%)	2 (10.0%)	5 (25.0%)	3 (15.0%)	0 (0%)	0 (0%)	20
办事流程烦琐,办事更加困难	0 (0%)	0 (0%)	2 (20.0%)	1 (10.0%)	2 (20.0%)	1 (10.0%)	3 (30.0%)	1 (10.0%)	0 (0%)	10

表 4－7　不同职业受访者对政务服务中心或乡镇便民服务中心办事遇到情况选择率位序

X/Y	A. 学生	B. 职工	C. 农民	D. 参公公务员	E. 事业单位	F. 私企工商户	G. 自由职业	H. 离退休	I. 其他
办事流程简化,办事效率提高	1	1	1	1	1	1	1	1	1
办事流程不变,办事效率一般	2	2	2	2	2	2	2	2	1
办事流程不变,办事效率低下	3	2	3	3	3	3	3	3	2
办事流程烦琐,办事更加困难	4	3	4	3	3	4	3	2	2

从表 4－6、表 4－7 可以看出,不同职业的受访者对“办事流程简化,办事效率提高”选择高度一致,说明不同职业受访者对于此项达到共识。

5.(1)您是否知道可以到本地区政府官网上查找需要的政府信息?(单选)

A. 知道　　　　B. 不知道

(2)当您到本地区政府官网上查找你所需要的政府信息时,您遇到的情况是:(单选)

A. 能够方便地查找到相关信息

B. 能够查找到相关信息,但是很费劲

C. 能够打开相关链接,但是查找到的相关信息不完整

D. 不能查找到相关信息

本题调查目的在于分析行政机关网站履行信息公开法定义务的情况。政府官网依法公开政府信息是考察政府依法行政的重要指标,社会公众作为政府官网信息公开的直接观察者或受益者,他们通过政府官网查找需要的政府信息的切身感受能够真实地反映调查结果。

(1)总体分析

表5(1)-1　受访者对本地区政府官网查找政府信息情况的总体计数和百分比

选　项	选择计数		个案百分比(%)
	个　数	百分比(%)	
知　道	78	39.6	39.6
不知道	119	60.4	60.41
总　计	197	100.0	100.0

由表5(1)-1可知,只有39.6%的受访者"知道"可以到本地区政府官网上查找需要的政府信息,表明M县政府官网信息公开的宣传非常一般,仅有40%的受访民众知道在政府官网可以查找政府信息。

表5(2)-1　受访者对本地区政府官网查找政府信息情况的总体计数和百分比

选　项	选择计数		个案百分比(%)
	个　数	百分比(%)	
能够方便地查找到相关信息	36	46.2	46.2
能够查找到相关信息,但是很费劲	14	18.0	18.0
能够打开相关链接,但是查找到的相关信息不完整	26	33.3	33.3
不能查找到相关信息	2	2.6	2.6
总　计	78	100.1	100.1

而由5(2)-1可知,在78名选择"知道"的受访者中又仅有46.2%的人认可"能够方便地查找到相关信息",而直接持负面看法的受访者比例高达53.9%,分别为"能够打开相关链接,但是查找到的相关信息不完整"(33.3%)、"能够查找到相关信息,但是很费劲"(18.0%)和"不能查找到相关信息"(2.6%)。这说明,M县不仅在政府信息网络化工作的社会宣传非常糟糕,而且在政府信息网站的日常维护管理以及信息发布的完整性方面也存在比较突出的问题,不能满足公众通过政府官网及时了解所需政府信息的需求。

结论:通过以上分析可以得出,M县政府官网信息化建设及信息公开工作,离上级要求和群众诉求都存在相当的差距,必须切实督管好县政府及各职能部门和各乡镇政务信息的及时上网与更新,并强化社会宣传,使公众了解政府官网信息公开事项,并能便捷地获取所需信息。

(2)分类分析

①不同年龄段分析

表 5(1)-2 不同年龄段受访者对政府官网上查找需要的政府信息评价总体选择计数和百分比

X/Y	A. 18~30 岁	B. 31~45 岁	C. 46~59 岁	D. 60 岁以上	选择计数
知　道	33(42.3%)	31(39.7%)	13(16.7%)	1(1.3%)	78
不知道	47(39.5%)	46(38.7%)	22(18.5%)	4(3.4%)	119

表 5(1)-3 不同年龄段受访者对政府官网上查找需要的政府信息评价选择率位序

X/Y	A. 18~30 岁	B. 31~45 岁	C. 46~59 岁	D. 60 岁以上
知　道	2	2	2	2
不知道	1	1	1	1

表 5(2)-2 不同年龄段受访者对政府官网上查找政府信息时遇到情况的评价总体选择计数和百分比

X/Y	A. 18~30 岁	B. 31~45 岁	C. 46~59 岁	D. 60 岁以上	选择计数
能够方便地查找到相关信息	11(30.6%)	19(52.8%)	6(16.7%)	0(0%)	36
能够查找到相关信息,但是很费劲	8(57.1%)	3(21.4%)	3(21.4%)	0(0%)	14
能够打开相关链接,但是查找到的相关信息不完整	12(46.2%)	9(34.6%)	4(15.4%)	1(3.9%)	26
不能查找到相关信息	2(100.0%)	0(0%)	0(0%)	0(0%)	2

表 5(2)-3 不同年龄段受访者对政府官网上查找政府信息时遇到情况的评价选择率位序

X/Y	A. 18~30 岁	B. 31~45 岁	C. 46~59 岁	D. 60 岁以上
能够方便地查找到相关信息	2	1	1	2
能够查找到相关信息,但是很费劲	3	3	3	2
能够打开相关链接,但是查找到的相关信息不完整	1	2	2	1
不能查找到相关信息	4	4	4	2

由表5(1)-2、表5(1)-3、表5(2)-2、表5(2)-3可知,不同年龄段的受访者对于“不知道”选项都排名第一,而在选择“知道”的受访者中选择“能够打开相关链接,但是查找到的相关信息不完整”选择高度认同,在选择率位序表中不是第一就是第二。

②不同文化程度分析

表5(1)-4　不同文化程度受访者对政府官网上查找需要的政府信息评价选择计数和百分比

X/Y	A. 初中以下	B. 高中、中专	C. 大学专科	D. 大学本科及以上	小计
知　道	16(20.5%)	20(25.6%)	29(37.2%)	13(16.7%)	78
不知道	58(48.7%)	40(33.6%)	16(13.5%)	5(4.2%)	119

表5(1)-5　不同文化程度受访者对政府官网上查找需要的政府信息评价选择率位序

X/Y	A. 初中以下	B. 高中、中专	C. 大学专科	D. 大学本科及以上
知　道	2	2	1	1
不知道	1	1	2	2

表5(2)-4　不同文化程度受访者对政府官网上查找政府信息时遇到情况的评价选择计数和百分比

X/Y	A. 初中以下	B. 高中、中专	C. 大学专科	D. 大学本科及以上	小计
能够方便地查找到相关信息	6(16.7%)	8(22.2%)	14(38.9%)	8(22.2%)	36
能够查找到相关信息,但是很费劲	6(42.9%)	3(21.4%)	4(28.6%)	1(7.1%)	14
能够打开相关链接,但是查找到的相关信息不完整	3(11.5%)	9(34.6%)	10(38.5%)	4(15.4%)	26
不能查找到相关信息	1(50.0%)	0(0%)	1(50.0%)	0(0%)	2

表5(2)-5　不同文化程度受访者对政府官网上查找政府信息时遇到情况的评价选择率位序

X/Y	A. 初中以下	B. 高中、中专	C. 大学专科	D. 大学本科及以上
能够方便地查找到相关信息	1	2	1	1
能够查找到相关信息,但是很费劲	1	3	3	3

续表

X/Y	A. 初中以下	B. 高中、中专	C. 大学专科	D. 大学本科及以上
能够打开相关链接，但是查找到的相关信息不完整	2	1	2	2
不能查找到相关信息	3	4	4	4

由表5(1)-4、表5(1)-5及表5(2)-4、表5(2)-5可以看出，选择“知道”选项的以高学历的人群为主，而低学历人群选择“不知道”的居多，而选择“知道”的人群中，对“能够方便地查找到相关信息”和“能够打开相关链接，但是查找到的相关信息不完整”选项的认同存在分化，在选择率位序表中要么第一要么第二，这说明M县政府官网信息化建设对于兼顾不同群体居民需求需要进行创新，让人民群众更方便地获得政府信息。

③不同职业分析

表5(1)-6 不同职业受访者对政府官网上查找需要的政府信息评价选择计数和百分比

X/Y	A. 学生	B. 职工	C. 农民	D. 参公公务员	E. 事业单位	F. 私企工商户	G. 自由职业	H. 离退休	I. 其他	小计
知道	3 (3.9%)	11 (14.1%)	6 (7.7%)	11 (14.1%)	16 (20.5%)	13 (16.7%)	10 (12.8%)	1 (1.3%)	7 (9.0%)	78
不知道	4 (3.4%)	10 (8.4%)	33 (27.7%)	3 (2.5%)	12 (10.1%)	22 (18.5%)	25 (21.0%)	3 (2.5%)	7 (5.9%)	119

表5(1)-7 不同职业受访者对政府官网上查找需要的政府信息评价的选择排序

X/Y	A. 学生	B. 职工	C. 农民	D. 参公公务员	E. 事业单位	F. 私企工商户	G. 自由职业	H. 离退休	I. 其他
知道	2	1	2	1	1	2	2	2	1
不知道	1	2	1	2	2	1	1	1	1

表5(2)-6 不同职业受访者对政府官网上查找政府信息时遇到情况的评价选择计数和百分比

X/Y	A. 学生	B. 职工	C. 农民	D. 参公公务员	E. 事业单位	F. 私企工商户	G. 自由职业	H. 离退休	I. 其他	小计
能够方便地查找到相关信息	0 (0%)	9 (25.0%)	3 (8.3%)	6 (16.7%)	9 (25.0%)	4 (11.1%)	3 (8.3%)	0 (0%)	2 (5.6%)	36
能够查找到相关信息，但是很费劲	2 (14.3%)	0 (0%)	3 (21.4%)	0 (0%)	2 (14.3%)	3 (21.4%)	3 (21.4%)	0 (0%)	1 (7.1%)	14

续表

X/Y	A. 学生	B. 职工	C. 农民	D. 参公公务员	E. 事业单位	F. 私企工商户	G. 自由职业	H. 离退休	I. 其他	小计
能够打开相关链接,但是查找到的相关信息不完整	1 (3.9%)	2 (7.7%)	0 (0%)	5 (19.2%)	5 (19.2%)	6 (23.1%)	4 (15.4%)	1 (3.9%)	2 (7.7%)	26
不能查找到相关信息	0 (0%)	0 (0%)	0 (0%)	0 (0%)	0 (0%)	0 (0%)	0 (0%)	0 (0%)	2 (100.0%)	2

表5(2)-7　不同职业受访者对政府官网上查找政府信息时遇到情况的评价的选择排序

X/Y	A. 学生	B. 职工	C. 农民	D. 参公公务员	E. 事业单位	F. 私企工商户	G. 自由职业	H. 离退休	I. 其他
能够方便地查找到相关信息	3	1	1	1	1	2	2	2	1
能够查找到相关信息,但是很费劲	1	3	1	3	3	3	2	2	2
能够打开相关链接,但是查找到的相关信息不完整	2	2	2	2	2	1	1	1	1
不能查找到相关信息	3	3	2	3	4	4	3	2	1

从表5(1)-6、表5(1)-7及表5(2)-6、表5(2)-7可以看出,选择“知道”选项的主要是体制内的人员,其他人群选择“不知道”的居多。在选择“知道”的人群中,也是体制内人员选择“能够方便地查找到相关信息”居多,而其他人群更愿意选择“能够打开相关链接,但是查找到的相关信息不完整”选项。

6. 据您所知,本地区政府在作出事关重大民生或环境保护方面的决策时,是否公开举行了听证?(单选)

A. 举行了公开听证　　**B. 没有举行公开听证**

C. 个别情况下举行了公开听证

本题的调查目的在于分析行政机关在事关重大民生或环境保护方面决策时是否履行了法定的公开听证程序。社会公众作为政府重大民生或环境保护决策公开听证的受益者和观察者,他们的切身感受能够客观真实地反映调查结果。

(1)总体分析

表6-1 受访者对政府在作出事关民生或环境保护的重大决策时公开听证的情况总体计数和百分比

选　项	选择计数		个案百分比(%)
	个　数	百分比(%)	
举行了公开听证	63	32.0	32.0
没有举行公开听证	65	33.0	33.0
个别情况下举行了公开听证	69	35.0	35.0
总　计	197	100.0	100.0

由表6-1可知,政府在事关民生或环境保护的重大决策时,仅有32.0%的受访者认为“举行了公开听证”,35.0%的受访者认为“个别情况下举行了公开听证”,而有33.0%的受访者认为“没有举行公开听证”。这说明大多数的公众对M县政府在事关重大民生和环境保护方面的决策时,是否举行了公开听证程序持怀疑或否定等负面态度。这要么反映M县范围内不少公众对本地政治事务参与和关注意识不高,要么说明部分公众难以了解M县政府民生、环保重大决策过程信息,存在信息空白,甚至疑虑和不满。

结论:绝大部分受访公众对M县政府重大民生和环境保护决策公开听证程序及工作,持疑虑或否定等负面态度。这要求M县政府未来,在事关重大民生或环境保护方面决策时不仅要履行好公开听证程序,而且还应该做好相关信息的及时发布与到位宣传,使普通民众能及时便捷地了解、参与公开听证,增强决策的依法合规性和民意基础。

(2)分类分析

①不同年龄段分析

表6-2 不同年龄段受访者对政府在作出事关民生或环境保护的重大决策时公开听证的情况计数和百分比

X/Y	A.18~30岁	B.31~45岁	C.46~59岁	D.60岁以上	选择计数
举行了公开听证	31(49.2%)	24(38.1%)	6(9.5%)	2(3.2%)	63
没有举行公开听证	25(38.5%)	25(38.5%)	15(23.1%)	0(0%)	65
个别情况下举行了公开听证	24(34.8%)	28(40.6%)	14(20.3%)	3(4.4%)	69

表6－3　不同年龄段受访者对政府在作出事关民生或环境保护的重大决策时公开听证的情况选择率位序

X/Y	A. 18～30岁	B. 31～45岁	C. 46～59岁	D. 60岁以上
举行了公开听证	1	3	3	2
没有举行公开听证	2	2	1	3
个别情况下举行了公开听证	3	1	2	1

通过对表6－2、表6－3内容的仔细分析和对比，发现不同年龄段的受访者在政府事关重大民生和环保决策时，对是否公开听证情况选择非常分化，没有形成完全一致的看法，说明对于M县是否举行听证存在较大分歧。

②不同文化程度分析

表6－4　不同文化程度受访者对政府在作出事关民生或环境保护的重大决策时公开听证的情况计数和百分比

X/Y	A. 初中以下	B. 高中、中专	C. 大学专科	D. 大学本科及以上	小计
举行了公开听证	20（31.8%）	18（28.6%）	15（23.8%）	10（15.9%）	63
没有举行公开听证	33（50.8%）	17（26.2%）	11（16.9%）	4（6.2%）	65
个别情况下举行了公开听证	21（30.4%）	25（36.2%）	19（27.5%）	4（5.8%）	69

表6－5　不同文化程度受访者对政府在作出事关民生或环境保护的重大决策时公开听证的情况选择率位序

X/Y	A. 初中以下	B. 高中、中专	C. 大学专科	D. 大学本科及以上
举行了公开听证	3	2	2	1
没有举行公开听证	1	3	3	2
个别情况下举行了公开听证	2	1	1	2

由表6－4、表6－5可以看出，不同文化程度的受访者在政府事关重大民生和环保决策时，对是否公开听证的各种情况选择非常分化，没有形成完全一致的看法，说明对于M县是否举行听证存在较大分歧。

③不同职业分析

表6-6 不同职业受访者对政府在作出事关民生或环境保护的重大决策时公开听证的情况计数和百分比

X/Y	A. 学生	B. 职工	C. 农民	D. 参公公务员	E. 事业单位	F. 私企工商户	G. 自由职业	H. 离退休	I. 其他	小计
举行了公开听证	4 (6.4%)	10 (15.9%)	9 (14.3%)	7 (11.1%)	12 (19.1%)	8 (12.7%)	8 (12.7%)	2 (3.2%)	3 (4.8%)	63
没有举行公开听证	0 (0%)	6 (9.2%)	18 (27.7%)	1 (1.5%)	6 (9.2%)	14 (21.5%)	12 (18.5%)	0 (0%)	8 (12.3%)	65
个别情况下举行了公开听证	3 (4.4%)	5 (7.3%)	12 (17.4%)	6 (8.7%)	10 (14.5%)	13 (18.8%)	15 (21.7%)	2 (2.9%)	3 (4.4%)	69

表6-7 不同职业受访者对政府在作出事关民生或环境保护的重大决策时公开听证的情况选择率位序

X/Y	A. 学生	B. 职工	C. 农民	D. 参公公务员	E. 事业单位	F. 私企工商户	G. 自由职业	H. 离退休	I. 其他
举行了公开听证	1	1	3	1	1	3	3	1	2
没有举行公开听证	3	2	1	3	3	1	2	2	1
个别情况下举行了公开听证	2	3	2	2	2	2	1	1	2

通过表6-6和表6-7仔细分析和对比发现，不同职业的受访者在政府事关民生和环保重大决策事项选择时，对是否公开听证的各种情况选择非常分化，没有形成完全一致的看法，说明对于M县是否举行听证存在较大分歧。

7. 本地区政府在作出重大行政决定时，是否公开听取社会公众的意见？（单选）

A. 事前公开听取了意见

B. 事前不公开听取意见，事后公布了行政决定

C. 偶尔公开听取意见

D. 事前既不公开听取意见，事后也不公开行政决定

（1）总体分析

本题调查目的在于考察四川省依法行政指标体系中决策行为的规范化问题。行政机关是否科学民主依法决策关涉到行政机关依法行政的能力，尤其决策之时，是否听取公众意见，直接决定了决策的公平性，影响决策实施的效果。行政机关在做重大决定尤其关涉民众利益的重大决定时真正听取民众意见，真正做到民众参与,将提升决定的后续执行效率,也是行政机关依法行政能力提升的显现。

表7-1 受访者对本地区政府作出重大决定公开听取社会公众意见情况总计数和百分比

选项	选择计数		个案百分比(%)
	个数	百分比(%)	
事前公开听取了意见	52	26.4	26.4
事前不公开听取意见,事后公布了行政决定	55	27.9	27.9
偶尔公开听取意见	59	30.0	30.0
事前既不公开听取意见,事后也不公开行政决定	31	15.7	15.7
总计	197	100.0	100.0

从表7-1可知,对于"本地区政府在作出重大行政决定时,是否公开听取社会公众的意见"事项,受访者表示"事前公开听取了意见"的仅占26.4%,"偶尔公开听取意见"的占30.0%、"事前不公开听取意见,事后公布了行政决定"占27.9%、"事前既不公开听取意见,事后也不公开行政决定"占15.7%。除"事前公开听取了意见"外的其他三项负面评价合计占到83.6%。这说明,M县行政机关在作出重大行政决定时基本不注重听取社会公众意见。仅有二成多的受访者表示持肯定态度,这可能反映M县范围内相当多的公众对本地政治事务参与和关注意识不高,也可能说明相当多的公众难以知晓M县政府重大决策相关信息,还可能说明M县政府没有形成作出重大行政决定时"事前公开听取意见并事后公布行政决定"的有效机制。

结论:在受访民众看来,M县行政机关在作出重大行政决定时,基本不会公开听取意见,同时也反映出当地民众的关注与参与意识不高,且重大行政决定的信息发布与传递可能存在问题,难以有效直达公众、覆盖各阶层。今后,M县政府部门应改善重大行政决定征求意见的事项及范围和机制,并加强民众参与引导,全方位扩展征求意见的渠道及方式,使公众在重大行政决定中充分反映民意和表达诉求,有效参与政府依法行政,夯实重大决定的民意与执行基础。

(2)分类分析

①基于年龄分析

表7－2　不同年龄段受访者对本地区政府作出重大决定公开听取社会公众意见情况计数和百分比

X/Y	A. 18～30岁	B. 31～45岁	C. 46～59岁	D. 60岁以上	选择计数
事前公开听取了意见	19(36.5%)	27(51.9%)	5(9.6%)	1(1.9%)	52
事前不公开听取意见，事后公布了行政决定	25(45.5%)	21(38.2%)	9(16.4%)	0(0%)	55
偶尔公开听取意见	25(42.4%)	14(23.7%)	18(30.5%)	2(3.4%)	59
事前既不公开听取意见，事后也不公开行政决定	11(35.5%)	15(48.4%)	3(9.7%)	2(6.5%)	31

表7－3　不同年龄段受访者对本地区政府作出重大决定公开听取社会公众意见情况选择率位序

X/Y	A. 18～30岁	B. 31～45岁	C. 46～59岁	D. 60岁以上
事前公开听取了意见	2	1	3	2
事前不公开听取意见，事后公布了行政决定	1	2	2	3
偶尔公开听取意见	1	4	1	1
事前既不公开听取意见，事后也不公开行政决定	3	3	4	1

通过表7－2和表7－3仔细分析和对比后发现，不同年龄段受访者对本地区政府在作出重大行政决定时的各种情况选择基本一致。

②不同文化程度分析

表7－4　不同文化程度受访者对政府在作出事关民生或环境保护的重大决策时公开听证的情况计数和百分比

X/Y	A. 初中以下	B. 高中、中专	C. 大学专科	D. 大学本科及以上	小计
事前公开听取了意见	9(17.3%)	18(34.6%)	15(28.9%)	10(19.2%)	52
事前不公开听取意见，事后公布了行政决定	23(41.8%)	16(29.1%)	12(21.8%)	4(7.3%)	55

续表

X/Y	A. 初中以下	B. 高中、中专	C. 大学专科	D. 大学本科及以上	小计
偶尔公开听取意见	29(49.2%)	14(23.7%)	13(22.0%)	3(5.1%)	59
事前既不公开听取意见,事后也不公开行政决定	13(41.9%)	12(38.7%)	5(16.1%)	1(3.2%)	31

表7-5　不同文化程度受访者对政府在作出事关民生或环境保护的重大决策时公开听证的情况选择率位序

X/Y	A. 初中以下	B. 高中、中专	C. 大学专科	D. 大学本科及以上
事前公开听取了意见	4	1	1	1
事前不公开听取意见,事后公布了行政决定	2	2	3	2
偶尔公开听取意见	1	3	2	3
事前既不公开听取意见,事后也不公开行政决定	3	4	4	4

由表7-4、表7-5可以看出,不同文化程度受访者对本地政府在作出重大行政决定时的各种选择差异不大。

③基于职业分析

表7-6　不同职业受访者对本地区政府作出重大决定公开听取社会公众意见情况计数和百分比

X/Y	A. 学生	B. 职工	C. 农民	D. 参公公务员	E. 事业单位	F. 私企工商户	G. 自由职业	H. 离退休	I. 其他	小计
事前公开听取了意见	2(3.9%)	9(17.3%)	7(13.5%)	7(13.5%)	12(23.1%)	5(9.6%)	7(13.5%)	1(1.9%)	2(3.9%)	52
事前不公开听取意见,事后公布了行政决定	2(3.6%)	6(10.9%)	10(18.2%)	0(0%)	6(10.9%)	12(21.8%)	15(27.3%)	0(0%)	4(7.3%)	55
偶尔公开听取意见	2(3.4%)	5(8.5%)	13(22.0%)	5(8.5%)	5(8.5%)	13(22.0%)	7(11.9%)	2(3.4%)	7(11.9%)	59
事前既不公开听取意见,事后也不公开行政决定	1(3.2%)	1(3.2%)	9(29.0%)	2(6.5%)	5(16.1%)	5(16.1%)	6(19.4%)	1(3.2%)	1(3.2%)	31

表 7－7 不同职业受访者对本地区政府作出重大决定公开听取社会公众意见情况选择率位序

X/Y	A. 学生	B. 职工	C. 农民	D. 参公公务员	E. 事业单位	F. 私企工商户	G. 自由职业	H. 离退休	I. 其他
事前公开听取了意见	1	1	4	1	1	3	2	2	3
事前不公开听取意见，事后公布了行政决定	1	2	2	4	2	2	1	3	2
偶尔公开听取意见	1	3	1	2	3	1	2	1	1
事前既不公开听取意见，事后也不公开行政决定	2	4	3	3	3	3	3	2	4

从表 7－6 与表 7－7 仔细分析和对比中可知，针对本地政府在作出重大行政决定公开听取社会公众意见事项，不同职业受访者没有明显的偏好。

8. 您在与本地区行政机关打交道时，是否遇到“该管的不管”的情况？（单选）

A. 遇到过　　　　　　　　B. 没有遇到

（1）总体分析

本题重点调查四川省依法行政指标体系中行政执法机制的完善。完善的行政执法机制需要依法界定执法权限，有赖于具体、明确、权责利统一的执法流程。本题基于此，通过考察实践中行政机关“该管的不管”这一不作为情况，来达到推进行政执法体制完善的目的。

表 8－1 受访者与本地区行政机关打交道遇到“该管的不管”情况总体计数和百分比

选　项	选择计数		个案百分比（%）
	个　数	百分比（%）	
遇到过	78	39.6	39.6
没有遇到	119	60.4	60.4
参选人数总计	197	100.0	100.0

由表 8－1 可知，与本地区行政机关打交道时，39.6% 的受访者遇到“该管的不管”情况，这或许反映出近四成民众对 M 县政府及各部门与分支机构具体、明确的权责尚不完全了解，也有可能说明部分部门及分支机构存在不作为

情况。

结论:近四成受访民众认为,M县行政机关中部分部门及分支机构,在履行职责过程中存在“该管的不管”不作为情况。这反映出公众对具体、明确、权责利统一的执法流程加快建设的期盼之情,还在一定程度上反映了民众对当前M县政府权力清单制度建设及行政体制改革工作的不认可。

(2)分类分析

①基于年龄的分析

表8-2 不同年龄受访者与本地区行政机关打交道遇到“该管的不管”情况计数和百分比

X/Y	A.18~30岁	B.31~45岁	C.46~59岁	D.60岁以上	选择计数
遇到过	31(39.7%)	28(35.9%)	18(23.1%)	1(1.3%)	78
没有遇到	49(41.2%)	49(41.2%)	17(14.3%)	4(3.4%)	119

表8-3 不同文化程度受访者与本地区行政机关打交道遇到“该管的不管”情况选择率位序

X/Y	A.18~30岁	B.31~45岁	C.46~59岁	D.60岁以上
遇到过	2	2	1	2
没有遇到	1	1	2	1

通过表8-2与表8-3仔细分析和对比可知,不同年龄的受访者与本地区行政机关打交道时,是否遇到“该管的不管”情况的选择基本一致。

②基于文化程度分析

表8-4 不同文化程度受访者对与行政机关打交道时“该管的不管”情况评价选择计数和百分比

X/Y	A.初中以下	B.高中、中专	C.大学专科	D.大学本科及以上	小计
遇到过	31(39.7%)	28(35.9%)	18(23.1%)	1(1.3%)	78
没有遇到	49(41.2%)	49(41.2%)	17(14.3%)	4(3.4%)	119

表8-5 不同文化程度受访者对与行政机关打交道时“该管的不管”情况评价选择率位序

X/Y	A.初中以下	B.高中、中专	C.大学专科	D.大学本科及以上
遇到过	2	2	1	2
没有遇到	1	1	2	1

通过表8－4与表8－5仔细分析和对比可知，不同文化程度的受访者与本地区行政机关打交道时，是否遇到“该管的不管”情况的选择基本一致。

③基于职业分析

表8－6　不同职业受访者对与行政机关打交道时“该管的不管”情况评价选择计数和百分比

X/Y	A. 学生	B. 职工	C. 农民	D. 参公公务员	E. 事业单位	F. 私企工商户	G. 自由职业	H. 离退休	I. 其他	小计
遇到过	4 (5.1%)	8 (10.3%)	16 (20.5%)	2 (2.6%)	10 (12.8%)	15 (19.2%)	17 (21.8%)	2 (2.6%)	4 (5.1%)	78
没有遇到	3 (2.5%)	13 (10.9%)	23 (19.3%)	12 (10.1%)	18 (15.1%)	20 (16.8%)	18 (15.1%)	2 (1.7%)	10 (8.4%)	119

表8－7　不同职业受访者对与行政机关打交道时“该管的不管”情况评价的选择排序

X/Y	A. 学生	B. 职工	C. 农民	D. 参公公务员	E. 事业单位	F. 私企工商户	G. 自由职业	H. 离退休	I. 其他
遇到过	1	2	2	2	2	2	2	1	2
没有遇到	2	1	1	1	1	1	1	1	1

通过表8－6与表8－7仔细分析和对比可知，不同职业的受访者与本地区行政机关打交道时，是否遇到“该管的不管”情况的选择基本一致。

9. 您在与本地区行政机关打交道时，是否遇到“不该管的瞎管”的情况？(单选)

A. 遇到过　　　　**B. 没有遇到**

(1)总体分析

本题重点调查四川省依法行政指标体系中行政执法机制的完善。完善的行政执法机制需要依法界定执法权限，有赖于具体、明确、权责利统一的执法流程。本题基于此，通过考察实践中行政机关“不该管的瞎管”这一乱作为情况，来达到推进行政执法体制完善的目的。

表9－1　受访者与本地区行政机关打交道遇到“不该管的瞎管”情况总体计数和百分比

选　项	选择计数		个案百分比(%)
	个　数	百分比(%)	
遇到过	43	21.8	21.8
没有遇到	154	78.2	78.2
参选人数总计	197	100.0	100.0

由表9-1可知,与本地区行政机关打交道时,21.8%的受访者遇到“不该管的瞎管”情况,这或许反映出部分民众对M县政府及各部门与分支机构具体、明确的权责尚不完全了解,也有可能说明部分政府部门及分支机构存在“不该管的瞎管”的乱作为情况。

结论:二成多受访民众认为,M县行政机关中部分部门及分支机构,在履行职责过程中存在“不该管的瞎管”的乱作为情况。这反映出公众对具体、明确、权责利统一的执法流程加快建设的期盼之情,还在一定程度上反映了民众对当前M县政府权力清单制度建设及行政体制改革工作的不认可。

(2)分类分析

①基于年龄分析

表9-2 不同年龄段受访者对与行政机关打交道时“不该管的瞎管”情况评价总体选择计数和百分比

X/Y	A.18~30岁	B.31~45岁	C.46~59岁	D.60岁以上	选择计数
遇到过	15(34.9%)	21(48.8%)	6(14.0)	1(2.3%)	43
没有遇到	65(42.2%)	56(36.4%)	29(18.8%)	4(2.6%)	154

表9-3 不同年龄段受访者对与行政机关打交道时“不该管的瞎管”情况评价选择率位序

X/Y	A.18~30岁	B.31~45岁	C.46~59岁	D.60岁以上
遇到过	2	2	2	2
没有遇到	1	1	1	1

通过表9-2与表9-3可知,不同年龄受访者与本地区行政机关打交道时,是否遇到“不该管的瞎管”情况时的选择高度一致。

②基于文化程度分析

表9-4 不同文化程度受访者对与行政机关打交道时“不该管的瞎管”情况评价选择计数和百分比

X/Y	A.初中以下	B.高中、中专	C.大学专科	D.大学本科及以上	小计
遇到过	15(34.9%)	10(23.3%)	14(32.6%)	4(9.3%)	43
没有遇到	59(38.3%)	50(32.5%)	31(20.1%)	14(9.1%)	154

表 9－5　不同文化程度受访者对与行政机关打交道时“不该管的瞎管”情况评价选择率位序

X/Y	A. 初中以下	B. 高中、中专	C. 大学专科	D. 大学本科及以上
遇到过	2	2	2	2
没有遇到	1	1	1	1

通过表 9－4 与表 9－5 可知，不同文化程度受访者与本地区行政机关打交道时，是否遇到“不该管的瞎管”情况时的选择高度一致。

③基于职业分析

表 9－6　不同职业受访者对与行政机关打交道时“不该管的瞎管”情况评价选择计数和百分比

X/Y	A. 学生	B. 职工	C. 农民	D. 参公公务员	E. 事业单位	F. 私企工商户	G. 自由职业	H. 离退休	I. 其他	小计
遇到过	1（2.3%）	4（9.3%）	9（20.9%）	3（7.0%）	6（14.0%）	9（20.9%）	9（20.9%）	1（2.3%）	1（2.3%）	43
没有遇到	6（3.9%）	17（11.0%）	30（19.5%）	11（7.1%）	22（14.3%）	26（16.9%）	26（16.9%）	3（2.0%）	13（8.4%）	154

表 9－7　不同职业受访者对与行政机关打交道时“不该管的瞎管”情况评价的选择排序

X/Y	A. 学生	B. 职工	C. 农民	D. 参公公务员	E. 事业单位	F. 私企工商户	G. 自由职业	H. 离退休	I. 其他
遇到过	2	2	2	2	2	2	2	2	2
没有遇到	1	1	1	1	1	1	1	1	1

通过表 9－6 与表 9－7 可知，不同职业受访者与本地区行政机关打交道时，是否遇到“不该管的瞎管”情况时的选择高度一致。

10. 您在与本地区行政机关打交道时，是否遇到“门难进，事难办，脸难看”的情况？（单选）

A. 遇到过　　　　　　B. 没有遇到

本题重点调查四川省依法行政指标体系中行政执法机制的完善。完善的行政执法机制需要依法界定执法权限，有赖于具体、明确、权责利统一的执法流程。本题基于此，通过考察实践中行政机关“门难进，事难办，脸难看”不作为情况，来推进行政执法体制的完善。

表 10－1　受访者与本地区行政机关打交道遇到“门难进,事难办,脸难看”情况总体计数和百分比

选　项	选择计数		个案百分比(%)
	个　数	百分比(%)	
遇到过	93	47.2	47.2
没有遇到	104	52.8	52.8
参选人数总计	197	100.0	100.0

由表 10－1 可知,与本地区行政机关打交道时,47.2% 的受访者遇到“门难进,事难办,脸难看”情况,这或许反映出近一半的受访民众对 M 县政府及各部门与分支机构具体、明确的权责尚不完全了解,也有可能说明部分部门及分支机构在工作中存在这种不作为现象。

结论:近一半的受访民众认为,M 县行政机关中部分部门及分支机构,在履行职责过程中存在“门难进,事难办,脸难看”不作为现象。这反映出 M 县行政执法部门重“事”不重“人”、有“公”难有“仆”的基本履职状况。同时,“事难办”工作问题和“脸难看”“门难进”等职业操守问题交织存在,公众与其打交道难谈满意。这需要 M 县行政执法机关在以后依法履职中既要做好权责明晰与效率提升,又要做好行政执法制度、职业道德建设和监管。

11. 您在与本地区行政机关打交道时,是否遇到“相互推诿扯皮,被踢来踢去”的情况?(单选)

A. 遇到过　　　　　　　　B. 没有遇到

本题重点调查四川省依法行政指标体系中行政执法机制的完善。完善的行政执法机制需要依法界定执法权限,有赖于具体、明确、权责利统一的执法流程。本题基于此,通过考察实践中行政机关“相互推诿扯皮,被踢来踢去”不作为现象,来推进行政执法体制的完善。

表 11－1　受访者与本地区行政机关打交道遇到“相互推诿扯皮,被踢来踢去”的情况总体计数和百分比

选　项	选择计数		个案百分比(%)
	个　数	百分比(%)	
遇到过	83	42.1	42.1
没有遇到	114	57.9	57.9
参选人数总计	197	100.0	100.0

由表11－1可知，与本地区行政机关打交道时，42.1%的受访者遇到“相互推诿扯皮，被踢来踢去”情况，这或许反映出超过四成的受访民众对M县政府及各部门与分支机构具体、明确的权责尚不完全了解，也有可能说明部分部门及分支机构在工作中存在“相互推诿扯皮，被踢来踢去”不作为现象。

结论：超过四成的受访民众认为，M县行政机关中部分部门及分支机构，在履行职责过程中存在“相互推诿扯皮，被踢来踢去”不作为现象。这反映在“苍蝇老虎一起打”严肃党纪国法的大背景下，M县政府部分部门及分支机构对于有责无利的“多头”共管事项、“交叉”事项，存在恐责不主动作为的消极工作状态。这需要M县政府进一步抓好“具体、明确、权责利统一的执法流程”监管与督查工作。

12. 您在与本地区行政机关打交道时，是否遇到“办事效率低下，久拖不决”的情况？（单选）

A. 遇到过　　　　　　　　B. 没有遇到

本题重点调查四川省依法行政指标体系中行政执法机制的完善。完善的行政执法机制需要依法界定执法权限，有赖于具体、明确、权责利统一的执法流程。本题基于此，通过考察实践中行政机关“办事效率低下，久拖不决”现象，来推进行政执法体制的完善。

表12－1　受访者与本地区行政机关打交道遇到“办事效率低下，久拖不决”的情况总体计数和百分比

选　项	选择计数		个案百分比（%）
	个　数	百分比（%）	
遇到过	94	47.7	47.7
没有遇到	103	52.3	52.3
参选人数总计	197	100.0	100.0

由表12－1可知，与本地区行政机关打交道时，47.7%的受访者遇到“办事效率低下，久拖不决”情况，这或许反映出近一半的民众对M县政府及各部门与分支机构具体、明确的权责尚不完全了解，也有可能说明部分部门及分支机构在工作中存在“办事效率低下，久拖不决”现象。

结论：近一半的受访民众认为，M县行政机关中部分部门及分支机构，在履行职责过程中存在“办事效率低下，久拖不决”现象。这反映出M县部分行政执法部门工作效率低下问题突出,公众与其打交道难谈满意。这需要 M 县行政执法机关在以后依法履职中,要重点抓好限时办结制度的建设、监管及效率提升工作。

13. 您认为本地区行政机关及其工作人员在行政执法中是否存在“执法不公”现象?(单选)

A. 存在　　B. 不存在　　C. 个别案件中存在

本题的调查目的在于,通过分析社会公众是否遇到“执法不公”现象,考察行政机关及其工作人员行政执法在程序、行为和结果方面是否依法合规、是否令群众满意。

表 13-1　受访者对行政机关及其工作人员行政执法中存在“执法不公”现象的总体计数和百分比

选　项	选择计数		个案百分比(%)
	个　数	百分比(%)	
存　在	49	24.9	24.9
不存在	80	40.6	40.6
个别案件中存在	68	34.5	34.5
参选人数总计	197	100.0	100.0

由表 13-1 可知,对本地区行政机关及其工作人员行政执法,持负面看法的受访者合计占 59.4%,其中认为“存在”的受访者有 24.9%,认为“个别案件中存在”的受访者有 34.5%。该选项虽然在一定程度上会受公众法律涵养等主观感受影响,但却真实体现了 M 县社会民众对于公正执法的正常需求,即公众不仅要求程序公正,更要求结果公正。

结论:从公众的感知来看,M 县行政机关及其工作人员在行政执法中,相当程度上存在“执法不公”现象,值得重视和积极改善。M 县行政机关,应在职能科学、权责法定、执法严明、廉洁高效、守法诚信等全方面加快法制政府建设的同时,更加注重执法程序、行为和结果的公正、公平与公开。

14. 您认为本地区行政机关及其工作人员在行政执法中是否存在“粗暴执法、暴力执法”现象?(单选)

A. 存在　　B. 不存在　　C. 个别案件中存在

本题的调查目的在于,通过分析社会公众是否遇到“粗暴执法、暴力执法”

现象,考察行政机关及其工作人员行政执法在程序、行为和结果方面是否依法合规、是否令群众满意。

表 14-1 受访者对行政机关及其工作人员行政执法中存在“粗暴执法、暴力执法”现象的总体计数和百分比

选项	选择计数		个案百分比(%)
	个数	百分比(%)	
存在	17	8.6	8.6
不存在	121	61.4	61.4
个别案件中存在	59	30.0	30.0
参选人数总计	197	100.0	100.0

由表 14-1 可知,对本地区行政机关及其工作人员行政执法,持负面看法的受访者合计占 38.6%,其中认为“存在”的受访者有 8.6%,认为“个别案件中存在”的受访者有 30%。这说明 M 县政府在廉洁执法和规范文明执法依旧存在死角盲区,尚待彻底覆盖。

结论:从公众的感知来看,M 县行政机关及其工作人员在行政执法中,依然存在“粗暴执法、暴力执法”现象,需高度关注与彻底整改。M 县行政机关,应在职能科学、权责法定、执法严明、公开公正、廉洁高效、守法诚信等全方面加快法制政府建设的同时,应抓好执法全过程记录监管、文明执法督察和“粗暴执法、暴力执法”及时惩处等工作。

15. 您认为本地区行政机关及其工作人员在行政执法中是否存在“选择性执法”现象?(单选)

A. 存在　　B. 不存在　　C. 个别案件中存在

本题的调查目的在于,通过分析社会公众是否遇到“选择性执法”现象,考察行政机关及其工作人员行政执法在程序、行为和结果方面是否依法合规、是否令群众满意。

表 15－1　受访者对行政机关及其工作人员在行政执法中存在“选择性执法”现象的总体计数和百分比

选　项	选择计数		个案百分比(%)
	个　数	百分比(%)	
存在	37	18.8	18.8
不存在	103	52.3	52.3
个别案件中存在	57	28.9	28.9
参选人数总计	197	100.0	100.0

由表 15－1 可知,对本地区行政机关及其工作人员行政执法,持负面看法的受访者合计占 47.7%,其中认为“存在”的受访者有 18.8%,认为“个别案件中存在”的受访者有 28.9%。这说明 M 县政府部分部门及分支机构存在“选择性执法”现象。

结论:从公众的感知来看,M 县行政机关及其工作人员在行政执法中,相当程度上存在“选择性执法”现象,需高度关注与查处整改。M 县行政机关,应在职能科学、权责法定、执法严明、公开公正、廉洁高效、守法诚信等方面加快法治政府建设的同时,应抓好执法全过程记录监管和责任追究惩处工作。

16. 您认为本地区行政机关及其工作人员在行政执法中是否存在“吃拿卡要”现象?(单选)

A. 存在　　　　B. 不存在　　　　C. 个别案件中存在

本题的调查目的在于,通过分析社会公众是否遇到“吃拿卡要”现象,考察行政机关及其工作人员行政执法在程序、行为和结果方面是否依法合规、是否令群众满意。

表 16－1　受访者对行政机关及其工作人员行政执法中存在“吃拿卡要”现象的总体计数和百分比

选　项	选择计数		个案百分比(%)
	个　数	百分比(%)	
存　在	28	14.3	14.3
不存在	124	62.9	62.9
个别案件中存在	45	22.8	22.8
参选人数总计	197	100.0	100.0

由表 16－1 可知，对本地区行政机关及其工作人员行政执法，持负面看法的受访者合计占 37.1%，其中认为“存在”的受访者有 14.3%，认为“个别案件中存在”的受访者有 22.8%。这说明 M 县政府部分部门及分支机构存在“吃拿卡要”现象。

结论：从公众的感知来看，M 县行政机关及其工作人员在行政执法中，依然存在“吃拿卡要”现象，需高度关注与查处整改。M 县行政机关，应在职能科学、权责法定、执法严明、公开公正、廉洁高效、守法诚信等全方面加快法治政府建设的同时，应抓好执法全过程记录监管和违规违纪的责任追究工作。

17. 您认为本地区行政机关及其工作人员在行政执法中是否存在“多头执法、重复执法”现象？（单选）

A. 存在　　B. 不存在　　C. 个别案件中存在

本题的调查目的在于，通过分析社会公众是否遇到“多头执法、重复执法”现象，考察行政机关及其工作人员行政执法在程序、行为和结果方面是否依法合规、是否令群众满意。

表 17－1　受访者对行政机关及其工作人员在行政执法中存在“多头执法、重复执法”现象的总体计数和百分比

选　项	选择计数		个案百分比（%）
	个　数	百分比（%）	
存　在	27	13.7	13.7
不存在	127	64.5	64.5
个别案件中存在	43	21.8	21.8
参选人数总计	197	100.0	100.0

由表 17－1 可知，对本地区行政机关及其工作人员行政执法，持负面看法的受访者合计占 35.5%，其中认为“存在”的受访者有 13.7%，认为“个别案件中存在”的受访者有 21.8%。这说明 M 县政府部分部门及分支机构存在“多头执法、重复执法”现象，反映出一些单位在某些执法事项上还存在“权责不清与职能重叠”情况，这要求其抓好职能科学、权责法定等法治政府建设工作。

结论：从公众的感知来看，M 县行政机关及其工作人员在行政执法中，依然存在“多头执法、重复执法”现象，需高度关注与深度整改。M 县行政机关，应在职能科学、权责法定、执法严明、公开公正、廉洁高效、守法诚信与责任追究等方面全方位开展法治政府建设。

18. 据您所知,本地区行政机关及其工作人员是否因"行政违法"被追究责任?(单选)

A. 没有被追究责任 **B. 被严格追究了责任**

C. 个别案件被追究了责任 **D. 被追究了责任,但是力度不够**

(1)总体分析

本题的调查目的在于分析社会公众对行政问责的关注度,完善行政问责机制是强化对行政权力的制约和监督的关键要素。就与民众生活密切相关的行政执法领域,《中共中央关于全面推进依法治国若干重大问题的决定》明确指出,要全面落实行政执法责任制,严格确定不同部门及机构、岗位执法人员执法责任和责任追究机制,加强执法监督,坚决排除对执法活动的干预,防止和克服地方和部门保护主义,惩治执法腐败现象。

表 18-1 受访者对行政机关及其工作人员"行政违法"责任追究情况总体计数和百分比

选项	选择计数		个案百分比(%)
	个数	百分比(%)	
没有被追究责任	48	24.4	24.4
被严格追究了责任	49	24.9	24.9
个别案件被追究了责任	57	28.9	28.9
被追究了责任,但是力度不够	43	21.8	21.8
参选人数总计	197	100.0	100.0

从表 18-1 可以看出,排在第一位的是"个别案件被追究了责任",选择比例为 28.9%;第二位则是"被严格追究了责任",比例为 24.9%;第三位是选择"没有被追究了责任",比例为 24.4%;排在最后一位的是"被追究了责任,但是力度不够",选择比例为 21.8%。选择"被严格依法问责"选项的受访者只有两成多,大多数社会公众要么认为行政问责力度不够或个别案件被追究了责任,要么持完全否定态度——认为没有被追究责任。

这说明,在受访者认为 M 县政府行政问责工作存在欠缺,希望以更严厉的法律手段来追究相关行政责任人法律责任,因为行政执法人员的违法行政行为与社会公众的生活密切相关,违法行政行为的姑息将会给民众自身权益带来直接威胁和造成损失。

结论：从受访者调查结果来看，M 县大部分社会公众对于行政机关及其工作人员“行政违法”责任追究情况持怀疑和否定态度。未来，M 县政府应充分发挥群众和社会监督作用，进一步完善责任追究制度、强化行政问责的惩处时效，并及时做好相关信息公开工作，切实保障“行政违法”责任追究落到实处和落进群众眼里。

(2)分类分析

①基于年龄分析

表 18－2 不同年龄段受访者对行政机关及其工作人员“行政违法”责任追究情况计数和百分比

X/Y	A. 18～30 岁	B. 31～45 岁	C. 46～59 岁	D. 60 岁以上	选择计数
没有被追究责任	18(37.5%)	18(37.5%)	10(20.8%)	2(4.2%)	48
被严格追究了责任	23(46.9%)	18(36.7%)	7(14.3%)	1(2.0%)	49
个别案件被追究了责任	19(33.3%)	25(43.9%)	12(21.1%)	1(1.8%)	57
被追究了责任，但是力度不够	20(46.5%)	16(37.2%)	6(14.0%)	1(2.3%)	43

表 18－3 不同年龄段受访者对行政机关及其工作人员“行政违法”责任追究情况选择率位序

X/Y	A. 18～30 岁	B. 31～45 岁	C. 46～59 岁	D. 60 岁以上
没有被追究责任	4	2	2	1
被严格追究了责任	1	2	3	2
个别案件被追究了责任	3	1	1	2
被追究了责任，但是力度不够	2	3	4	2

通过表 18－2 和表 18－3 仔细分析和对比可看出，不同年龄段的受访者对行政机关及其工作人员“行政违法”责任追究在“个别追究了责任”选择上，基本一致。无论何种年龄，均约有四成以上的受访者对此事表示一致，在选择率位序表中排位居前。

②基于文化程度分析

表 18－4　不同文化程度受访者对行政机关及其工作人员“行政违法”责任追究情况计数和百分比

X/Y	A. 初中以下	B. 高中、中专	C. 大学专科	D. 大学本科及以上	小计
没有被追究责任	16(33.3%)	19(39.6%)	11(22.9%)	2(4.2%)	48
被严格追究了责任	20(40.8%)	12(24.5%)	12(24.5%)	5(10.2%)	49
个别案件被追究了责任	28(49.1%)	11(19.3%)	12(21.1%)	6(10.5%)	57
被追究了责任,但是力度不够	10(23.3%)	18(41.9%)	10(23.3%)	5(11.6%)	43

表 18－5　不同文化程度受访者对行政机关及其工作人员“行政违法”责任追究情况选择率位序

X/Y	A. 初中以下	B. 高中、中专	C. 大学专科	D. 大学本科及以上
没有被追究责任	3	1	2	3
被严格追究了责任	2	3	1	2
个别案件被追究了责任	1	4	1	1
被追究了责任,但是力度不够	4	2	3	2

从表 18－4 和表 18－5 可看出,不同学历的受访者对行政机关及其工作人员“行政违法”责任追究“个别被追究了责任”选择上基本一致,在选择率位序表中排位居前。

③基于职业分析

表 18－6　不同职业受访者对行政机关及其工作人员“行政违法”责任追究情况计数和百分比

X/Y	A. 学生	B. 职工	C. 农民	D. 参公公务员	E. 事业单位	F. 私企工商户	G. 自由职业	H. 离退休	I. 其他	小计
没有被追究责任	1(2.1%)	5(10.4%)	12(25.0%)	1(2.1%)	9(18.8%)	4(8.3%)	11(22.9%)	2(4.2%)	3(6.3%)	48
被严格追究了责任	3(6.1%)	8(16.3%)	11(22.5%)	4(8.2%)	6(12.2%)	6(12.2%)	6(12.2%)	1(2.0%)	4(8.2%)	49
个别案件被追究了责任	2(3.5%)	4(7.0%)	10(17.5%)	3(5.3%)	8(14.0%)	14(24.6%)	11(19.3%)	1(1.8%)	4(7.0%)	57

续表

X/Y	A. 学生	B. 职工	C. 农民	D. 参公公务员	E. 事业单位	F. 私企工商户	G. 自由职业	H. 离退休	I. 其他	小计
被追究了责任，但是力度不够	1（2.3%）	4（9.3%）	6（14.0%）	6（14.0%）	5（11.6%）	11（25.6%）	7（16.3%）	0（0%）	3（7.0%）	43

表18－7　不同职业受访者对行政机关及其工作人员“行政违法”责任追究情况选择率位序

X/Y	A. 学生	B. 职工	C. 农民	D. 参公公务员	E. 事业单位	F. 私企工商户	G. 自由职业	H. 离退休	I. 其他
没有被追究责任	3	2	1	4	1	4	1	1	2
被严格追究了责任	1	1	2	2	3	3	3	2	1
个别案件被追究了责任	2	3	3	3	2	1	1	2	1
被追究了责任，但是力度不够	3	3	4	1	4	2	2	3	2

通过表18－6和表18－7仔细分析和对比可以看出，不同职业的受访者对行政机关及其工作人员“行政违法”责任追究的选择，没有明显偏好。

19.（1）当您遭遇行政侵权时，您是否会选择法律途径（申请行政复议或提起行政诉讼）解决纠纷？（单选）

A. 会　　　　B. 不会

（2）如果您不选择法律途径解决行政纠纷，最主要考虑的原因是？（单选）

A. 成本高　　　　B. 效率低　　　　C. 不管用

（1）总体分析

本题的调查目的在于分析公民的合法权益受到违法行政侵犯之时，是否选择法律途径（申请行政复议或提起行政诉讼）解决纠纷，以及不选择法律途径解决行政纠纷最主要考虑的因素。采用公力救济（法律途径）与私力救济（非法律途径）的比例直接说明了该地区依法行政的状况，采取公力救济比例高者说明该地区依法行政的状况较好。

表 19(1) -1　受访者对遭遇行政侵权时解决纠纷选择途径情况的总体计数和百分比

选　项	选择计数		个案百分比(%)
	个　数	百分比(%)	
会	146	74.1	74.1
不　会	51	25.9	25.9
参选人数总计	197	100.0	100.0

表 19(2) -1　受访者不选择法律途径解决行政纠纷影响因素总体选择计数和百分比

选　项	选择计数		个案百分比(%)
	个　数	百分比(%)	
成本高	12	23.5	23.5
效率低	16	31.4	31.4
不管用	23	45.1	45.1
参选人数总计	51	100.0	100.0

从表 19(1) -1 数据可看出,74.1% 的受访者遭遇行政侵权时“会”选择法律途径,说明十八大以来,国家高压反腐行动,使 M 县普通民众依法维权意识和司法公正的信任度得以提升,同时对本地法治政府建设工作的基本认可。同时,也应看到仍有 25.9% 的受访者明确表示“不会”选择法律途径。其中,从表 19(2) -1 可以看出不选择的主要因素为“效率低”、“成本高”和“不管用”的受访者分别为 31.4%、23.5% 和 45.1%。这一方面说明 M 县法治政府建设工作还存在死角、盲区和不足之处,还应涉深水,不断查漏补缺,另一方面也反映出我国法定纠纷解决路径不畅也是影响公众选择的因素。

结论:从受访者数据分析可知,遭遇行政侵权时,M 县公众有一定的维权意识,并且偏好于选择法律途径维权,这反映出 M 县公众较为信任本地司法公正及法治环境,基本认可 M 县行政机关依法行政和法治政府建设。同时,M 县法治政府建设工作也存在死角、盲区和不足之处,还应涉深水,不断查漏补缺。

(2)分类分析

①基于年龄分析

表 19(1)-2 不同年龄段受访者对行政侵权选择法律途径解决状况评价总体选择计数和百分比

X/Y	A. 18~30 岁	B. 31~45 岁	C. 46~59 岁	D. 60 岁以上	选择计数
会	53(36.3%)	63(43.2%)	25(17.1%)	5(3.4%)	146
不　会	27(52.9%)	14(27.5%)	10(19.6%)	0(0%)	51

表 19(1)-3 不同年龄段受访者对行政侵权选择法律途径解决状况评价选择率位序

X/Y	A. 18~30 岁	B. 31~45 岁	C. 46~59 岁	D. 60 岁以上
会	1	1	1	1
不　会	2	2	2	2

表 19(2)-2 不同年龄段受访者不选择法律途径解决行政纠纷影响因素总体选择计数和百分比

X/Y	A. 18~30 岁	B. 31~45 岁	C. 46~59 岁	D. 60 岁以上	选择计数
成本高	8(66.7%)	3(25.0%)	1(8.3%)	0(0%)	12
效率低	10(62.5%)	2(12.5%)	4(25.0%)	0(0%)	16
不管用	9(39.1%)	9(39.1%)	5(21.7%)	0(0%)	23

表 19(2)-3 不同年龄段受访者不选择法律途径解决行政纠纷影响因素选择率位序

X/Y	A. 18~30 岁	B. 31~45 岁	C. 46~59 岁	D. 60 岁以上
成本高	3	3	3	1
效率低	1	2	2	1
不管用	2	1	1	1

通过表 19(1)-2 和表 19(1)-3 以及 19(2)-2 和表 19(2)-3 的分析和对比发现,遭遇行政侵权,不选择法律途径解决行政纠纷时,不同年龄段受访者在“不管用”和“成本高”选择上高度一致,在选择率位序表中分别排第一与第二。

②基于文化程度分析

表 19(1)-4　不同文化程度受访者对行政侵权选择法律途径解决状况评价选择计数和百分比

X/Y	A. 初中以下	B. 高中、中专	C. 大学专科	D. 大学本科及以上	小计
会	54(37.0%)	47(32.2%)	33(22.6%)	12(8.2%)	146
不会	20(39.2%)	13(25.5%)	12(23.5%)	6(11.8%)	51

表 19(1)-5　不同文化程度受访者对行政侵权选择法律途径解决状况评价选择率位序

X/Y	A. 初中以下	B. 高中、中专	C. 大学专科	D. 大学本科及以上
会	1	1	1	1
不　会	2	2	2	2

表 19(2)-4　不同文化程度受访者不选择法律途径解决行政纠纷影响因素选择计数和百分比

X/Y	A. 初中以下	B. 高中、中专	C. 大学专科	D. 大学本科及以上	小计
成本高	3(25.0%)	4(33.3%)	4(33.3%)	1(8.3%)	12
效率低	6(37.5%)	4(25.0%)	3(18.8%)	3(18.8%)	16
不管用	11(47.8%)	5(21.7%)	5(21.7%)	2(8.7%)	23

表 19(2)-5　不同文化程度受访者不选择法律途径解决行政纠纷影响因素选择率位序

X/Y	A. 初中以下	B. 高中、中专	C. 大学专科	D. 大学本科及以上
成本高	3	2	2	3
效率低	2	2	3	1
不管用	1	1	1	2

通过表 19(2)-4、表 19(2)-5 的数据可看出，遭遇行政侵权，不选择法律途径解决行政纠纷时，不同年龄段受访者在“不管用”选择上较为一致，在选择率位序表中基本排第一。

③基于职业分析

表 19(1) -6　不同职业受访者对行政侵权选择法律途径解决状况评价选择计数和百分比

X/Y	A. 学生	B. 职工	C. 农民	D. 参公公务员	E. 事业单位	F. 私企工商户	G. 自由职业	H. 离退休	I. 其他	小计
会	5 (3.4%)	19 (13.0%)	32 (21.9%)	11 (7.5%)	19 (13.0%)	24 (16.4%)	23 (15.8%)	3 (2.1%)	10 (6.9%)	146
不　会	2 (3.9%)	2 (3.9%)	7 (13.7%)	3 (5.9%)	9 (17.7%)	11 (21.6%)	12 (23.5%)	1 (2.0%)	4 (7.8%)	51

表 19(1) -7　不同职业受访者对行政侵权选择法律途径解决状况评价的选择排序

X/Y	A. 学生	B. 职工	C. 农民	D. 参公公务员	E. 事业单位	F. 私企工商户	G. 自由职业	H. 离退休	I. 其他
会	1	1	1	1	1	1	1	1	1
不　会	2	2	2	2	2	2	2	2	2

表 19(2) -6　不同职业受访者不选择法律途径解决行政纠纷影响因素选择计数和百分比

X/Y	A. 学生	B. 职工	C. 农民	D. 参公公务员	E. 事业单位	F. 私企工商户	G. 自由职业	H. 离退休	I. 其他	小计
成本高	0 (0%)	0 (0%)	0 (0%)	1 (8.3%)	4 (33.3%)	3 (25.0%)	2 (16.7%)	0 (0%)	2 (16.7%)	12
效率低	1 (6.3%)	1 (6.3%)	3 (18.8%)	0 (0%)	4 (25.0%)	2 (12.5%)	4 (25.0%)	0 (0%)	1 (6.3%)	16
不管用	1 (4.4%)	1 (4.4%)	4 (17.4%)	2 (8.7%)	1 (4.4%)	6 (26.1%)	6 (26.1%)	1 (4.4%)	1 (4.4%)	23

表 19(2) -7　不同职业受访者不选择法律途径解决行政纠纷影响因素的选择排序

X/Y	A. 学生	B. 职工	C. 农民	D. 参公公务员	E. 事业单位	F. 私企工商户	G. 自由职业	H. 离退休	I. 其他
成本高	2	2	3	2	1	2	3	2	1
效率低	1	1	2	3	1	3	2	2	2
不管用	1	1	1	1	2	1	1	1	2

通过表 19(2) -6 和表 19(2) -7 的分析和对比发现,遭遇行政侵权,不选择法律途径解决行政纠纷时,不同职业受访者的选择,没有明显偏好。

20. 您认为本地区人民法院在审理行政纠纷时,是否能够公正处理案件?(单选)

A. 能够公正处理　　　　**B. 不能公正处理**

C. 个别案件能够公正处理

(1)总体分析

本题的调查目的在于分析人民法院在审理行政纠纷时是否能够公正处理案件。如果人民法院在审理行政纠纷时能够公正处理案件,则不仅说明地方法院能做到司法审判独立,也能从侧面说明地方政府有法治意识,能够自觉维护法律权威、不扰法,能依法深化政府职能改革和积极开展法治政府建设。社会公众作为人民法院行政纠纷审理的受益者和观察者,他们的切身感受能够客观真实地反映调查结果。

表 20-1　受访者对人民法院审理行政纠纷时是否能够公正处理案件总体计数和百分比

选　项	选择计数		个案百分比(%)
	个　数	百分比(%)	
能够公正处理	133	67.5	67.5
不能公正处理	18	9.1	9.1
个别案件能够公正处理	46	23.4	23.4
参选人数总计	197	100.0	100.0

由表 20-1 可知,共计 90.9% 的受访者对 M 县人民法院审理行政纠纷持肯定或部分肯定态度,其中认为“能够公正处理”和“个别案件能够公正处理”的分别为 67.5% 与 23.4%,仅有 9.1% 的受访者认为“不能公正处理”。这说明,总体上 M 县民众对地方法院审判环境、法律环境和政府依法行政环境的认可和信任,但在部分审判领域或案件上持怀疑态度,个例上可能存在不公正现象。

结论:在受访公众看来,M 县地方法院审判环境、法律环境和政府依法行政环境较好,地方人民法院基本能够公正地审理行政纠纷案件,但在个别审判领域或案件上可能存在不公正现象。因此,M 县地方政府应进一步加强行政干涉司法案件的查处与惩罚力度,充分保障法院等司法部门独立权,做好法治政府建设工作。

(2)分类分析

①基于年龄分析

表 20－2　不同年龄段受访者对人民法院审理行政纠纷时是否能够公正处理案件计数和百分比

X/Y	A. 18～30 岁	B. 31～45 岁	C. 46～59 岁	D. 60 岁以上	选择计数
能够公正处理	51(38.4%)	54(40.6%)	24(18.1%)	4(3.0%)	133
不能公正处理	8(44.4%)	8(44.4%)	2(11.1%)	0(0%)	18
个别案件能够公正处理	21(45.7%)	15(32.6%)	9(19.6%)	1(2.2)	46

表 20－3　不同年龄段受访者对人民法院审理行政纠纷时是否能够公正处理案件选择率位序

X/Y	A. 18～30 岁	B. 31～45 岁	C. 46～59 岁	D. 60 岁以上
能够公正处理	1	1	1	1
不能公正处理	3	3	3	3
个别案件能够公正处理	2	2	2	2

通过对表 20－2、表 20－3 内容的仔细分析和对比，发现不同年龄段的受访者在人民法院审理行政纠纷事项选择时，均具有高度一致性。

②基于文化程度分析

表 20－4　不同文化程度受访者对人民法院审理行政纠纷时是否能够公正处理案件计数和百分比

X/Y	A. 初中以下	B. 高中、中专	C. 大学专科	D. 大学本科及以上	小计
能够公正处理	45(33.8%)	42(31.6%)	31(23.3%)	15(11.3%)	133
不能公正处理	9(50.0%)	7(38.9%)	2(11.1%)	0(0%)	18
个别案件能够公正处理	20(43.5%)	11(23.9%)	12(26.1%)	3(6.5%)	46

表 20－5　不同文化程度受访者对人民法院审理行政纠纷时是否能够公正处理案件选择率位序

X/Y	A. 初中以下	B. 高中、中专	C. 大学专科	D. 大学本科及以上
能够公正处理	1	1	1	1

续表

X/Y	A. 初中以下	B. 高中、中专	C. 大学专科	D. 大学本科及以上
不能公正处理	3	3	3	3
个别案件能够公正处理	2	2	2	2

由表20-4、表20-5可以看出,不同文化程度的受访者在人民法院审理行政纠纷事项选择时,也具有高度一致性。

③基于职业分析

表20-6 不同职业受访者对人民法院审理行政纠纷时是否能够公正处理案件计数和百分比

X/Y	A. 学生	B. 职工	C. 农民	D. 参公公务员	E. 事业单位	F. 私企工商户	G. 自由职业	H. 离退休	I. 其他	小计
能够公正处理	4 (3.0%)	15 (11.3%)	26 (19.6%)	11 (8.3%)	21 (15.8%)	20 (15.0%)	22 (16.5%)	4 (3.0%)	10 (7.5%)	133
不能公正处理	1 (5.6%)	2 (11.1%)	4 (22.2%)	0 (0%)	2 (11.1%)	6 (33.3%)	2 (11.1%)	0 (0%)	1 (5.6%)	18
个别案件能够公正处理	2 (4.4%)	4 (8.7%)	9 (19.6%)	3 (6.5%)	5 (10.9%)	9 (19.6%)	11 (23.9%)	0 (0%)	3 (6.5%)	46

表20-7 不同职业受访者对人民法院审理行政纠纷时是否能够公正处理案件选择率位序

X/Y	A. 学生	B. 职工	C. 农民	D. 参公公务员	E. 事业单位	F. 私企工商户	G. 自由职业	H. 离退休	I. 其他
能够公正处理	1	1	1	1	1	1	1	1	1
不能公正处理	3	3	3	3	3	3	3	2	3
个别案件能够公正处理	2	2	2	2	2	2	2	2	2

通过表20-6和表20-7仔细分析和比对发现,不同职业的受访者在人民法院审理行政纠纷事项选择时,不同职业受访者在"能够公正处理"选择上高度一致,在选择率位序表中排第一。

三、M县依法行政深度访谈情况分析

（一）深度访谈实施概述

M县深度访谈具体实施系四川省市县政府依法行政第三方评估的重要组成部分。深度访谈作为一种重要的定性分析方法，结合问卷调查等其他定量调查分析方式，有助于更为全面、客观和准确地评估M县政府及其各部门依法行政的状况。为了实现这一目的，作为第三方的评估组以严谨、科学、中立、客观和公正的态度，审慎地确定了深度访谈的对象，明确了访谈的具体内容，严格规定了访谈纪律和访谈形式，并于2017年9月27日认真组织开展了深度访谈。

1. 确立深度访谈对象

为获取更加客观真实、详细具体以及多方面、多角度的信息，这次深度访谈对象的选择，主要是确保访谈对象身份多元化，评估组经研究后审慎选择了M县行政区域内的相关部门领导或工作人员作为深度访谈的对象，具体包括县纪委监察局、县公安局、县史志办、县法院、县人大发改委、县政府法制办、县检察院反贪局、县城管局执法大队、县司法局等部门领导或工作人员，共9名。访谈对象的多元化，也体现出对政府依法行政情况的内、外监督，人大、法院、检察院体现了对政府及其职能部门的外部监督，而县公安局、县政府法制办、县司法局、城管局等职能部门则体现了对政府及其职能部门的内部监督。

2. 明确了深度访谈内容

为了准确、客观、真实和具体地收集M县依法行政情况的相关资料，本次深度访谈根据四川省依法行政评估的具体指标选定了7个板块的内容，并且根据上述不同访谈对象的身份有所侧重。

（1）关于政府在行政决策（包括合法性审查、公开听取意见和重大决策集体审定）方面存在的问题和可行性建议；

（2）行政机关在行政执法（包括执法主体、执法行为规范和执法方式适当）中依法行政、合理行政、遵守执法程序的情况；

（3）在政府公共服务（包括行政审批、服务网络完善和政府信息公开）方面的提升，包括简化审批手续、信息依法公开等问题；

（4）行政机关为有效化解行政争议纠纷（包括创新发展行政复议、行政调解制度健全和行政投诉处理制度健全）所采取的具体做法；

（5）行政部门在行政过程中开展监督的情况（包括接受人大、政协和司法机关、公众和社会监督、行政备案审查制度完善方面）；

(6)政府及行政机关落实依法行政的保障措施(包括领导体制机制是否健全、责任追究制度落实和政府目标绩效管理考核情况);

(7)关于现有立法、执法情况的改进建议,以及对依法行政的未来展望等。

3. 严格规定了访谈纪律和访谈形式

为保证访谈内容的真实性、客观性,在本次深度访谈中,评估组严格规定了访谈的具体形式和保密纪律。本次深度访谈由两个小组分别进行,每次访谈皆由访谈小组两名同志共同完成,其中访谈主持人由教授或副教授担任,另一名同志则负责记录和录音资料的整理,每次访谈时间不少于90分钟。同时,为了确保访谈对象消除顾虑、畅所欲言,访谈地点由访谈对象选择确定,确保了每次访谈都能在相对私密的空间内进行,确保访谈对象可以自由、客观、真实地发表观点和反映M县依法行政情况。

(二)深度访谈结论分析

在本次深度访谈中,评估组成员对各位受访人员访谈内容进行了全面整理和归纳,力争客观、真实地反映受访人员提出的各种问题,尽量避免主观臆断造成的评估失真。本着客观真实和认真负责的态度,评估组在综合分析的基础上得出下列结论:

1. M县政府行政决策的制度化建设有所加强,但在具体行政决策过程中的科学化、民主化、法治化还有待进一步提高。

总体而言,受访者大多觉得M县政府的行政决策相比前几年,在制度化建设方面有了很大进步。大家一致认为县政府的行政决策总体来说有很大的改进,县政府在出台一些重大的关系国计民生的决策的时候,都会广泛听取相关部门的意见,县法制办也会参与其中进行合法性审查。尤其是涉及经济发展的重大项目,都要进行可行性评估,如环保评估、投入产出评估,经济效益评估等。县政府还全面建立了法律顾问制度,聘请县上的律师来做政府法律顾问,法制部门的人员也增加了。

但是,在访谈中也有部分访谈对象提到了M县在具体行政决策过程中的科学化、民主化、法治化还有待进一步提高。例如,某些部门在依法决策方面还存在不足,风险评估方面也存在一定的问题。而县检察院的检察官也指出,行政决策虽然公开了,也征求了意见,但很多时候只是一种程序上的公开,是走形式,对决策没有什么实际影响。此外,在公开听取意见方面坚持得不是特别好。一个是老百姓有时候会提一些不合理的要求,不会考虑国家、地方的大局,往往只考虑自己的利益需求。另一个就是因为这样会降低效率,政府消耗不起这么多的时间和精力。还有,目前政府的法律顾问能参与政府决策的机会其实很少,政府在一些重大或敏感问题上对法律顾问存在很强的戒备心理。法律顾问更多的是协助政府做一些普法宣传、法律讲座和法律提示,还有就是代理政府参与民事行政纠纷,真正参与行政决策的很少。

2. M 县行政机关在推进依法行政方面有了很大提升,依法行政正在逐步趋于完善。

总体而言,受访者觉得 M 县的依法行政有了很大改善。领导干部在依法办事方面有很大进步,领导的批示和干预渐渐少了,法律的地位在行政领导心中得到了提升。行政机关的法律意识越来越强,在执法中越来越重视程序,程序意识得到增强,行政处罚也严格按照标准执行。法制办的清理工作开展得比较好,不符合法律要求的都取消了执法资格。

当然,也有少数受访对象也谈到了一些问题。首先,个别领导还是一种行政命令思维模式,以行政命令代替法律法规。个别工作人员没有以国家为中心的思想,执法中讲究人情现象很多。其次,制度执行还不到位,执行的诚信问题有待提高。

3. M 县在政府公共服务方面有了较大提升,但个别行政机关在某些环节仍然存在问题。

总体而言,受访者觉得 M 县政府的公共服务从上自下,特别是行政审批方面,有特别大的提升,政府一直在做这方面的努力,做好公共服务,释放市场的活力,审批程序不断规范和完善,办事手续不断简化,不给老百姓增加负担。老百姓感觉办事情更方便,效率也更高。同时,有关公共服务的信息公开做得很好,政府网络上公开相应信息,展板上也有宣传资料。建立了专门的网络中心,政府在网络这方面购买了很多服务。

存在的问题主要有两个:一是部分边远山区的老百姓上网有点困难,网络信息和网络服务普及还不到位;二是目前技术上还需要进一步提升,未来争取可以通过网络渠道办理审批手续。

4. 行政机关在有效化解行政争议纠纷中发挥的作用越来越大。

总体而言,受访者觉得 M 县的行政机关近几年在有效化解行政争议纠纷方面取得了很大的成绩,发挥的作用也越来越大。首先,M 县政府法制办新增了行政复议工作人员。其次,政府建立了行政调解中心,有行政调解方面的专业人员,各个方面都在促进调解的进行。行政调解方面的制度非常完善,每年行政调解的案件数量非常大,化解了大量矛盾,解决了很多问题,行政争议最终走入司法程序的并不多。简单的行政争议80%以上都通过行政调解有效化解。司法机关也积极有效地化解行政争议。信访部门对信访案件进行转换交换处理,具体的案件交给具体的行政部门负责处理,不能够处理的,信访部门告诉当事人其他的救济途径,很多行政争议都积极化解了,最后真正上访的人员非常少。

5. 政府及行政机关落实依法行政的保障措施比较到位。

总体而言,受访者认为依法行政的保障措施、体制机制,国家层面和省级层面的相应设计已经非常好了,M县也建立了相应的集体决策制度、行政诉讼负责制、重大行政处罚的决策制度、行政决策过错追究制度,还建立了案件审理委员会等相关部门。发现问题之后,能够严格处理,没有发现问题,也会主动去检查。依法行政的保障措施、机制体制也都纳入到了政府目标绩效管理考核之中。今后应该进一步强化党的政策,加强组织保障和财政保障。

6. 能全方位地对行政部门依法行政的情况实施监督。

总体而言,受访者认为M县行政部门已经建立起了一套有效的执法监督机制,能够做到自觉监督,很多监督的事项都是政府在主动牵头。人大监督也比较到位,县政府在进行重大决策的时候,会邀请人大代表、政协委员来参与、视察和考察,这也是监督的一个过程。随着网络发展,公众监督有了长足的进步,舆论监督规范了很多,政府越来越重视网络监督,而且越来越严,政府及各部门都有门户网站,网上受理投诉举报,并在网上公布受理结果,促进行政机关依法行政并备案。对于行政执法中出现的问题,司法机关提出司法建议,行政部门很乐意接受。

7. 关于现有立法、执法情况的改进建议,以及对依法行政的未来展望。

受访者畅所欲言,提出了不少观点。

一是认为我们国家的立法比较“超前”,积极学习国外经验和理念,某些方面的立法与基层自身发展的实际有些不一致,有点不接地气,尤其是关于土地的相关规定存在问题,对发展有很大的影响。很多土地案件,行政要求的效率比较高,但司法效率没那么高,这会对行政的效率产生影响。建议国家今后可以完善立法,切合基层实际修改和制定法律,减少行政执法中的困惑。

二是在搞综合执法的同时应该进行资源整合,现在各个单位都有自己的网络,浪费了很大的资源,除去那些需要保密的信息,对于能够公开的信息可以建设一个信息共享系统,做到资源共享。这样不但是老百姓办事,就连各个部门的人员在办理事务时,也会更加方便。

三是建议完善行政问责制，细化责任，避免“集体决策，集体不负责”。

四是在对主要领导干部的法律意识进行教育和培训的同时，要尽量固定执法人员，执法人员的培训要制度化和经常化，继续提升执法人员的素质，改善执法环境，提高全民遵法守法意识。

结论：整理、归纳受访者的深度访谈内容，我们可以看出，M 县政府近年来紧紧围绕规范行政决策、提升公共服务、改进行政执法、有效化解行政争议、自觉接受监督和落实保障措施等六大依法行政的评估指标，不断提高政府依法行政水平，在推进法治政府建设方面取得了很大的成效。

第三部分　专题研究报告

新形势下四川省行政执法创新的综合条件

禹竹蕊*

在四个全面的战略格局下，在依法治国、依法执政、依法行政共同推进，法治国家、法治政府、法治社会一体建设的基本方针指引下，我国的行政法制建设进入了民主化、精细化、高效化的发展进程。与以往相比，当下我国的行政执法样态已有且将继续出现很多、很大的不同。运用新的法治理论做指导，践行行政执法的新思维、新模式、新举措，行政执法才能更规范，依法行政才能见成效，法治政府建设工程才能厚植优势、夯实基础、稳健发展、再上层楼。

在所有国家机关中，行政机关机构最庞杂、人数最多，与公民联系最为密切。作为对经济和社会发展影响最大的一个部门，行政机关能否勤政廉政、能否严格执法，决定着建设法治国家的成败。依法行政与经济的跨越式发展相一致，体现了引领经济社会发展的高度政治自觉，推进依法治国就必须加强依法行政，这是依法治国的关键和基础。时代的变迁，民主法治的发展，都对依法行政提出了新的要求，行政执法创新正是对这一时代发展的回应，是对各级行政机关及其公务员的执法提出的新样态、新思维和新模式，而行政执法要创新，需要一定条件的配合和支撑，否则，无法触及实质的转变。

一、倡导行政执法新思维的时代背景

任何一个时代都有自己鲜明的特色，会产生不同于其他时代的思潮，也对行政执法有着不一样的要求。当下的中国，经历了改革开放飞速发展的时期，综合国力显著提高、人民生活极大改善的同时，却因为早些年粗放的发展方式，积累了一系列深层次的问题和矛盾，成为社会不稳定的因素。要消除这些隐患，就必须加大行政民主化进程、全面推进依法行政、加快建设法治政府、创新

---

* 作者单位：中共四川省委党校、四川行政学院党史党建教研部。

社会治理,不断促进社会公平正义、增进人民福祉,努力实现国家的长治久安。而这一切,都需要倡导行政执法新思维,进一步规范行政执法行为。

(一)全面推进依法行政的需要

国务院于1999年发布《关于全面推进依法行政的决定》,2004年颁布《全面推进依法行政实施纲要》。党的十六大、十七大和十八大的报告更是明确要"推进依法行政",并提出了具体举措。可见,全面推进依法行政早已成为我国行政改革的重要目标。四川省第十一次党代会上,王东明书记也指出,要"围绕中心大局科学立法……聚焦转变政府职能推进依法行政……以深化司法体制改革为突破口推进公正司法……着力弘扬法治精神推进全民守法"。

然而时至今日,我省部分地区行政机关和公务人员在认识上依然存在许多误区。例如,不清楚行政机关可以行使的权力及其界限;始终以"管理者"自居,不愿开展政民合作、政企合作;对政府信息公开的重要性认识不足,没有严格依据《政府信息公开条例》依法予以公开等。要想提升广大公务人员依法行政的能力,全面提高其法治思维是前提。政府工作人员特别是领导干部牢固树立宪法法律至上、法律面前人人平等、权由法定、权依法使等基本法治理念,才能恪守合法行政、合理行政、程序正当、高效便民、诚实守信、权责统一等依法行政基本要求,做尊法、学法、守法、用法的模范,在法治轨道上全面推进政府各项工作。

(二)加快建设法治政府的要求

党的十八届三中全会通过了《中共中央关于全面深化改革若干重大问题的决定》,在诸多重大事项、重要制度、关键领域作了顶层设计,也对建设法治政府提出基本构想。十八届五中全会公报提出了治国理政和改革发展的创新、协调、绿色、开放、共享等五大发展理念,中共中央、国务院随后于2015年12月颁布《法治政府建设实施纲要(2015—2020年)》,对深入推进依法行政、加快建设法治政府提出了更加完整、细致和科学的安排和要求,并首次提出"四个政府建设相结合推进",即将法治政府建设与创新政府、廉洁政府、服务型政府建设相结合。四川省第十一次党代会上,王东明书记指出"治蜀兴川重在厉行法治",并强调要"坚持党的领导、人民当家做主、依法治国有机统一,坚定走中国特色社会主义政治发展道路,全面深入推进依法治省"。

总体而言,建成职能科学、权责法定、执法严明、公开公正、廉洁高效、守法诚信的法治政府,是中国特色社会主义法治体系建设的重要内容和基础环节,也是一项宏大的社会系统工程,需要树立创新与共享、协调与绿色、民主与透明的中国特色行政法治发展新理念,而以上述新理念塑造行政执法队伍和行事品格乃是法治政府建设的题中要义。

(三)行政民主化进程的大势所趋

20世纪下半叶以降,民主化潮流在世界范围内出现,深刻影响着各个领域。现代行政管理和行政法制实践中民主因素日趋增加,参与行政成为新的制度价值追求和民主判断标准,行政法制民主化成为大势所趋,对经济、政治、文化与社会生活的发展不断产生重大影响。

在我国,经济的发展、经济体制的变革引领了政治体制改革,也引发了思想文化的变革,促使我国行政民主化发展和民众参与意识增强。但从行政专制到行政民主、行政法治是一个渐进、曲折和漫长的过程,各种制约和障碍因素甚多,尤其是我国几千年传统政治文化、法文化的历史积淀,影响可谓根深蒂固,迫切需要树立一系列现代法治观念,以加快行政民主化进程。

(四)社会治理创新发展的呼唤

党的十八届三中全会首次提出创新社会治理体制,这是全面深化社会改革的一项重要内容,有利于落实党的十八大提出的全面深化改革开放的决策部署,有利于维护最广大人民的根本利益,有利于增加社会和谐因素、增强社会发展活力,有利于维护国家安全、社会安定。四川省第十一次党代会上,王东明书记也强调要加强和创新社会治理,要“健全社会治安防控和公共安全体系,建设平安四川”。并明确要求“做好全省的城市稳定工作,依法打击各类违法犯罪,常态化推进藏区依法治理和彝区禁毒防艾。深入开展反渗透、反分裂、反恐怖、反邪教斗争,切实维护国家安全。依法管理宗教事务。加强网格化管理服务,强化社会稳定风险评估,构建矛盾纠纷多元化解工作格局,加强和改进信访工作,坚决守住社会稳定、环境保护、安全生产、食品药品安全底线”。

社会治理体制创新,要求政府在与市场、社会组织和公民形成合作性关系的基础上,将“自上而下”的管理与“自下而上”的协作相结合,综合运用法、理、情三种社会控制手段解决社会问题,以达到化解社会矛盾、实现社会公正、深化平安建设、激发社会活力、促进社会和谐发展目的的一种协调性社会行动。作为社会治理必不可少的内容,在规范行政执法的同时倡导行政执法革新是创新社会治理、推进社会治理现代化的重要环节。唯有改变传统思维,树立行政执法新思维,才能催生行政执法新模式、新举措,才能加快社会治理创新发展。

二、执法观念的转变

政府职能的调整和转变，就是希翼寻求一个与国家、社会的经济体制、政治制度、文化传统相契合的平衡点。① 要想彻底实现这种调整和转变，最能体现政府职能的行政执法必须先行革新。而要倡导行政执法新思维，必须先转变执法观念。具体而言，要想转变四川省广大行政机关及其公务员的行政执法观念，就要求在行政执法中树立以下思维。

（一）树立规则思维

依法治国，意味着国家和社会的治理，都应该是“规则之治”。这就要求行政机关制定的行政法规、行政规章和规范性文件理应是符合社会发展和国情民意的规则，这些规则应该既能维护公共利益又能保障公民的合法权益，行政机关和公务人员带头遵守、认真执行，以确保行政治理的实效。其次，规制思维还要求行政机关和公务人员在行政执法中摒弃“口号之治”和“运动之治”的思维，坚决抵制和杜绝类似重庆当年“唱红打黑”那样的运动式执法和治理模式。近日，有专家指出，为“迎战”中央环保督察组的督察，紧急对企业“出战”，采取“一刀切”式的限期整改或者关停措施，此种做法值得商榷。杨建顺教授认为，由于没有形成常规的环境治理制度，“环保突击战”没有履行相应的法定程序，更不符合正当程序的价值追求，与建设法治政府和依法行政的要求相差甚远。② 可见，缺乏规则思维的行政执法，背离了法治精神，会给整个社会带来不可估量的负面影响。有人说，中国法治建设最大的问题是国民缺失规则意识，只要行政机关制定决策应该讲规则，广大公务人员行政执法遵循规则，带头树立规则思维，就能引领全民树立规则意识。

（二）树立维权思维

孟子曰：“民为贵，社稷次之，君为轻。”③可见，民乃国之根本。民富才能国强，民安才能国盛。作为社会人，人类组成社会共同体，组建国家和政府，主动让渡自己的一部分权利给公权力机构，目的只有一个，便是让国家政府组织、协调我们的分工协作，带领我们走向幸福最大化。然而，过去很长一段时间，我们的行政执法都以维护公共利益为目标，忽视了公民的合法权益，甚至为了达到

① 禹竹蕊：《柔性行政方式：推动法治政府和服务型政府建设的重要抓手——兼评莫于川教授主编的〈柔性行政方式法治化研究〉》，载《河南财经政法大学学报》2012 年第 4 期。

② 杨建顺：《“环保突击战”值得深刻反思》，载《检察日报》2017 年 8 月 16 日。

③ 《孟子·尽心下》。

管理目标,漠视公民权益。这样的行政执法与民主法治的发展相悖,也与时代的潮流不符。树立维权思维,要求行政机关和公务人员时刻牢记行使行政权的目的在于为公众创造更多的福祉,牢记公民的基本权利受宪法保护,公民的合法权益应该得到维护和保障,即便为了公共利益不得不予以克减,也要给予相应的补偿。行政机关和公务人员在督促公众履行法定义务的同时,要始终尊重和保护其合法权益,坚持“以人为本”,方能赢得支持。2012 年夏季,一场暴雨突降北京,官方消息称,在北京市境内共发现因暴雨山洪叠加灾害死亡 37 人,暴雨导致经济损失近百亿元人民币。① 按理说,这场天灾过后,该反思的不仅仅是北京,其他省市的有关部门也应该引以为戒,检查城市排洪泄洪等基础设施是否存在隐患,以免类似的悲剧再次发生。然而,正是因为缺乏维权思维,这一事件并没有引起各个城市行政管理部门的高度警惕。2016 年夏天,暴雨席卷了我国多个省市,引发了大规模的内涝、洪灾,武汉、南京无一幸免。如果早在 2012 年,各地就能从北京那场暴雨造成的灾害中吸取教训,2016 年的悲剧就不会重演。这充分说明,“以人为本”绝不能停留在口号上,只有真正树立起维权思维,将公民的权益保障放在一个较高的位置,行政执法才会呈现出新面貌,才会赢得尊重和口碑。而树立维权思维,不但可以让广大行政机关和公务人员在行政执法中不再漠视公民的合法权益,也会让其深刻理解给付行政的重要,理解服务行政的地位,还能让其更为广泛地在行政执法中运用行政奖励、行政指导、行政契约等柔性行政方式,在执法中坚持“文明执法”,真正体现行政执法新思维的要求。

(三)树立正义思维

公平、正义是人类社会的理性诉求,也是确保社会和谐的重要抓手,而行政执法与构建社会的公平、正义密切相关。行政机关是国家机关,公务人员是国家工作人员,其一言一行、一举一动都代表着政府,是公众关注和效仿的焦点,对整个社会风气具有重要的引领作用。只有树立正义思维,在行政执法过程中贯穿“公平正义”的价值观,强化民主法治意识,摒弃官僚主义,降低执法随意性,杜绝滥用职权,严格依法行政,减少和杜绝“特事特办”“领导特批”“因人而异”“区别对待”的做法,彻底杜绝“执罚经济”“钓鱼执法”等现象的发生,才能确保社会各方面的利益关系得到妥善维护,才能确保各种社会矛盾得到妥善解

① 尹力:《北京市防汛办:暴雨暴露出基础设施薄弱等问题》,载腾讯新闻网,http://news.qq.com/a/20120722/001003.htm。

决，才能确保整个社会风清气正，才能确保构建社会主义社会公平、正义的目标落到实处。

（四）树立协调思维

党的十八届五中全会确立了五大发展理念，其中之一就是协调发展。任何一个国家，任何一个社会，任何一个历史时期，只有处理好各种复杂的社会关系，统筹兼顾、综合平衡，才能更好地谋求发展之路，赢取更光明的发展前景。在行政执法中树立协调思维，是为了加强行政管理的统一性和整体性。行政是一个动态的过程，行政管理部门为履行管理职责会实施一系列前后衔接的行政行为。简言之，要达到一个行政管理目的，需要动态地实施行政计划、行政决策、行政指导、行政资助、行政许可、行政契约、行政处罚、行政强制等若干行政行为。这是一个动态的过程，这也是一个利益衡量与博弈的过程。从宏观上看，这个过程讲究统一，强调平衡，从微观上看，其中每一项行政行为的执行，也即行政执法，都需要服从整体，注重协调，相互配合，方能圆满地达成行政管理目的。从中央到地方，政治、经济、文化的发展，都离不开行政管理，而每一项行政管理都需要谋定而后动，需要三思而后行。例如，这几年"共享经济"兴起，新经济模态的出现"抢夺"了一些人的饭碗，有些群众采用极端方式加以抵制，[①]给行政管理增加了意想不到的困难，也破坏了整个社会的和谐有序。历史是发展的，任何人都阻挡不了其前进的步伐，唯有顺应潮流，才能真正实现社会治理现代化。这就要求行政机关和公务人员在针对旅行住宿共享、交通共享、服务共享等的行政执法中，树立起协调思维，积极规制新兴产业的同时对民众进行引导，对那些从事陈旧产业的人群要给予相应的行政指导，建议其尽早放弃"夕阳产业"而选择"朝阳产业"，并为他们提供一些专业培训，帮助他们在市场竞争中赢得一席之地，从而保持社会的稳定和谐。唯有从制订行政计划和制定行政决策之初就统筹兼顾、综合平衡，才能在具体的行政执法中协调关系、平衡利益，真正凝聚共识、汇聚力量，协调发展物质文明和精神文明，两轮驱动、双翼共振，促进"硬实力"和"软实力"一起增强。

（五）树立共赢思维

为了顺应民主政治和现代法治的要求，行政机关和公务人员对自己的定位应该深刻反思，绝不能简单粗暴地将自己定义为"管理者"，而应该以"服务者"自居，在日常行政工作中时刻牢记以"人"为中心，从"人"的视角和"人"的需求

① 彭亮：《成都三圣乡 10余辆共享单车被火烧 面目全非》，载《成都商报》2017年2月26日。

来考量行政执法的措施、步骤、细节和成效,逐步以“服务—回应型”的现代治理模式取代传统的“管理—压制型”模式。行政机关和公务人员要意识到,社会发展至今,单靠行政主体一方的作用很难在真正意义上做好行政管理,公众参与是现代行政管理必要的程序,也是行政管理取得良好效果的必要手段。行政机关和公务人员要树立共赢思维,要将社会组织和公民视为合作伙伴,承认其在行政管理中享有“利益关系人”的地位,畅通其利益表达途径,尊重其意见和建议,创新机制,创造机会,确保公众能够参与到行政管理当中来。唯有以多元主体参与为中心,打破行政管理中公权力的垄断性,改变公共服务单一提供者的角色,行政管理才可能出现新局面,在实现公共利益优先的同时确保广大行政相对人更多地受益,真正实现双赢、共赢。[①] 例如,目前四川省各地不断涌现的“职业打假人”,他们虽然素质可能不高,打假也是为了获取利益,其关注点大多只是商品的标签标注等表面问题,极少关注商品的内在质量,但这个群体的存在对食品安全、药品安全、产品质量等的监督有一定的促进作用,从某种程度上说他们就是各个城市潜在的“朝阳群众”,可以为行政执法提供必要的违法线索。如果各地能够及时修订和出台奖励办法,在合法的框架下给出相应合理的行政奖励方案,就正面引导民众关注产品内在质量,在生产、卫生、安全等方面积极发挥监督作用,与行政管理部门形成合力,共同促进食品安全、药品安全、产品质量的提高,协助政府更为圆满地实施行政管理。此外,行政执法是社会治理当中极其重要的一环,要想实现社会治理现代化,政府的各个职能部门也要树立全局意识和共赢思维,在日常管理和行政执法中不能各自为政,而要相互配合,真正做到齐抓共管,形成合力,提升管理效能。

(六)树立诚信思维

契约精神是公民社会得以进步的基石。契约自由、意思自治、诚信守约是契约精神的重要组成部分,也是全社会都应该遵守的基本法则。当下中国最大的社会问题之一就是诚信缺失,政府和行政机关公信力低,成为了困扰行政执法的现实难题。树立契约思维,要求行政机关和公务人员学会运用行政契约而非一味用行政命令来开展行政管理。行政机关要自觉履行契约义务,真诚对待行政相对人和利益相关人,行政决策不能朝令夕改,避免有失严肃,避免对政府权威和诚信度造成负面影响。建议各级政府将履行行政契约的公信力作为评

---

① 参见禹竹蕊:《柔性行政方式:推动法治政府和服务型政府建设的重要抓手——兼评莫于川教授主编的〈柔性行政方式法治化研究〉》,载《河南财经政法大学学报》2012 年第 4 期。

价行政执法和建设法治政府的重要标准,针对行政机关不遵守行政契约的失信行为设计出明确的问责机制,整治陋习,提倡诚信,匡正行政之德。

(七)树立权责思维

长期以来,不少行政机关和公务人员将宪法和组织法赋予行政机关的行政权当做一种特权,只意识到自己有行政管理的权力,却没有深刻意识到其实这也是一种必须履行的职责,以致实践中行政不作为的事件屡有发生,造成了极其恶劣的社会影响。不少群众感叹,今天的中国,最大的问题并不是无法可依,而是执法不严。树立权责思维,旨在强化行政机关和公务人员的责任意识、担当意识,明白权限和责任等同,力争在行政执法中集思广益、努力创新,减免随机执法,杜绝选择执法,严防死守执法中的死角,确保法定职责得以全面履行,开创社会治理新局面。同时,要进一步建立和完善责任追究机制,对于行政决策、行政执法中出现的重大错误,追责到底,让行政执法真正做到有法必依、执法必严,真正为公众谋福利。

(八)树立程序思维

公正的程序可以确保实体的公正。正当程序在今天早已成为堪与实体正义比肩的程序正义的代名词,成为了为公众提供正义的一种机制。① 虽然因为程序导致不公的感受通常会被表述得很模糊,但人们还是习惯用“在一定程度上不尊重我们的个性、不把我们作为人来认真对待”之类的言辞来形容程序侵犯。② 故而,Jerry L. Marshaw 教授认为,程序不但具有平等、参与、私人自主权等价值,更重要的是,程序因其可预测性、透明性与合理性,可以促进程序参加人的自尊感,可以保护任何当事人的自尊心。③ 可见,从人格尊严的角度看,程序的可预知也是非常重要的。这也成为了程序规则制定和完善的又一动因。从某种程度上说,健全程序规则、加强程序法控制是确保正当程序和实现程序正义的前提。④ 作为公权力体系中最广泛、最直接涉及公众权益的行为,行政行为最容易滋生腐败、最容易造成权益侵害,建立正当程序无疑是确保行政过程公正、防止行政权滥用的重要保障。⑤ 树立程序思维,要求行政机关和公务

---

① 参见王万华:《正当法律程序和〈湖南省行政程序规定〉贯彻实施的影响》,载《湖南省社会主义学院学报》2008 年第 6 期。

② [美]杰瑞·L. 马肖著:《行政国的正当程序》,沈岿译,高等教育出版社 2005 年版,第 175 页。

③ [美]杰瑞·L. 马肖著:《行政国的正当程序》,沈岿译,高等教育出版社 2005 年版,第 186~195 页。

④ 禹竹蕊著:《权利保障视野下的违法信息行政公告研究》,知识产权出版社 2017 年版,第 164 页。

⑤ 参见姜明安:《正当法律程序:扼制腐败的屏障》,载《中国法学》2008 年第 3 期。

人员在行政执法时要遵守法定程序和正当程序,不仅要确保行政管理行为内容合法,而且还要做到程序合法,使行政执法经得起检验。

(九)树立底线思维

底线思维就是法治思维,这是行政机关和公务人员在行政执法中务必树立的一种思维。早在2010年,国务院就在下发的《关于加强法治政府建设的意见》中指出,要"重视提拔使用依法行政意识强,善于用法律手段解决问题、推动发展的优秀干部"。2013年1月的中央政法工作会议上,习近平总书记也明确要求,"各级领导干部要提高运用法治思维和法治方式深化改革、推动发展、化解矛盾、维护稳定能力"。只有将"是否合法"作为行政决策和行政行为的出发点,时刻谨守"合法性"这一"底线",无论什么时候无论什么理由,凡是"违法"的行政行为绝不可为,才符合依法行政的要求。底线思维包括合法意识和合理意识。合法意识是指行政主体实施公共行政活动应当有法可依,严格按照法律规定进行,对所实施的违法行为要承担相应的法律责任。合理意识是指行政主体作出的行政决定应符合法律的意图和精神,符合公平正义等法律理性,符合作为全社会共同行为准则的社会公理。[①] 虽然社会治理创新要求行政机关和公务人员综合运用法、理、情三种调控手段,但我们必须时刻牢记,执法中的任何问题,都要先讲法,再讲理和情,用情和理去感化行政相对人、利益相关人没有错,但绝不能超越宪法法律的"红线"。近日,青岛交警为"暴走团"封路限行引发了各种争议,不少法律人士纷纷指责交警滥用职权,并指出公共健身场所不足不能成为"暴走团"走上机动车道的理由。[②] 可见,不管如何强调"以人为本"或是兼顾情理,行政执法一旦突破法律的底线,就违反了依法行政的要求,会造成不好的社会影响。

(十)树立学习思维

时代在发展,科技在进步,学习已经成为提升自我、提升执法、提升管理的必备模式。行政执法要想赢得效率、胜在公平,行政机关和公务人员就必须树立学习思维,随时充电,对执法领域中出现的各种新信息新知识进行学习、掌握,以确保行政执法的全覆盖和无偏差。比如,日新月异的电子商务,它是否仅仅只是一个产业,行政部门该不该审批、该不该监管?该如何审批、如何监管?

---

① 参见韩春辉著:《社会管理的法治思维》,法律出版社2013年版。

② 王煜:《青岛交警为"暴走团"让路被指滥用职权 回应称合法》,载搜狐网,http://www.sohu.com/a/167741135_267106。

如果没有及时学习,进行知识更新,恐怕很难认识到电子商务不仅是一种新的经济增长点,还是一种方法论,它改变了我们思考问题的方式,甚至改变了我们管理和引导市场发展的逻辑。我们传统上习惯用行政处罚等刚性手段来对市场进行监管,可是,当我们学习了相应知识,了解到电子商务的特征和属性后,或许我们会意识到用信息流、信息量的方式去监管更容易实现我们的行政管理目标。而对于网络借贷P2P、物流共享等新涌现出来的事物,行政机关和公务人员不但要以开放的心态鼓励创新,还要认真学习,研究针对新业态的行政管理思路和办法,根据时代发展不断创新行政监管模式,这样才能更好地利用市场机制协助行政执法,完成行政管理任务。

三、执法环境的优化

中国当下进入了改革开放的深水期,利益格局的调整和多元价值的冲突导致各种社会矛盾高发,这在一定程度上影响了行政执法的大环境。加之规范制度欠缺,管理体制不顺,综合执法的保障机制不健全,从而使行政部门之间配合不力,行政执法的效果受到严重制约。而且,随着民主法治的发展,公民的权利意识觉醒,对行政执法的要求越来越高,舆论监督也更为犀利,受法律刚性约束和群众法制观念提高双重压力的影响,行政执法遭遇的情况越来越复杂,有些基层的执法环境与法治要求相去甚远,依法管理的难度逐渐增大,依法执法困难重重,诬告陷害、恶意中伤行政执法人员的投诉与日俱增,暴力抗法层出不穷,这都严重影响了行政执法的权威性和严肃性,严重妨碍了行政机关正常履行其行政职能。

要想优化执法环境,形成执法合力,四川省应该着重加强下列工作:

第一,依据《四川省依法治省纲要》对法治四川建设作出的总体规划,全面构建"1 + 4"四川法治体系。把法治放在"四个全面"战略布局中来把握,落实中央统一部署、统筹协调的要求,每次重大会议重要部署必强调依法治省,重点调研重要安排必包含依法治省,党政年度目标考核必突出依法治省。在全省上下构建起党委统筹揽总、部门各司其职、纵横联动推进工作格局。

第二,把依法治省作为动态过程、系统工程来谋划和掌握,每年对依法治省面临的新情况新问题作出深入分析、提出明确要求、推动落地落实。全面把握法治四川建设阶段性特征,把坚持问题导向、树立法治权威作为重中之重,鲜明提出"开展新的探索、努力走在前列",重点强调"集中精力抓落实抓巩固抓深化提升",牢牢把握稳重求进工作总基调,紧紧盯住"坚定不移把全面依法治省引向深入"奋斗目标,碰硬开展督促检查、法治暗访、依法治省年度考核、法治建设第三方评估,全面实施95项法治创新项目,强力推进依法治省蓝图变成现实。

第三,继续大力发展城乡经济,为创造和谐执法环境提供物质基础;同时,政策法规的制定都要考虑和兼顾多元主体的不同利益,尽量化解社会矛盾,和谐政民关系,避免行政执法人员成为无辜的"替罪羊"。

第四,完善相应法律规范,以及政策规定,重视条理法、软法的建设,为规范行政执法提供良好的制度环境。

第五,行政机关要更新执法观念、创新执法方式,加大公众参与的力度,让公众参与行政决策,对关联其切身利益的行政决策发表建议和意见,充分表达其利益诉求;同时,行政机关要及时进行政府信息公开,主动将行政执法置于公众监督之下,对于公众关心的热点问题更要随时发布情况通报,避免行政执法因信息不畅或谣言盛行而导致公众质疑和误解。

第六,行政机关要建立和完善新闻发言人制度,加大行政执法宣传,为营造良好执法环境提供思想基础和舆论基础。行政机关要定期选取具有教育意义的正反典型案例通过电视、官方网页、官方微博、官方公众微信号等媒介进行正面宣传,加强舆论引导,加强价值建设,使法治精神深入人心。通过舆论引导,强化公众的规则意识、诚信意识、权利义务统一意识、责任意识、依法维权意识,促进公众守法信法,改善行政执法大环境。

第七,行政机关要善于和新闻媒体沟通,引导新闻媒体思考自己的社会责任,遵守新闻职业道德,避免低俗之风,努力塑造社会共识。行政机关既要按照国务院办公厅下发的《关于印发推行行政执法公示制度执法全过程记录制度重大执法决定法制审核制度试点工作方案的通知》的要求,在行政执法的事前、事中和事后做好执法信息公示,同时,还要加强与新闻媒体的沟通,尽量让新闻报道客观公正、还原事实,不影响和左右行政执法,塑造积极向上的社会心理,为行政执法创造良好的社会环境。

第八,行政机关要重视行政执法中的解释程序。解释程序是指行政主体在执法过程中,向行政相对人解释说明执法理由的程序。国家机关是国家法律的制定和执行主体,同时肩负着普法的重要职责。党的十八届四中全会明确提出实行国家机关"谁执法谁普法"的普法责任制。2017年5月17日,中共中央办公厅、国务院办公厅印发了《关于实行国家机关"谁执法谁普法"普法责任制的意见》,不但明确国家机关应"围绕热点难点问题向社会开展普法",还提出"建立法官、检察官、行政执法人员、律师等以案释法制度”，明确要求“行政执法人员在行政执法过程中，要结合案情进行充分释法说理，并将行政执法相关的法律依据、救济途径等告知行政相对人”。在行政执法中确立和加强解释程序，可以使行政主体在作出处理决定，尤其是依法裁量时，就事实问题和法律问题进行认真考虑，谨慎决定，避免草率行政。同时，行政主体和行政执法人员公开说明执法所采用的法律方法、裁量的依据和选择理由以及得出处理结论的过程，可以确保行政执法的透明性、可接受性和可靠性，使每一次执法都变成一堂“法治公开课”。解释程序具有这种增强可接受性的功能，可以在行政主体与相对人之间建立起一种互相信任和合作的新型行政关系。因而，解释程序顺应了现代行政发展的趋势，理应成为新一代行政程序理念的核心内容。同时，我们还应看到，解释程序的确立，可以让行政相对人、利益相关人以及普通群众了解行政主体执法的依据、考量和判断标准，有利于消除他们的疑惑和紧张，能够化解潜在的对抗情绪，使行政决定获得行政相对人的承认和遵守，获得公众的认可和合作。这本身就是一个普法的过程，是落实普法责任制的重要抓手。

四、物质技术的支持

俗话说，科技改变生活，同样的，技术发展也会给行政执法带来深刻的影响。行政执法创新，离不开物质技术的大力支持。

近年来，高度发达的互联网和自媒体正在改变着我国行政执法的方式和环境。大数据时代的悄然来临，云计算的逐步推广，不但改变了行政执法的传统模式，还使行政执法的效果有了明显改善。今后四川省在技术建设方面，要注意以下几点：

第一，逐步增加执法经费，为技术建设提供物质基础和保障。科技的发展和互联网的革新，引领了行政执法方式的变革，也使技术建设的重要性日渐凸显。但技术建设不是一朝一夕就能完成的，无法一蹴而就，需要投入大量的财力研发创新和补充新技术新装备，故而增加执法经费，保证执法人员能及时配备诸如执法记录仪、PM2.5 探测器等新型的执法设备，更好地完成执法任务。

第二，进一步开发与执法监督有关的电子产品，确保执法监督记录更为便捷科学。2017 年 1 月 19 日，国务院办公厅《关于印发〈推进行政执法公示制度执法全过程记录制度重大执法决定法制审核制度试点工作方案〉的通知》，要求全面推进三大制度建设，其中执法全过程记录制度的推进就需要相应电子产品的研发和推陈出新。行政机关应该大力研发相应的电子产品，切实推进执法文明和执法监督。

第三,进一步把握大数据发展规律,加强分析应用,以大数据分析推动行政流程再造和行政管理改革,进一步提升行政效率和执法水平。

第四,进一步推动云工程建设,加快各种应用软件的开发,尤其是要加快一站式政务服务 APP 手机软件的开发和运用,切实推动行政执法各领域与大数据、云计算等新一代信息技术的结合,力争获得更大成效。

第五,进一步推动行政部门之间的信息共享,统一数据接口和数据交换标准,真正做到数据互联互通,加大配合力度,形成行政执法合力,让省、市、县、乡行政事务“一张网”得以真正实现,利用现代化、数字化的手段和办法调整优化行政执法的方式、规则和程序,降低行政成本,提升行政效率、管理质量和执法实效。

第六,进一步挖掘大数据的管理价值和社会价值,统筹发展大数据的政用、商用、民用产品和各项服务。进一步推动大数据在政府行政管理、社会治理和公共服务等方面的应用,尤其是在精准扶贫、廉租住房、远程医疗、医疗帮扶基金、远程教学、助学基金等惠及民生的重点工程方面的应用,推动公共服务事业的良性发展,切实提高公众的生活品质、改善其生活条件。

第七,进一步利用大数据推动行政监管的纵深发展。科技的进步既给行政执法带来了机遇,也带来了挑战,行政管理和服务的对象正逐步从现实世界进入网络虚拟世界,轰动一时的魏则西事件、层出不穷的网络欺诈行为、网购纠纷都让行政机关不得不思考,如何改变传统的执法模式,如何利用大数据分析,利用信息流和信息量,与互联网上的商家实现无缝对接,有效监管和提供服务都是亟待解决的问题。

五、执法体制的变革

体制不顺,是掣肘行政执法效果的重要因素。我国体制改革推行多年,虽然取得了一定成效,行政机关职能交叉、职能不清的现象却依然普遍存在。行政决策、行政执法深受执行利益桎梏,行政监督形同虚设,行政问责难以开展,部门利益最大化的情况长期得不到有效解决。纵观各地的改革经验,我们认为在今后的行政执法体制改革中,应该本着“减少层次、整合队伍、提高效率”的原则重点抓好以下工作。

(一)进一步科学划分执法权限

十九大报告指出,要深化机构和行政体制改革,要“统筹考虑各类机构设置,科学配置党政部门及内设机构权力、明确职责。统筹使用各类编制资源,形成科学合理的管理体制,完善国家机构组织法。转变政府职能,深化简政放权,创新监管方式,增强政府公信力和执行力,建设人民满意的服务型政府。赋予省级及以下政府更多自主权。在省市县对职能相近的党政机关探索合并设立或合署办公。深化事业单位改革,强化公益属性,推进政事分开、事企分开、管办分离”。因此,四川省政府和中央应该根据其不同的职能特点以及执法任务的不同需求,来明确和划分执法领域及执法重点,充分发挥各自的优势。为维护全国市场统一和经济安全,中央政府部门要对外资国家安全审查、商品进出口、反垄断等事项实行统一监管。而有关商贸服务、食品药品、环境保护、安全生产、劳动保障等实行分级管理的事项,原则上应该就近管理,由省市县政府实行属地监管,减少执法层次,提高执法效率。[①] 同时,还要进一步明确省级、市级与区、县级的事权划分,完善工作流转程序,加强业务指导与监督。

(二)进一步推进执法重心和执法力量向市县下移

原则上应该根据不同层级政府的履职需要来科学、合理地配置执法队伍。考虑到实际职能,建议四川省政府只在海洋、高速公路、重大工程、航运等特殊领域设置行政执法队伍,有效避免行政机关对同一辖区内的行政相对人分割管理、争相执法。由市县和基层监管的事项,原则上省政府部门不宜直接实施现场检查和现场执法,而应把重心放置在协调跨区域执法、执法监督指导、重大案件查处等事项上。近年来在安全生产、环境保护等领域实行的“国家监察、地方监管、企业负责”的执法体制改革颇有成效,可在其他领域进行推广。为了集中力量、清除多层执法和多重执法,设区的市政府与市辖区原则上只设立一级执法队伍。而直接承担执法监管职责的县级政府部门,原则上也不必单设执法队伍,可探索综合设置执法监管机构。部分经济发达、城镇化水平较高的乡镇政府,根据已有条件和自身可以通过法定程序行使部分行政执法职能。[②]

(三)进一步推进综合执法,减少市县执法队伍种类

分部门设立专业执法队伍,不仅导致执法力量分散,也容易造成重复检查和重复处罚,引发公众质疑和不满。可重点在文化旅游、食品药品安全、环境资源、工商质检、城乡建设、公共卫生、交通运输、海洋渔业、安全生产、农林水利等领域内推行综合执法,并在有条件的领域率先推行跨部门综合执法,相对集中

① 王峰:《深化行政执法体制改革》,载《经济日报》2014 年 11 月 17 日。
② 王峰:《深化行政执法体制改革》,载《经济日报》2014 年 11 月 17 日。

行使行政执法权。可以将不同部门下设的职责任务相近或相似的执法队伍,逐步整合为一支队伍,集中行使执法权,并清理和取缔于法无据、未按规定程序设立的行政执法队伍。

(四)理顺行政强制执行权体制

依法规范行政强制执行程序,优化流程、提高效率;进一步完善行政执法听证程序,对法律规范有明确规定的,行政相对人、利益相关人依法要求听证的,行政机关必须组织听证。对不履行行政决定的当事人,行政机关应该依法强制执行或者向人民法院申请强制执行,切实维护法律权威。

(五)进一步细化执法标准

目前某些领域,同类事项,无法统一标准,即使是同一地区也存在行政执法标准不一的情况,招致公众不满和怨言。各级、各地行政机关应进一步细化执法标准,切实保障行政执法的统一、公平。

(六)建立健全行政裁量权基准制度

继续加强对行政裁量权适用的规制,防止滥用,尤其是要健全行政处罚自由裁量权的规范体系和执行要求,进一步规范行政许可、行政处罚、行政强制等易引发争议的执法行为,有条件的地方可以依据法律法规细化行业执法标准,确保行政征收、行政处罚、行政许可、行政强制等刚性行政行为合法、适当,切实维护行政相对人合法权益。

(七)强化执法监督

建立健全执法全过程记录制度,进一步落实执法责任制,对于行政复议和行政诉讼中行政行为被撤销、变更或确认违法的案件,认真总结分析,严格依法落实责任追究。完善行政执法投诉举报、情况通报等制度,加大对非法干预行政执法、执法腐败等问题的查处力度。

(八)加强与司法机关的配合

虽然行政执法原则上是行政机关履行行政职能的事,司法机关不易进行干涉,但是司法机关,尤其是检察机关有权监督行政机关的执法,以促推行政机关依法行政、公正执法、严格执法;一旦行政执法引发行政争议,人民法院也会参与纠纷化解。要鼓励司法机关针对司法活动中发现的行政执法问题向行政机关提出司法建议,并促成司法机关与行政机关之间建立信息通报和备案审查制度,建立联席会议制度,通过司法监督,有效地保障行政执法的合法性。各级检察机关应充分运用宪法和法律所赋予的监督权,运用“调查 + 建议”的方式,积极开展行政检察,及时发现问题,弥补行政监管漏洞,在行政执法尚未造成巨大矛盾或对公民权益、社会公共利益造成实质损害的情况下,预防性地解决行政争议。

六、执法队伍的建设

队伍建设,是提高行政执法工作效能的重要保障,也是实现执法为民的必要保证。提倡行政执法新思维,就要加强执法队伍建设,进一步提高执法人员的自身素质,才能真正适应新形势、新任务的要求。

(一)加强行政执法人员主体资格管理

行政机关要进一步加强行政执法资格对比工作,杜绝无资格人员从事执法活动。全面实行行政执法人员持证上岗和资格管理制度,未经执法资格考试合格,不得授予执法资格,不得从事执法活动。加强行政执法人员主体资格管理,开展行政执法主体资格确认和行政执法人员清理工作,不但可以维护行政执法的严肃性,还能确保依法行政,防止滥用职权等违法违纪行为的发生。

(二)加强行政执法人员的专业培训

1. 重视干部培训,大力培养行政执法的优秀领军人物

依法行政的关键是各级领导干部能否按照宪法和法律的规定来治理国家、管理社会事务、保障人民群众的合法权益,故而,领导干部的培训意义重大。各地应定期选送各级行政机关领导参与各种形式的干部培训,各级行政机关领导要学会运用法治思维来指导工作,广大行政管理人员则应熟悉部门执法的法律规范,在实际工作中运用法治方式,以积极的心态依法行政,将行政管理工作真正纳入法治的轨道。

2. 组织执法人员的专题培训,提升行政人员的执法水平

同时,行政机关要定期组织新上岗行政执法人员培训,让进入行政机关的每一个新人都提前了解和熟悉业务要求,上岗后能真正做到和做好依法行政。要针对执法中出现的突出问题定期展开业务培训,切实提升执法人员依法行政的能力与水平。通过专题培训,还能更新行政执法人员的知识储备,使其能够更好地应对新形势下的执法要求。比如,开展相应的大数据分析培训,可以提升执法人员综合运用大数据分析、运用云计算进行执法监控的能力,更好地掌握大数据时代的现代化执法本领。

(三)科学设置考核目标

引入激励机制,发挥行政人员的能动性,以及通过提高内外监督力度来强化队伍管理,防止行政人员滥用职权或怠于行使职权,是现代行政管理发展的

方向。总体来讲,目前我国的行政工作评价体系仍然不成熟,相关考核项目设置并不科学。今后在加强队伍建设的过程中,要注意科学设置考核事项,促进行政人员依法履职、有效减少和杜绝消极怠政现象,进一步促进治理体系和治理能力现代化。

(四)建立健全行政问责机制

确立行政问责的原则,采用过错推定原则和"谁实施,谁负责"的原则,根据岗位责任,对行政机关及公务员的行政责任予以划分和追究。同时,完善问责的程序,避免实践中问责的启动和进行随意性过大,落实惩戒内容,并向社会公开问责情况。最后,健全官员复出机制,增强问责的公信力。

新时代四川法治政府第三方评估机制的构建

滕　腾*

2015年,国务院出台《关于积极推进“互联网+”行动的指导意见》和《关于促进大数据发展的行动纲要》,对于政府治理模式和制度变革提出了新的时代命题,相应的,法治政府第三方评估也须顺应这一新的变化。因此,有必要把握“互联网+”这一新时代脉搏,探讨法治政府第三方评估面临的机遇与挑战,以四川法治政府第三方评估的实践为基础,分析法治政府第三方评估的空间和发展路径的转型和突破,构建法治政府第三方评估的长效机制,实现其正向激励的功能,这具有理论意义和实践价值。

一、我国实施第三方评估制度的可行性

关于第三方评估,我国一些地方政府进行了一系列改革的尝试,譬如“万人评政府”、委托或邀请“第三方”评估政府依法行政的情况,这些改革取得了显著效果,改变了以往政府部门“自主评价”的单一形式。第三方评估不仅能有力促进政府职能的转变,使政府部门更加关注民众诉求,而且由“第三方”设计的专业评估指标和评估机制极大提高了评估结果的科学性、有效性。在法治政府建设过程中,独立、专业和公正的第三方法治政府评估能够克服现有自我评估、内部评估固有的弊端,有利于全面掌握依法行政工作的进展情况,准确评估法治政府建设的状况和水平,充分发挥公众参与的积极性,不断推动法治政府建设取得新成效,确保我国到2020年实现“法治政府基本建成”的目标。因此,第三方评估已成为法治政府指标评估体系的重要方式。

“非政府组织的发展不仅有利于重塑我国政府组织与企业、社会其他领域关系,有利于形成政府组织与各类非政府组织合作管理社会公共事务的社会管

---

* 作者单位:中共四川省委党校、四川行政学院法学部。

理体系,也有利于加速改良原有的不良社会要素和培育新的要素,从而为市民社会的健康成长提供组织基础。”①因此,在我国构建第三方评估制度有重要的现实意义。目前,我国已具备实施第三方评估的现实基础和条件。

(一)政府自身变革给予第三方评估更多发展空间

1. 服务型政府和绩效型政府理念的确立改变了传统评估方式

20 世纪 80 年代,新公共管理理论成为各国政府改革的重要理论范式,正是在新公共管理理论“顾客导向”和“服务导向”的影响下,我国政府提出建设服务型政府和绩效型政府的理念。

服务型政府必然是以绩效为标尺的有效、有限的政府。绩效型政府强调服务型政府的人本理念实现的途径,重在突出实现过程中的经济性、效率性、效果性和公平性。反过来,服务型政府的治理模式和治理理念带来了绩效评价的新变革。我国传统政府本位理念下的管制模式更多着眼于政府组织内部各要素的控制和监督,评价结果往往不公布或者不完全公布,而服务型政府要求评价内容、标准和指标切实反映社会公众的愿望与利益需求,目标定位由内部控制转向外部问责,这必然要求绩效评估内容由工作导向转向职能导向,尤其注重提高政府的社会管理和公共服务职能,以法定职责作为评估的主要内容。

因此,服务型政府和绩效型政府理念的确立,赋予行政改革以新的内涵,促使政府绩效评估由“运动式”“盲目式”向“规范化”“自觉化”发展。“由第三方独立评价我国地方政府绩效是建设服务型政府内在的要求”,②传统的“民评官”的体制性障碍逐渐消解,政府绩效的第三方评估逐步得到政府的允许、理解和宽容,评价空间扩大。

2. 我国建设法治政府主导模式和县际竞争的现实为第三方法治评估的推广提供了直接的动力

2004 年国务院在《全面推进依法行政实施纲要》中提出:“全面推进依法行政,经过十年左右坚持不懈的努力,基本实现建设法治政府的目标”,之后部分地方政府发布有关全面推进依法行政的实施意见,并在意见中提出建立依法行政评价体系,完善督查考核办法。2010 年,《国务院关于加强法治政府建设的

---

① 王绍光著:《多元与统一——第三部门国际比较研究》,浙江人民出版社 1999 年版,第 6 页。

② 郑方辉、毕紫薇:《第三方绩效评价与服务型政府建设》,载《华南理工大学学报》(社会科学版)2009 年第 4 期。

意见》明确要求加强依法行政工作考核,科学设定考核指标并纳入地方各级人民政府目标考核、绩效考核评价体系,将考核结果作为对政府领导班子和领导干部综合考核评价的重要内容。在这一政府主导模式下,地方政府有推动有效法治建设的现实压力。一些地方政府开始探索通过构建法治政府评价体系并开展评价活动的方式促进法治政府的建设。在这些法治政府评价活动中,第三方机构逐渐以各种方式参与其中。另外,县、区级国家机关为获取更多的比较优势,有进行法治评估等地方法治创新活动的动力。第三方法治评估作为地方竞争优势的一个重要方面,存在不断扩展的可能性。

(二)公民社会的发展为第三方评估奠定了社会基础和组织基础

公民社会是"介于经济和国家之间的社会互动领域,由私人领域(特别是家庭)、团体领域(特别是志愿结社)、社会运动及大众沟通形式组成"。[①] 我国学者认为,公民社会是国家或政府之外的所有民间组织或民间关系的总和,其组成要素是各种非国家或非政府所属的公民组织,包括非政府组织(Non-Governmental Organizations,NGO)、公民的志愿性社团、协会、社区组织、利益团体和公民自发组织起来的运动等,它们又被称为"第三部门"(the Third Sector)。[②] 1978年的改革开放使公民社会赖以存在和发展的经济、政治、法律和文化环境发生根本变迁,中国的非政府组织得以产生,并在20世纪80年代后发展迅速,如今已成为我国社会发展中的一支重要力量。非政府组织的发展和成熟意味着有更多的机构和团体能够担任第三方评估的组织者。

公民社会的兴起对社会政治和经济生活影响巨大,在一定程度上改变了社会治理状况,对公民的政治参与、政治公开化、公民自治、政府的廉洁与效率、政府决策的民主化和科学化等具有重要意义。非政府组织成为公民与国家之间信息传递与沟通以及监督公共权力的重要力量,能较大程度地弥补政府和市场的不足,发挥"社会整合"的作用,即以公平正义为诉求,通过提供无偿或低偿帮扶与物质、精神援助,建立社会共识,营造集体氛围,维系社会凝聚力。非政府组织的这种非营利性和志愿性决定了其优先为社会弱势群体提供"特殊的公共福利服务"。这不仅意味着各种非官方意见(包括第三方评估结论)得以充分表达,而且有助于评估"市场"的繁荣。

---

① [美]琼·柯亨、安德鲁·阿拉托著:《公民社会与政治理论》,麻省理工学院出版社1992年版,第7页。转引自周建国:《政策评估中独立第三方的逻辑、困境与出路》,载《江海学刊》2009年第6期。

② 参见俞可平:《中国公民社会的兴起与治理的变迁》,载俞可平主编:《治理与善治》,社会科学文献出版社2000年版,第328页。

同时,公民的政治参与意识和权利意识增强,公民支持通过第三方评估的方式来表达自己的利益诉求,并以此推动我国政府体制改革的进一步深化。政府绩效观实现重大转变,由政府内部评估模式向"政府主导——公民参与"评估模式转变。在政策制定和评估中,不仅要在决策中吸纳公民的参与,而且在对决策效果进行评估时也应增强公民的声音。基于此,第三方评估为公民参政议政找到了一个更好的切入点。第三方评估是对其所代表的群体意志的整合和表达,根据严谨的调查研究作出理性判断,比个人言论更有权威性和科学性,更能引起社会关注,有效地对被评估对象施加压力,使其不断改进。因此,公民社会的兴起使第三方评估有了社会基础。

(三)"第三方"的专业性和社会科学的发展为第三方评估提供了技术保障

首先,第三方评估机构符合评估专业性的要求。第三方评估大多数依托大专院校和科研单位,由专业人士组成的机构具有人才、理论和学术优势,在评价主体的选择与培训、评价指标的制定、评价数据的处理、评价结果的判断等方面拥有相应的理论基础和专业化工具,它从可操作层面为第三方参与评估提供了理论基础。

其次,自然、社会科学的发展为第三方评估提供了技术支持。"后工业社会和信息时代的信息技术特别是互联网的发展,革命性地改变了人类社会获取信息的方式和效率。互联网世界最显著的特点就是信息的共享,政府和社会公众都是信息的占有者和受益者,从而打破了权力部门对信息的控制和专享,并对政府的运作方式产生了深刻的影响。"①从各种渠道获取信息成为可能。目前常见的评估方法有前后对比法、对象评定法、专家判断法和自我评定法等;政策评估的技术主要有评判技术、重要路径法、成本利益分析和成本效果分析等。理论基础"至少可以追溯至著名的霍桑实验,以及后来一些管理学者长期以来的推进,如阿吉里斯、利克斯以及福莱特""有关公共组织参与的思想里程碑是明诺布鲁克会议和新公共行政运动"。②

因此,随着传媒手段的升级、评估技术的进步以及评估方法的多样化,第三方评估凭借其专业化基础,充分运用各种有利于促进评估收益最大化的手段,整合各类资源,使评价活动向着高效、低成本方向发展成为可能。

---

① 包国宪:《论政府绩效管理中的绩效沟通》,载《经济体制改革》2007 年第 1 期。

② [美]B·盖伊·彼得斯著:《政府未来的治理模式》,吴爱明、夏宏图译,中国人民大学出版社 2001 年版,第 62 页。

二、新时代视域下法治政府评估的发展路径

(一)“互联网 +”对法治政府理念的影响

互联网思维与经济实体的深度融合和创新联动是当前互联网发展的最新样态,“互联网 +”产生的大数据作为新型生产资料要求信息公开、共享,传统互联网实现了转型和升级,通过移动终端突破传统互联网的物理局限,而万物互联能更高效地满足不同个体的个性化需求,凸显以人为本的理念。“互联网 +”作为建设法治政府的创新驱动引擎,引发了法治政府建设的转型和革新。

在“互联网 +”的大环境下,一方面,社会制度提供的资源和规则必须以利他主义的方式进行,以人为中心,要求公众的全方位参与,奉行诚信原则,因此法治政府必须平衡行政权和公民权,认可政府和公民的平等关系,建立一种既有约束又有激励的良好沟通机制。另一方面,云端制的出现、信息共享以及大数据的运用决定了政府不再是信息传递的中心连接者,这要求法治政府应更多关注个体的权利保障和基本公共服务体系的完善。法治政府的组织结构也将由层级传递的金字塔型结构向多元化、扁平化的组织结构转变。①

(二)“互联网 +”对法治政府评估的影响

“互联网 +”打破原有的数据壁垒,要求法治政府评估运用数据思维范式,法治政府的衡量标准、效能发挥,以及公众对法治政府的期待都提出了更高的要求。

首先,“互联网 +”视角下的法治政府指标体系的理念应是以人为本,坚持“权利—效率均衡”的价值导向。② 其次,信息公开、共享以及大数据的应用有助于提高政府决策的精确度和科学水平,动态地了解、满足和回应公众需求,这就要求优化法治政府评估的指标设计,指标体系应具有针对性、可操作性和公开性。最后,发挥大数据在法治政府衡量中的数据挖掘以及分析优势,构建跨部门统筹信息数据分享与协同调度机制,优化法治政府评估制度。

三、新时代视域下四川法治政府第三方评估的现状和面临的挑战

由独立的第三方作为评估主体能有效监督和修正政府的内部评估,第三方评估的专业性和公正性使其得出的评估结论更具权威性,通过公开、透明的方

---

① 参见康兰平:《“互联网 +”法治政府评估的空间与路径研究》,载《电子政务》2017 年第 3 期。

② 参见朱新力、吴欢:《“互联网 +”时代法治政府建设畅想》,载《国家行政学院学报》2016 年第 2 期。

式在政府和公众之间建立沟通的平台,更易为公众信服。社会管理创新要求转变政府职能,要求社会协同参与,基于此,第三方评估应运而生。

在法治评估方面,随着2013年《中共中央关于全面深化改革若干重大问题的决定》和2014年《中共中央关于全面推进依法治国若干重大问题的决定》的出台,全国各地进入法治评估转型的新阶段。2015年7月1日,国务院办公厅印发的《关于运用大数据加强对市场主体服务和监管的若干意见》指出:"对于政府服务绩效评估,综合利用政府和社会信息资源,委托第三方机构对政府面向市场主体开展公共服务的绩效进行综合评估。"①第三方评估模式被广泛运用,产生了浙江余杭法治指数、吴兴区司法透明指数、杭州市电子政府发展指数、浙江全省103家法院阳光司法指数等指数类测评。

2012年,四川行政学院和《法制日报》驻四川记者站接受四川省住房和城乡建设厅委托,对住房和城乡建设厅行政执法的重点岗位行政审批处和建设监察执法总队进行评估,最终形成的评估报告为住房和城乡建设厅进一步深入推进依法行政打下了良好的基础。② 2013年,修订后的《四川省市县政府依法行政评估指标》正式实施,在占权重20%的社会评估部分,评估办法引入第三方机构对市县政府依法行政进行评估。西南财经大学公共管理学院接受泸州市政府的委托,对泸州市政府依法行政情况进行评估,提出了加强和改进依法行政工作的对策建议。③ 2015~2016年,四川省委党校作为"四川依法治省智库"的承担主体单位之一,对四川域内5个市、县政府法治建设状况进行评估,撰写了依法行政第三方评估报告,取得较好的社会效果。

尽管如此,四川法治政府第三方评估在"互联网+"的外部环境中仍然遇到了"瓶颈"。

首先,目前的评估工作管理平台不能适应"互联网+"新时代的要求。评估工作实效性强,调研地区差异性大,如何调配调研人员,如何精准掌握调研进度,如何统一田野调查方式等,目前主要依赖微信群、QQ群,这显然不能精细化控制评估流程。

---

① 康小兰:《国务院办公厅关于运用大数据加强对市场主体服务和监管的若干意见》,载中华人民共和国国务院新闻办公室:http://www.scio.gov.cn/32344/32345/32347/32969/xgzc32975/Document/1440449/1440449.html,2015年7月8日访问。

② 参见方怀南:《四川:建设系统依法行政在前进》,载《中国改革报》2014年1月31日。

③ 参见四川省法制办监督处:《四川省依法行政第三方评估工作在泸州首开》,载中国政府法制信息网:http://www.chinalaw.gov.cn/article/dfxx/dffzxx/sc/201305/20130500386925.html。

其次，第三方评估主体大多属于体制内的事业单位，多为省管高校或科研单位，与被评估的省级党委政府在组织、财政等方面有直接隶属关系。因此，评估主体不得不考虑评估报告对当地政府的影响，以及考核结果对本单位的潜在影响。

再次，第三方评估的深度不足，信息获取能力有限。在法治政府评估中，第三方评估机构主要以司法局为中介获取各委办局的法治建设自评自测报告，所需的数据信息主要通过司法局向其他各委办局提取，被评估单位是否提供信息、提供多少，第三方评估机构往往只能被动接受。对于涉及社会诚信体系建设、不动产登记制度的信息联网、交通、民航、个人互联网信息的数据调研，目前较为困难。

最后，缺乏系统的第三方法治评估结果的接纳机制。即使第三方评估机构提交了严谨真实的评估报告，也并不必然得到政府的回应。在多数情况下，司法局将评估报告作为内部材料传达各委办局，便不了了之，再无下文，更别提与政府日常工作的改进有机衔接了，公众和媒体更无从知晓和查询。

因此，很多引起大众关注的第三方评估活动还未及深入开展和持续就戛然而止，或者开展两三次后就再无消息，要发挥法治政府第三方评估机制的正向激励功能，就必须关注如何保持第三方评估的常态化和可持续性。

四、法治政府第三方评估建立长效机制的障碍分析

经过调研，第三方评估机制难以形成长效机制的深层次原因主要原因如下。

（一）建立第三方评估长效机制的政策困境：相关法规制度缺失

2007 年，国家民政部颁布了《关于推进民间组织评估工作的指导意见》和《全国性民间组织评估实施办法》，但未明确规定具体评估办法和评估结果的运用问题。在这一背景下，基层政府出台了相应的地方性管理办法，如《杭州市社会组织评估实施办法》《东莞市政府购买社会工作服务考核评估实施办法》等，但仍然缺少全国性、专门性的法律规定和政府文件。

2010 年 12 月，民政部发布了《社会组织评估管理办法》，该办法的评估主体是政府和地方民政部门，这意味着第三方评估机构的合法地位仍是缺失的。

2015 年 5 月，民政部《关于探索建立社会组织第三方评估机制的指导意见》出台，增加了评估的前公示程序，标志着民政部首次全面实施第三方评估工作。2016 年 8 月，中共中央办公厅、国务院办公厅联合发布了《关于改革社会

组织管理制度促进社会组织健康有序发展的意见》,再次提出了建立健全社会组织第三方评估机制的要求。

尽管如此,仍没有上位法对第三方评估机制的意义、目标和具体方法进行规定,其合法性地位仍不能得到保证。这限制了第三方评估机构的产生、注册和登记,导致政府和地方民政部门开展法治政府评估时,是否选择与第三方评估机构合作、合作的具体范围如何划定有很大随意性,这无疑影响和限制了第三方评估机构的评估能力。另外,第三方评估机构需要与政府各部门、评估委员会、复核委员会三方沟通合作,完成评估工作,缺乏上位法的具体规定会导致各地开展评估工作时较为随意,造成沟通缓慢、评估效率低下,甚至因职责不明导致各方互相推诿责任的情况。更重要的是,未从制度上确立第三方评估的合法性,第三方评估组织很难利用法律的强制性力量获取相关信息和资料,评估工作的周期性和稳定性也无从保障。

因此,缺少全国性、专门性的法律法规是实现第三方评估长效化的制度障碍。

(二)第三方评估机构的中立性不足

一是行政化倾向严重。四川省政府法制办主导的法治评估活动更多体现为自上而下的“考核评估”,引入第三方评估机制,重视社情民意,将社会满意度调查结果按一定权重换算为评估分值。但受托方有时并非独立的第三方评估机构,而是国家统计行政部门或其下设机构,其法学专业性不够,且自身属于行政机关,本质上并非真正的“第三方”。即使第三方评估机构是高校和科研院所,但其与行政机关仍有千丝万缕的联系,这些机构也大多隶属于行政机关,很难保持其独立性。

二是第三方对资金的依赖性限制其独立性。即便是高校、科研机构也受制于资金条件限制,经费几乎完全来自政府的委托经费,因此,第三方的评估结果难以保持客观公正。

(三)信息不对称,缺乏评估结果的信息发布和运用机制

一方面,信息获取的难度严重制约了评估指标的确定。第三方评估机构只能获取行政机关发布的信息。调研发现,一些行政官员往往秉持“宁可不做,也不做错”的原则,“报喜不报忧”,倾向于提供正面信息,回避负面信息,提供表面信息,隐匿深层次信息。第三方评估所获得的数据积累多少与区委书记、司法局领导的重视程度正相关,重视度高则各行政部门配合度有所提升。因此,前期程序流于形式化往往导致第三方评估报告的空洞。

另一方面，缺乏评估结果的信息公示和运用机制，社会监督乏力。第三方收集的评估数据和最终形成的评估报告往往单向递交至政府部门，其他社会组织或者公众无权查阅，也没有任何可以获取的公共渠道，更不可能据此评价第三方评估过程和结果，而行政执行机关可能迫于舆论压力或者以政绩为目的，一旦评估结束，评估结果难免被“束之高阁”，尤其是对第三方形成的否定性结论极力掩盖、不闻不问。这不利于第三方赢取社会公众的认可。未赢得较好的社会效果和认可也是第三方评估难以常态化的原因。

五、新时代视域下构建四川法治政府第三方评估长效机制的对策和建议

（一）立法保障第三方评估机构的合法地位

建议在现有的《社会组织评估管理办法》等第三方评估法规中增加有关第三方评估机制的内容和要求，或者由国务院办公厅下发“政府购买公共服务第三方评估管理办法”等文件，具体规定第三方评估的法律地位、适用范围、第三方评估的准入机制以及第三方评估的保障机制和监管机制。同时，增加民政部门对第三方评估机构登记、管理和业务主管的一体化职能，减少行政机关对社会真正的限制和管理，[①]从立法上保障第三方评估机构的独立性和自主性。

2015 年 11 月，黔东南州人民政府出台《黔东南州人民政府重大行政决策程序规定（试行）》，规定了该州行政决策第三方评估的评估范围、操作流程、评估主体条件等。2016 年 2 月，贵州省惠水县人民政府出台了《重大行政决策第三方后评估实施办法》，重点对评估结果运用、经费管理、监督问责等作了详细规定。[②] 这些地方政府的立法经验为我们构建切实可行的评估制度提供了有益借鉴。

（二）提升第三方评估机构的独立性

首先，保障资金独立。从国外经验来看，评估资金的来源一般是公益资金，如成立于 2001 年的慈善导航（Charity Navigator）是美国具有较强公信力的第三方评估机构，2007 年后，慈善导航成立了 Charity Navigator 基金会，为评估机构筹款。为了保持 Charity Navigator 的独立性，该组织不接受任何接受评估的慈善机构及其捐助者的捐款，从而保证自身评估行为的公正性。因此我国应设

① 参见袁铭健：《第三方评估的政策演进及其趋势》，载《党政论坛》2017 年第 12 期。

② 参见郭渐强、严明：《第三方评估：重大行政决策的辅助机制》，载《中国社会科学报》2017 年 11 月 28 日，第 6 版。

立评估公益资金,加大对第三方评估机构活动经费的扶持,只有“第三方”资金独立,才能有效避免受到来自各方的影响,保持评估的中立性和客观性。

其次,第三方评估机构实现“去行政化”,限制党政领导干部在第三方评估机构兼职、任职情况,减少行政部门对第三方评估的干扰。

最后,保障“第三方”的价值立场不受干扰。任何由官方制定的相关考核指标都不能直接作为评估的依据,保证受托实施主体与实质评估主体相对分立,可以借鉴香港地区法治指数编制的经验,其收集的工作数据和公众评价均不直接进入法治评估指数的计算,而是交由专家按照事先设计的一系列法治参数标准评分,[①]即评估过程依赖于外部专业人士的知识和判断,进一步保障“第三方”的独立性。

(三)利用“互联网 +”优势,搭建评估管理平台,提高第三方评估的公众参与度

一方面,利用大数据技术优势,通过搭建第三方评估数字化管理平台,实现对评估过程中人、财、物的系统调配、调研进度的精准把控和复杂问题的及时处理,降低评估成本投入,提高第三方评估的组织管理效率。[②]

另一方面,利用“互联网 +”各种终端技术,拓展公众参与法治政府第三方评估的发展空间和资源平台,规定评估过程中必须有一定比例的公众参与,让更多人有渠道、有能力参与评估过程,实现公众的监督权与表达权。同时,通过新媒体的运用宣传法治政府第三方评估的积极意义,使公众意识到这与自己的利益相关,从而自愿参与第三方评估。

(四)完善第三方法治政府评估指标体系

《中共中央关于全面深化改革若干重大问题的决定》中明确提出要“建立科学的法治建设指标体系和考核标准”。在很大程度上,科学和合理的法治政府指标体系决定着法治政府评估的权威性与公信力。

1. 从法治政府建设的纲领性文件出发设计评估指标,确保其合法性

我国法治政府建设的纲领性文件主要有:国务院于2004年发布的《全面推进依法行政实施纲要》、2008年的《关于加强市县政府依法行政的决定》、2010年的《关于加强法治政府建设的意见》以及党的“十八大”报告进一步提出的

① 参见韩旭、钟凯:《地方法治量化评估若干理论与实践问题研究——以S省依法行政第三方评估为例》,载《河南大学学报》(社会科学版)2016年第2期。

② 参见祁中山:《扶贫绩效第三方评估:价值与限度——以2016年国家精准扶贫工作成效考核第三方评估为参照》,载《信阳师范学院学报》(哲学社会科学版)2017年第6期。

2020年基本建成法治政府的目标。第三方评估应依据这些纲领性文件的精神设计指标,以保证指标的合法性。

2. 注重指标体系的全面性和普适性

法治政府评估指标体系应能全面反映法治政府职能合理明确、制度健全、决策科学民主、执法文明规范、信息公开可及、监督公正有力等的本质要求。评估指标的设计、指数的定量分析应当综合考虑我国民主与法治建设的全局,并凸显规划与设计国家民主、法治工作的发展重点。

由于中国城乡差距、地区差距很大,一些城市编制的指数往往只是针对当地现状的,不具备横向的可比较性,功能与作用受到了很大的制约。因此,出于跨区域比较、排序的需要,第三方评估必须注重指标的普适性。法治政府所具有的共同性、普遍性内涵应当成为设计评估指标体系的基础。① 但有学者建议,为了将地方的创造性工作纳入评价范畴,可以在为普适性问题设计指标时,在相关指标的赋分过程中为地方的个性化创造留出一定比例的分值。这既有利于体现地方的创造性贡献,又不至于破坏指标的一致性和普适性。②

3. 以公众满意度为导向,注重效果性指标

指标体系应以社会公众对政府依法履行职责实现的法治政府的本质要求的结果的满意度为最终导向,而非以政府追求上述目标本身的行为过程为标准。③ 在数据足以支持效果性指标的运用时,应当优先选用效果性指标。当数据缺失时,无法评价政府"干得怎么样",就只能采用投入性或产出性指标,评价政府"干了什么"。譬如,无法统计行政复议案件的数据时,可以评估政府审理机构健全和审理机制改革的情况。

4. 分类管理,增强《问卷调查表》的科学性和专业性

问卷调查表的质量,直接关系到"第三方"评议结果的准确性和真实性。"分类管理"是针对被评部门而言的。对政府不同工作性质、不同工作方法的部门,应该有不同的问卷,用不同的评价标准。比如,对行政执法部门,就不适合用"满意度"评价标准,而应该侧重评议行政执法的合法性、执法权限、执法内容、执法程序的合法性、政务公开、法律宣传等内容。另外,问卷设计最好请专业人士参与设计,提高问卷的信息量和信息的准确性。

---

① 参见耿浩飞:《法治政府指标评估体系研究》,载《行政法学研究》2012年第1期。

② 参见林鸿潮:《第三方评估政府法治绩效的优势、难点与实现途径——以对社会矛盾化解和行政纠纷解决的评估为例》,载《中国政法大学学报》2014年第4期。

③ 参见杨小军、陈庆云:《法治政府第三方评估问题研究》,载《学习论坛》2014年第12期。

5. 掌握和运用各种方法和技术,完善指标体系的设计

指标体系在设计上逻辑严谨、方法得当、内容明确、文字清晰、简便易行,符合指标在构建模式、指标选择、体系层级、权重分配、计算方法、评分标准、过程控制、结果得出等方面的客观要求。在方法和技术上,可以借鉴管理科学与工程的评价方法,如平衡计分卡法、网络层次分析法、标杆管理法、模糊综合评价法、数据包络分析法、灰度分析等多种方法,通过组合这些方法和分析工具,构建完善的法治政府评估指标体系。

(五)完善政府信息公开制度和评估接纳机制

一方面,拓宽和健全政策评估的信息渠道及系统。从政府角度来讲,应始终贯彻以信息公开为原则,不公开为例外的宗旨,建立起覆盖全社会的信息网络系统。通过网络及时发布信息,并允许公众通过网络表达意愿和建议。

另一方面,通过制度明确规定第三方评估报告的公布方式和责任,不能有选择地公布评估结论。建议通过发布会的形式邀请媒体进行报道,也可以作为正式出版物刊发出版评估报告文本,报送相关决策部门的同时提供查询或者购买渠道,便于执行工作的有关部门参阅和研究。[①] 从而通过与公众、媒体的互动,赢得社会舆论的支持,扩大第三方评估的影响力,提高其权威性和公信力。更重要的是,提升评估结果运用的权力层级,自上而下推动评估结果与问责机制、干部考核进行直接挂钩的改革,[②]真正发挥第三方评估的正向激励功能。

六、结语

新时代视域下法治政府第三方评估应当尊重“互联网 +”时代的创新理念,充分发挥大数据应用功能,推动法治政府评估以人为本的理念,避免陷入形式主义、运动式评估的泥沼。总之,在“互联网 +”这一新时代环境中,重点不在于如何发起第三方评估,而在于如何使第三方评估机制常态化、专业化和制度化,真正成为一种督促政府改革的长效机制。

---

① 参见潘溪:《第三方评估:适用于执行难问题的解决机制及其限度》,载《理论月刊》2017 年第 2 期。

② 参见张玲:《第三方法治评估场域及其实践逻辑》,载《法律科学》(西北政法大学学报)2016 年第 5 期。

行政公益诉讼对行政权力监督机制的影响

吴　涛　赵　林*

一、构建行政公益诉讼的现实必要性

(一)构建行政公益诉讼以弥补我国法律规定上的缺陷

1. 立法缺失

直到2017年《行政诉讼法》第25条增加规定之前,公共利益权属受到行政权侵害时的司法救济途径处于立法缺失的状态,即使是在《行政诉讼法》修改后,立法上仍有缺失。纵观中华人民共和国成立以后的立法史,我们能够发现关于行政公益诉讼的仅有的立法渊源《中央人民政府最高人民检察署试行组织条例》(已失效)规定,我国检察机关可以代表国家参加公益诉讼,并且可以全体社会所有的利益主体参加所有的民事和行政诉讼。但后因我国检察制度在"十年浩劫"中遭受重创。1978年,检察制度重新确立时以检察机构资源有限,故而"惟刑事论"的思想占比较重,无暇顾及行政权力合法有效履职的监督,检察机关监督制约行政权的制度停滞不前。在法学界曾有观点认为,法律工作者在司法实务中遇到公共利益受侵害的状态时采用充分理解法律原则,通过最高审判机关颁布的司法解释来解决公共权益权属被蚕食的境况。笔者认为,从法律位阶的观点来分析,实体法中尚未对行政权力启动重要监督作用的行政公益诉讼进行规定,而先是在程序法进行规定。实体法上的立法缺失是无法回避的事实。

考究法治国家的建设到哪一步阶梯,以及这个国家的人权保障建设到了什么程度,应当去纵观在公共治理领域的所有方面公民权利受尊重的状况。公民权利得到救济过程,便是司法权对行政权的监督过程,同时,是社会主体的私权益自我防御权属实现的过程。社会主体私权益中最为重要的就是法律权利,立

---

* 作者单位:吴涛,中共四川省委党校、四川行政学院法学部;赵林,德阳市旌阳区人民法院法官助理。

法上明文规定私权益拥有防御权属的权利为权益搭建表演的舞台,舞台中最为显眼的便是宪法和法律的保障。[①] 然而必须依靠有效的诉讼手段,才能实现公民权利。社会主体的私权益的防御权属的最终实现还需要具体的程序规范来提供上台表演的机会。法学理论认可公民权利的防御权能后,法律规范再加之以正式确立。公民权利的防御权能能够反映出国家法律对公民权利的保护力度。

下面结合裁判文书网上公布的一份行政判决书来理解行政公益诉讼的主体适格立法缺失问题。该案的基本案情为:因乌鲁木齐市运管总站、客运统管办下发通知,该通知主要载明:解决新疆化肥厂和农副处沿线的群众出行问题,该路段路况差,且地下埋有供水管道,且短时期内没有绕开管道重新建设新道路等因素。同意该市的公交车运营公司更换大型客座的公交车投入运营并且调整了王某某居住地49路公交的区间客运线路。为此,王某某先后申请了信访,市交通局作出了答复,并向王某某送达了书面材料,王某某仍对该行政行为不服向市政府申请行政复议。后复议申请被驳回当地王某某以乌鲁木齐市人民政府为被告向审判机关提起诉讼,其中一项诉讼请求为立即恢复原有的公交路线。王某某在庭审中陈述调整公交线路涉及的人数众多,是群体性的行政维权公益案件,针对这一诉称,被告乌鲁木齐市政府辩称王某某不是行政公益诉讼案件的适格主体,本案也不是行政公益诉讼的受案范围。

本案值得关注的焦点在于,作出最终生效判决的高级人民法院在文书说理部分中明确阐述了王某某作为个人不是公益的适格代表主体。本案中,王某某日常出行确因行政公权力的行为受到影响,导致交通出行费用增加。王某某陈述的公交线路的变更损害的是群体的利益,本案的性质是行政公益诉讼。若从表面分析,市政府调整线路后,以前经过王某某所住街道的公交车,确实给该街道不特定的多数人造成私权利的受损。那么该案件就是行政公益诉讼案件吗?我们仔细分析市政府下发的通知内容,不难发现调整49路公交线路是更换了载客容量更大的客车,而且49路公交车原先运行的路段路况差并存有安全隐患,且地下埋有供水管道,如若放任原线路的行驶,可能会出现地下供水管道损害和路况差引发的其他事故。综上该市交通局的具体行政行为是为了更好地保护大多数人的利益,因此本案中不存在行政权的错位,行政行为对公共利益造成了损害。

① 参见刘海年等主编:《人权与宪法》,中国法制出版社1999年版,第162页。

站在行政权监督制约的视野下研究行政公益诉讼。① 刚刚确立行政公益诉讼,立法上除《行政诉讼法》作出修改外,其他法律和法规都没有规定大的进展。笔者认为,行政机构内部管理制度规定应当有行政公益诉讼中诉讼后果的承担内容。比如说当行政机关不履行职责或者违法行政行为被确认在这里特指人民法院的判决书确认为违法行政行为。行政机关内部应当对作出违法行政行为的行政机关予以一定的惩戒。比如说,该行政机关的负责和违法行政行为的直接责任的年终奖考核上采用"行政公益诉讼违法这一票否决制",还有对上一级行政机关监督不力的责任也要追究。立法上的缺失直接后果成为司法实践中行政公益诉讼发展的阻滞,对依法治国制度的实现没有帮助,是不符合我国经济发展对法制的期待的,特别是不利于权力监督制约机制的完善。立法缺失的困境从而带来的消极影响是民众对于行政机关的不信任。除了在理论层面上,需要注意两点,法律制度立法缺失的原因在于:一个方面的原因是法学理论界没有关注到行政权监督制约视野下的行政公益诉讼如何发展的问题;另外一个方面就是,社会主体在公共利益被蚕食的情况,能够启动司法程序维护公共利益的主体只有司法机关的设定过于苛刻。诉讼法中的适格原告是在法律意义上有直接利害关系的当事人,一般来说间接关系没有利害关系的个体或组织,不是法律意义上适格的诉讼主体。

2. 司法缺失

笔者通过对裁判文书网上公布的 2014 年至 2017 年检索关键词"行政公益诉讼",检索到的裁判文书一共有 704 件,按照地域划分来看贵州省和内蒙古自治区的行政公益诉讼案例最多,从时间节点分析 2017 年的行政公益诉讼案例最多达到 668 件,同比增长了 20.5%。对于我国刚起步的行政公益诉讼来说,可研究的案例已不是少数了。相比较于 2015 年行政公益诉讼在全国 13 个地区试点之前的案例,对于除了检察机关之外的社会主体提起的公益诉讼,审判机关的裁判理由则是原告主体不适格,判决结果多是裁定驳回其起诉。笔者实际操作并了解关于裁判文书上网的规则,对于中国裁判文书网公布的数据笔者认为可信度很高,就拿四川地区举例,除了尚未生效和调解的文书不能上传到中国裁判文书网外,其他的所有文书都必须在 7 天内上网,从 2016 年 7 月 1 日开始,行政公益诉讼正式施行,由于行政公益诉讼如同刚出生的婴孩,需要制度

① 参见沈福俊:《论对我国行政诉讼原告资格制度的认识及其发展》,载《华东政法学院学报》2000 年第 5 期。

保障的细心呵护,使之茁壮成长为我国权力制约机制的完善增加强大力量。司法实践的经验只有试点地区进行试点两年的经验,全国范围内的施行效果还有待观察。立法上和司法上还有很多方面等待司法实践完善,比如说实践中出现的环境污染案件中除了其中可能存在的刑事犯罪,也会存在民事赔偿的民事诉讼案件。例如,笔者所在的实务司法机关,2018 年 1 月 5 日环境资源审判庭进行公开宣判的谭某污染环境罪,该案例中也涉及了水域的主管水务局的行政不作为。水污染案件大多涉及多个地区,管辖权往往相冲突,行政管辖不明,相关地的行政机关相互推诿,公共利益无法得到切实有效的措施来维护。社会各界对环境污染案件中行政机关的作为要求也越来越高。

行政权在公共利益的社会治理中的不作为、错误作为,出现的局面是公共利益管理不善,被有意侵占公共利益的不良社会主体蚕食。随之暴露出的司法程序中行政公益诉讼程序尚有制度漏洞,一系列的社会矛盾问题出现后,由于行政公益诉讼立法和司法缺失,出现的司法困境是法律监督机关明知公共利益遭受不断地蚕食,却因为制度的缺失无法及时督促纠正违法行政行为,这种局面是有悖于监督行政权力依法行政的。

司法缺失的实证分析:主要表现在诉讼不利后果的惩治力度不够。中国裁判文书网上 78% 的行政公益诉讼案件的判决结果都是确认行政机关的违法行政行为。比如,A 公司以备存石料为由向 W 省 N 县的国土资源局申请临时用地,在 A 公司未提供土地复垦方案的状况下,该县国土局同意了 A 公司的申请,使用期限为 2 年。使用期限届满后,该县国土局未对 A 公司违法使用土地的,未进行土地复垦的行为履行监督职责,使国家和公共利益受到了蚕食。故检察机关提起了行政公益诉讼,人民法院在查明案件事实后,最后判决确认了该县国土资源局未依法履行监督 A 公司复垦土地的行为违法。该案的案件受理费为 50 元,由国土局承担。笔者分析本案的判决结果,发现该县国土资源局的违法行为导致国家利益受损,但最终通过行政公益诉讼的判决违法成本与违法行为之间不成正比,造成这种尴尬局面正是行政公益诉讼程序立法走在了实体立法前面的表现,也是督促立法者尽快完善权力监督制约体现的表现。在行政公益诉讼中,行政机关的违法行政行为的成本太低。

(二)建立和谐社会需要行政公益诉讼的支持

当前我国特色社会主义进入了新时代,在利益格局日益调整的过程中,必须切实保护弱势群体。行政诉讼中的被告因手握公权力,在司法程序中,社会主体的私权益在公权力面前居于弱势地位。公共利益最后具体的表现方式就是社会主体的私权益，私权益的防御权属和救济权属在权力监督体系中无法实现，这时候社会主体也许会通过法律制度范围外的暴力途径寻求权利的维护，行政权力监督视野下的公益诉讼不能正确实施对建立社会主义和谐社会是没有帮助的，不利于社会转型期的现实需求。

二、我国行政公益诉讼对行政权力监督的运行状况分析

（一）目前行政权力行使中的问题

司法审查中最多的表现形式是审判机关审理行政诉讼案件中审理过程和审理结果都是对行政权行使行政权的监督，以及非诉程序中执行活动中对行政强制行为的监督、检察机关的职务犯罪侦查职责的监督。经过多年的努力，法律制度中已经初步搭建好了纵横交错的行政权力监督网络，在行政权力运行的实践中发挥了重要作用。但是，现有的监督体系仍不完备，经常出现监督机制不灵、监督缺位、监督权空置等现象。公民在食品安全领域、环境资源保护领域等方面反映较为强烈。为推进依法行政，站在司法实践的角度来说，行政职能部门在行使行政管理中涉及犯罪的违法行为，我国刑法及其配套的法律体系已经授权给检察机关比较有力的监督措施。但当行政违法行为还不涉及犯罪行为时，越位、错位的、行政机关消极履行法定职责、违反法定程序等方面。检察机关在这种情况下的监督范围过于狭窄，追溯立法的原因是对于行政公益诉讼的规定法律位阶太低，条文规定太过笼统，司法实践中操作性不足，特别是诉讼后果承担方面几乎空白的情况下，行政公益诉讼要想达到立法者设计之初的目标，还有相当难度。还有一个方面是检察机关提起行政公益诉讼的前置程序——诉前建议程序，分析现有的中国裁判文书上已经公布的704件行政公益诉讼案件的裁判文书，判决书664件，达到94.3%，也就是所在司法实践中绝大多数的行政公益诉讼领域的违法行政行为无法通过诉前建议程序解决，剩余的不到6%的裁定书还包含有管辖权异议的裁定书，二审中驳回上诉的裁定书。也就表明立法者设计的诉前建议程序至少在行政公益诉讼试点的两年和试点地区没有达到立法效果。笔者分析诉前建议陷入困境的原因在于：首先是立法上未对适用范围、程序、保障等具体问题作出规范，故而检察建议不可避免的流于形式，检察建议是否被采纳取决于被建议的行政主体的法治意识密切有关。笔者对检察建议的完善已在上文司法缺失中进行了详尽的论述，此处就不再赘述。

(二)现行行政公益诉讼的运行效果

公共利益防御权属和救济权属在我国法学理论和法律制度中都很少,笔者只能从实证分析角度结合近年来的工作经验分析。正如前文所述,笔者统计2014年至2018年1月的中国裁判文书中关于行政公益诉讼裁判文书的数据分析,在704件裁判文书中,从地域角度分析,内蒙古自治区和贵州省的行政公益诉讼文书最多,反映出两地行政公益诉讼发展相对靠前。内蒙古自治区的文书81件占比11.5%,贵州省91件占比12.9%。笔者进一步统计了案件的具体审理类型,发现检察机关对贵州省的行政机关的行政公益诉讼涉及的公共利益多数为矿产资源领域,而内蒙古自治区的行政公益诉讼则多是国有土地资源的案件。进而得出的结论为,不同的地域环境导致的各地行政机关侵犯的是具有当地特征的公共利益,这一结论希望能为全面实行后的全国各地检察机关提供监督公共利益受损的方向提供建议。也就是各地检察机关应当从本地的资源类型的不同,着重监督具有管理优势资源领域中行政职能部门的行政权行使状况,能够较快找到公共利益受损的破损点。

以贵州省行政公益诉讼中的环境资源审判案件实证分析为例,[①]环境资源审判案件不同于传统的案件,涉及刑事、民事、行政三个方面。从环境资源审判案件的行政案件分析,贵州省2016年至2017年6月受理涉及资源、环保行政案件3300多件。[②] 涉及环境资源行政案件,审判机关在该类案件中的审理过程既站在权力监督制约的角度督促了行政权的正确行使,也对环境违法行为加之以司法惩戒。笔者通过对中国裁判文书网上公布的2014年至2017年的环境公益诉讼的分析,在环境公益诉讼案件中的行政案件的判项有三项内容:一是确认行政机关未依法履行监督、管理的法定职责行政行为违法。二是责令其依法继续履行监督、管理职责。三是对违法行为造成的后果进行修复,修复费用是通过量化核算按虚拟治理成本方式得出。2014年共有252件环境公益诉讼案件,其中检察院作为原告的有174件,占比69%。2015年在环境公益诉讼中检察院作为原告的案件占到73%,2016年在环境公益诉讼中检察院作为原告的案件占到79%,2017年在环境公益诉讼中检察院作为原告的案件占到89%。公民个人作为环境公益诉讼的提起主体,在这些案例中,公民都是以维护环境

① 2017年6月16日,贵州省高级人民法院关于环境资源审判工作新闻发布稿。

② 参见闫志江:《贵州环境公益诉讼第一案判决 "官告民"胜诉》,载找法网,http://china.find law.cn/jingjifa/fldf/jz/gyx5/04/190201.html。

公共利益为由提起的环境公益诉讼,但最后均以不具有诉讼主体资格而被驳回或不予受理。

笔者认为,以环境公益诉讼起诉主体的数据分析反映的问题是在当前行政公益诉讼中诉讼主体不明确对司法资源的浪费,以及我国普通民众对当公共利益受损时可以寻求检察机关提起行政公益诉讼的途径知晓度不高。实证分析在行政公益诉讼案件中诉讼主体类型,对完善行政公益诉讼制度中原告主体范围制度拓展提供了司法实践的数据支撑。

三、完善行政公益诉讼制度,切实加强行政权力监督

当前由于行政公益诉讼刚刚试点期限届满,除了试点地区以外,全国其他地区都对行政公益诉讼案件持谨慎观望的态度,笔者在前文中已经论述过检察建议程序的虚设问题、行政公益判决对违法后果承担过轻的问题。这两个已经发现的问题都亟待进一步的法律制度出台。笔者认为,立案审查行政公益诉讼以及《行政诉讼法》规定的行政公益诉讼案件的前置程序提起检察建议应当法治化以规范行政公益诉讼。

(一)提起行政公益诉讼主体的适当拓展

最具有主动性而且最容易对公民权利造成侵害的国家权力就是行政权。正是基于此,行政权最容易被滥用。法治的理想状态便是社会争端都能够在现有的法律制度的框架内得以解决,从而向依法行政的正确法治轨道迈进。谨慎地在法治框架内探索行政公益诉讼的提起主体资格,深刻地彰显了依法行政价值。

1. 人民检察院作为行政公益诉讼的主体地位

(1)人民检察院的性质和地位。人民检察院是现在我国成文法中的唯一被赋予原告资格的主体。该项制度可以解决当前行政权外部监督孱弱的困境,人民检察院的监督者角色是宪法所制定的,具有权威性。从多年的司法实践来说,人民检察院拥有专业的法律人才、丰富的诉讼经验,对司法程序烂熟于心,在调查取证方面具有自身的独特优势。另外,人民检察院也是人民法院的监督机关,会在行政公益诉讼案件的审理过程中,够给予人民法院压力,督促其严格公正地行使审判权。

(2)人民检察院与社会组织、公民相比较的独特优势。第一,人民检察院是我国成文法中明文确立的法律监督机关,这可以看作是在一定程度上扩大法律监督范围,完善了我国行政权监督制约的严密网络架构。第二,作为提起行

政公益诉讼的启动者,在调查取证、诉讼主体地位等方面拥有的职权,能够适当平衡行政机关作为被告的强势诉讼主体局面。

2. 扩大社会组织作为行政公益诉讼的原告的可行性

(1)公益性团体的优势。如果立法者能够授权给公益性团体启动公益诉讼的权利,是与公益性团体的设立宗旨不谋而合的。授权给公益性团体提起诉讼的权利可以避免其为了个体私益而走向偏激的方向,同时解决了检察机关在公共利益领域本身专业性不够的问题。公益性团体在其所涉及的公共利益领域内专业性强、经验丰富。公益性团体提起行政公益诉讼具有其独特的优势。

(2)对抗被告的优势。诸如特殊群体组成的残疾人协会和消费者权益保护协会等社会公益性团体。在该团体单独成员或者不特定多数成员的利益被行政机关的违法行政行为蚕食时,团体的专业性就比检察机关和审判机关的要高得多,比单独的个体参加诉讼更具有优势。

(3)诉讼成本承担的优势。上文中提到的团体和组织如果能够提供公益诉讼,也能够全面地保护该团体或组织所代表的不特定主体的利益。从人民法院审理案件的角度出发,司法程序是需要诉讼成本的,也需要投入时间和人力参与其中,团体或组织能够为个体减少负担,也更能从整体宏观的角度阐述诉讼观点。

(4)诉讼能力优势。诉讼能力是指社会主体具有单独参加到诉讼活动中并能够承受司法机关的诉讼行为的能力。社会组织因为长期在其专注的领域从事社会活动,对该特定领域内的制度规范、发展现况等方面的专业知识比单独的个体更具有竞争力。

3. 公民作为行政公益诉讼的原告的可行性

笔者认为,在立法上授权给公民启动行政公益诉讼应当谨慎。当前我国依法行政的水平还有待提高,公民个体直接参与到行政公益诉讼案件中,从案件的调查取证、专业资料的收集等方面都处于明显的劣势。诉讼程序的救济本身就包含有诉讼成本,司法资源没有得到合理有效的对待。随意启动行政诉讼会给行政机关的办事服务及行政执法造成太大的压力,导致行政机关以不作为或消极作为的方式来履行行政职责。对于积极参与公共利益的个体,不能武断地给公民保护公共利益的热情浇冷水,适当的鼓励手段能够充分发挥公民保护公共利益的能动性。首先,时代的发展变化导致公共利益已经渗入到人民生活的各个方面,不可避免地会面临着私人利益与公共利益的交叉。正如笔者在上文中阐述的,市交通局改变49路公交车行驶路线对王某某日常出行方式的改变,间接导致王某某出行经济负担变重。单纯地将公交车行驶路线的改变视为公共利益是不符合现实逻辑的。其次,检察机关本身的性质便是国家机关,人民检察院监督同为国家机关的行政机关,就会出现一种自相矛盾的悖论。因为,行政公益诉讼的设计初衷便是公共利益本应得到行政机关行政权的保障,但由于行政权或错位或越位的行政行为,公共利益受到蚕食。或者行政机关没有尽到对公共利益保护的职责,人民检察院担任行政权的监督者,会出现国家机关对公共利益垄断的情况。人民检察院审理行政公益诉讼案件,因为人们检察院上下级的领导地位,2015 年的庆云某化学生产公司排放污水造成环境污染,该县检察院提起诉讼后,表面上实现了使行政违法行为得以纠正,环境公益得到维护,但实质上会干预到审判权的独立行使。最后,公民积极参与国家事务的管理是法治国家的一个表现,也是公民素质提高的积极成果。

(二)适度扩大行政公益诉讼受案范围

在 2017 年,《行政诉讼法》的条文修改中对行政公益诉讼案件受理的领域为环境和资源保护、国有财产保护、食品药品安全等具体领域。2018 年 2 月 6 日公布的最高人民法院《关于适用〈中华人民共和国行政诉讼法〉的解释》进一步明确规定了不属于行政公益诉讼案件的立案范围。当前,我国监察体制的改革,将原先属于检察机关的一部分权力划归到监察委员会,人民检察院的内部结构必然会发生变化,改革后检察机关的职能发生调整,检察机关内部对于职能变化也需要一个过渡适应期。但行政公益诉讼的进一步推行不能停滞。综上,笔者认为行政公益诉讼的案件受理范围应当遵循以下原则。

1. 受理数量适度原则

行政权力的监督不只有行政公益诉讼这一种监督方式,公共利益的救济途径还有其他方式。首先,检察机关提起行政公益诉讼是通过个案直接督促到侵犯个案的行政违法行为得以纠正。其次,从一定程度上通过个案来监督行政机关积极履行维护公共利益的职责。但客观上检察机关分配到行政公益诉讼案件内的人力资源是有限的,检察机关的工作人员在公共利益的专业知识领域不可能了解的面面俱到,检察机关通过参与一部分行政公益诉讼案件,再通过宣传引导行政机关的行为。

2. 典型及重大危害原则

检察机关应当以参与具有重大危害且有指导意义的侵犯公共利益的案件为主,重大危害的标准可以确定为:一是受害人数众多、地域范围影响广泛;二是侵害国家利益和国有资产的案件;三是典型具有指导意义的案件,新类型及对以后案件审理具有重要影响的案件。

行政公益诉讼的受案范围综合反映了这个国家的经济社会发展状况、人民的法治意识。笔者认为,可以从以下几个方面拓展:首先,是公民权益的保障范围从原来的公民人身权和财产权拓展到公民的社会保障权、劳动权、公平接受教育权等合法权益。其次,是拓展行政机关的不作为。在现实生活中,侵害公共利益的行政行为更多的表现形式是不作为。最后,可以拓展对部分抽象行政行为侵犯公共利益的情况提起行政公益诉讼。抽象行政行为与公共利益的关系较为突出,谨慎拓展抽象行政行为侵犯公共利益的行政公益诉讼受案范围,应该是顺理成章的。

(三)举证责任

在诉讼法研究界,举证责任的研究有很多。总的来说,行政公益诉讼案件的举证责任与普通的行政诉讼案件的举证责任分配是一致的,也要符合确认之诉的特征。以H省人民检察起诉当地国土资源局不履行法定职责一案为例。在庭审过程中,H省检察机关为达到证明当地国土资源局在Q公司违法使用国有土地未作为,放任Q公司侵害公共利益的目的,一共提交了四组证据。第一组证据是从最高人民检察院到H省人民检察院关于试行行政公益诉讼案件的规范性文件,证明目的是H省人民检察院在本案中的主体适格;第二组证据是Q公司的组织机构代码证、当地国土资源局收取的Q公司土地复垦保证金的收据、勘验笔录、现场的照片,证明违法行为的存在;第三组证据是当地国土资源局关于Q公司使用土地的批复、检察院对国土资源局工作人员的询问笔录、《土地复垦条例》充分证明该地国土资源局并未积极履行职责;第四组证据是H省人民检察院向该地国土资源局发出的检察建议书及其送达回执,证明H省人民检察院已经履行了诉前建议程序。笔者在此要探讨的是行政公益诉讼的举证责任中的特殊之处。检察机关会围绕着诉讼请求举证,分析裁判文书网中的案例探讨行政公益诉讼案件中检察机关提起的诉讼请求都是要求审判机关确认行政机关的行政行为违法,以实证案例为基础,检察院提起行政公益诉讼至少应在四个方面承担举证责任:一是主体适格的证据;二是违法行政行为导致公共利益受损的证据;三是行政机关应当履行职责而未行使或怠于行使的证据;四是检察机关已经进行过诉前建议程序证据。此外,对于在其他事项上的证据材料,必须遵循“谁主张谁举证”的原则。

（四）制度程序设计完善建议

行政公益诉讼是否能准确地起到监督行政机关权力[①]行使的作用，需要程序上的保障。笔者经过实证分析后，提出以下几点。

1. 检察建议程序

从美国的环境公益诉讼制度看，在环境公益诉讼启动前有60天的准备时间，这60天是让原告用来通知可能成为被告的行政职能部门，在其管辖领域内的生态环境已经受到污染的情况，如果被通知的主体在60天内未能采取有效措施停止对环境的侵害时，原告才能提起诉讼。笔者在前文已经阐述过，检察建议的法律效果不明显的现实情况。检察建议的立法基础薄弱，难以发挥效力。设置检察建议程序的原因在于行政公益诉讼的启动应当谨慎，以初步审查的事实为基础，先行发出检察建议，节约司法资源。以一种缓和的方式解决纠纷，实现司法效益的最大化。笔者建议，诉前建议程序可以分两次，目的在于减少行政机关疲于应诉而懈怠了行政本职工作，检察机关向行政机关送达检察建议书时，就向行政机关的接受检查建议书的工作人员制作询问笔录，询问笔录主要是告知该行政机关必须在30天内进行回复，回复的内容包括违法行政行为的纠正情况。30天后若该行政机关未进行回复，检察机关应再次取证，公共利益受损的情况与发出检察建议前没有改善。还有一种情况就是，行政机关在接到检察建议后虽然作出了一定改善，但应该采取更多的措施，可以通过设立第二次检察建议。第二次检察建议给予行政机关的回复期限应当缩短10天，并同时向该行政机关的上一级行政机关发送函件，企图通过上一级检察机关行政权力的内部监督与行政公益诉讼的外部监督相结合的方式促使作出违法行为的行政机关及时采取有效措施，以期降低对公共利益的损害。两次检察建议发出后，行政机关仍不停止违法行政行为或者怠于行使其行政职责，检察机关则可以向人民法院提起行政公益诉讼。检察机关在起诉书载明的诉讼请求应主要包括两个方面：一是确认行政行为违法；二是判令行政机关在合理期限内积极履行职责或者停止违法行政行为。仅仅有审判的司法判决不够，作为被诉行政机关的上一级行政机关，建议对被诉行政机关的负责人和负有直接责任人作出责罚，责罚的方式有该负责人和负有直接责任的公务员年度考核直接实行行政公益诉讼案件确认不作为和违法行政行为的“一票否决制”，在一年内不得晋升职称。对于行政机关的处罚建议是，经审判机关生效法律文书确认行政

---

① 参见［美］E.博登海默著：《法理学：法律哲学与法律方法》，邓正来译，中国政法大学出版社1999年版。

行为不当的行政机关,当年度该单位不得评为目标考核先进集体。只有这样结合行政机构内部管理制约和行政公益诉讼的司法程序,对单位和直接责任人,单位负责人的“三重处罚机制”才能实现现实意义上行政机关真正重视对公共利益的保护和行政公益诉讼的最终目的,即保护国家和公共利益不受违法行政行为的侵犯。

2. 提起诉讼程序

检察机关的检察建议送达行政机关后,行政机关会作出三种选择:一是行政机关在受到检察建议后,停止违法行政行为或积极采取措施有效地制止了不法行为对公共利益的侵害。检察机关还是应该再进行调查取证,确认公共利益因行政机关的积极作为,没有受到侵害。这种情况就达到了检察建议最理想的立法目的:即在诉前程序中,就实现了对违法行政行为的监督,也避免了进入诉讼程序,节约了司法资源,又避免了行政机关因为参加诉讼对本职工作不到位的情况。二是行政机关在接收到检察机关的建议后,没有在规定期限内回复,也未对不当的行政行为作出改正,使公共利益的损害持续扩大。三是被诉行政机关虽然对检察建议进行了书面回复。但如果检察公益诉讼认为被诉行政机关仍然存在未履行法定职责的情形,且案情重大复杂。这两种情况检察机关就可以提起行政公益诉讼了。但在向人民提起诉讼前,检察机关应当再次到公共利益现场调查取证,如现场制作勘验笔录,对比发出检察建议前的照片和发出检察建议后的照片,以期望在行政公益诉讼案件到能够充分证明公共利益的受损是由于行政机关的不作为而使损害扩大。笔者建议,不能仅仅是通过行政公益诉讼确认这种情况下行政机关的行政行为违法,还应当让该行政机关从发出建议后的第 10 天开始就公共利益扩大的损害部分承担责任,笔者之所以设想为 10 天,是因为笔者觉得 10 天已经足够行政机关作出采取回复检察建议并采取一定的措施,这种措施包括作为和不作为,去保护公共利益。行政机关对因此不当的行政行为对公共利益的损害扩大部分如何承担责任。笔者观点是,行政机关对因其不当行政行为导致的公共利益损害扩大的责任承担方式不能是经济赔偿,因为行政机关不具有盈利性质,它本身并没有经济收入。行政机关就是社会的治理者,让它承担对公共利益损害扩大的赔偿责任,等同于全体社会公民为行政机关违法的行政行为买单,这与行政公益诉讼的立法目的是相违背的。但是,如果没有惩罚,行政权力在对公共利益侵害方面就会越来越恣意妄为,违法成本太低,行政公益诉讼的立法目的无法实现。这种情况下最合适的惩戒方式还是应该回到行政权力监督方面,即上一级行政机关通过对被行政公益诉讼中已经确认为违法行政行为的行政机关的监督，具体的方式有：一是让上一级行政机关对该行政机关通过行政命令的方式，责备令其停止对公共利益侵害的行为，或者积极采取措施防止公共利益损害的扩大；二是让作出违法行政行为的直接责任人和该行政机关的责任同时受惩罚的双重责任制度；三是让该行政机关不能参与年终的先进单位考核，只有有惩罚措施才能真正防止行政权力在公共利益领域无限扩张。

3. 审判监督程序

行政公益诉讼也应当符合我国诉讼制度的相应规定，笔者认为对于作为原告的检察机关不应适用普通行政诉讼案件的上诉程序，而是有权对判决、裁定进行审查，且可以决定是否提起抗诉程序。在这种情况下，检察机关不宜适用上诉程序的原因在于：一是检察机关在行政公益诉讼中代表的是国家；二是上诉程序会削弱检察机关在提供公益诉讼的司法公信力；三是抗诉程序可以避免上诉的随意性。作为被告行政机关对审判机关作出的未生效的判决或者裁定可以直接向该审判机关的上一级审判机关提起上诉。

（五）行政公益诉讼全面推行后如何防止滥诉

2017 年 6 月 28 日，最高人民检察院《关于全面开展公益诉讼工作有关问题的通知》中明确规定：

1. 关于起诉案件审批问题

北京等 13 个试点省份检察机关拟决定向人民法院提起诉讼的，层报省级人民检察院审查批准。其他非试点省份检察机关拟决定向人民法院提起诉讼的前 5 件案件，层报最高人民检察院审查批准。报送审批材料包括层报审批表、省级人民检察院请示、省级院民行部门案件审查终结报告、公益诉讼起诉书和主要证据材料。人民检察院提起行政公益诉讼的前置程序提起检察建议。检察建议的前置程度就是为了防止出现滥诉的情形。但是被提起检察建议的行政机关仍然没有在合理时间内回复被建议的情况，或者是行政机关回复并采取一定措施后，检察机关认为仍有行政违法行为在侵害公共利益，就可以正式向审判机关申请立案处理了。

2. 关于撤诉案件审批问题

在最高人民检察院新的司法解释出台前，各级检察机关拟决定撤回起诉的，层报最高人民检察院审查批准。报送审批材料包括省级人民检察院请示、省级院民行部门案件审查终结报告、公益诉讼起诉书和有关证据材料。在行政公益诉讼已经开始审理后，对于事实清楚、证据确凿的行政公益诉讼案件，审判机关在严格审查起诉材料后坚决不准予检察机关撤回起诉。其次,行政公益诉讼案件启动后,行政机关就会应诉,应诉的过程会干扰到行政机关正常履行工作职责,也会减损司法的权威性。

3.探索构建行政公益诉讼奖励制度

若我国的公益诉讼保护发展到了除检察机关之外的主体也能提起诉讼的时期,到那时就应当规定滥用行政公益诉讼的行为等同于怠于行使权力,奖励胜诉原告的规定是及时积极主动提起行政公益诉讼,并促使其在启动行政公益诉讼后主动积极行使权力。

4.探索构建行政公益诉讼案件公布制度

行政公益诉讼实质内涵有别于个体利益受到损害而提起的行政诉讼,前者的实质更多的在于提供一种维护公共利益且可参照的蓝本。该蓝本一方面可为行政机关行政权规范化行使提供参考;另一方面也可为面临同类困境的权益受损者提供诉讼经验,方便自行提起行政诉讼。虽然目前我国审判机关规定了文书上网公开制度,要求及时公开相关裁判决,但公开的文书大多数针对的案件也仅仅是个体性利益案件(如普通民事纠纷案件),这种公开途径的弊端在于未能突出行政公益诉讼案件在一定区域内的普适性、指导性、判例性等特点,因而探索由审判机关或检察机关建立一种有别于一般文书上网公开制度的公告制度,如通过媒体在当地主动公布案件的裁判文书、诉讼过程、重要的诉讼材料等信息,进一步扩大民众监督力、知晓度,“迫使”当地行政机关规范行政权运行,最大化行政公益诉讼裁判决的法治效果,同时也能起到防止行政诉讼以及行政公益诉讼“滥诉”的发生。

(六)行政公益诉讼案件管辖权的问题

检察机关参与行政公益诉讼达到的社会效果是依法保护了公共利益,但是作为行政公益诉讼对立面的行政机关,可能会产生矛盾冲突。对于环境保护领域,已有相应司法解释明确了管辖权的问题。总之行政公益诉讼作为一种特殊类型的案件,笔者建议根据检察机关上下级之间领导与被领导的法律地位,采用上级检察机关指定管辖的方式。避免当前检察机关财政仍归地方政府财政管理的被动局面。

四川藏区藏传佛教寺院社会治理创新的实证探索

郑　妮*

四川省拥有125万藏族人口，是我国第二大藏区，共有藏传佛教寺庙783所，7.7万余名僧尼。① 在五世达赖时期，藏传佛教几乎垄断了藏区的政治、经济、文化、教育，时至今日，藏传佛教及其寺院在藏族群众的生活中仍然处于十分重要的地位。其中，藏传佛教寺院的社会治理及其创新不仅关系着四川藏区的经济社会发展，而且事关社会稳定和长治久安，因而一直是四川藏区工作的重点之一。尤其是党的十八大、十九大以来，四川省一直在积极探索创新藏传佛教寺院社会治理创新的理念、手段或方式。甘孜、阿坝、木里作为四川藏区的三大区域聚集了全四川大部分藏传佛教寺院，肩负着较为艰巨的社会治理任务，且在长期的寺院社会治理工作中不断探索，各自逐渐形成了一套藏传佛教寺院社会治理创新的经验做法。为此，课题组分别以川内三地藏区为切入点，结合三地藏区的社会治理创新实践，以田野调查与典型案例分析为着眼点，对四川省藏传佛教寺院社会治理创新的成效与问题展开了学理和实践的探讨。

一、甘孜藏族自治州藏传佛教寺院社会治理创新经验

甘孜藏族自治州总面积15.3万平方公里，常住人口118.63万人，②下辖康定、泸定等18个县(市)，是四川省第一大藏区。2017年的统计数据显示，"该州依法登记开放的藏传佛教寺庙有512座，五大教派俱全。其中宁玛派寺庙

---

* 作者单位：中共四川省委党校法学教研部。本文为国家社科基金项目"法治视域下藏传佛教寺院社会治理创新研究"的部分成果。

① 数据来源于四川省民族事务委员会2015年1月发布的工作动态，参见http://125.64.4.186/t.aspx? i=20150305172121-993136-00-000，2018年5月1日访问。据2018年年初统计，数据和2015年1月发布数据基本持平。

② 数据来源于《甘孜藏族自治州2017年国民经济和社会发展统计公报》。

217 座,噶举派寺庙 37 座,格鲁派寺庙 127 座,苯教寺庙 52 座,萨迦派寺庙 79 座,全州僧尼59 647名”。[①] 藏传佛教寺院社会治理创新是甘孜州政府工作的重点之一。在寺院社会治理实践探索中,甘孜州积极创新,积累了一套寺院社会治理创新的经验。

甘孜州藏传佛教寺院社会治理创新经验

1. 积极推进地方立法,构建藏传佛教寺庙社会治理规范体系

法治是藏传佛教寺院社会治理创新的基本准则,甘孜州在藏传佛教寺庙治理工作中坚持立法先行,通过立法构建起一套体系化、规范化的寺院社会治理规范体系。截至 2018 年上半年,甘孜州已经制定了《甘孜藏族自治州宗教事务管理条例》《甘孜藏族自治州藏传佛教寺庙民主管理委员会班子管理办法》等多项地方法规及规范性文件,[②]如表 1 所示。目前,甘孜州涉寺、涉僧的规范性管理已覆盖寺院、僧尼活动的多个方面,[③]初步构建起一套藏传佛教寺庙社会治理创新的法律规范体系。

表 1 甘孜州涉寺、涉僧规范性文件目录

甘孜州涉寺、涉僧规范性文件目录[④]	
1	《甘孜州政府关于从严处理寺庙和僧尼的规定》
2	《甘孜藏族自治州未成年入寺人员清退入学安置办法》
3	《甘孜藏族自治州人民政府办公室关于下达各县开放寺庙住寺僧尼定员方案的通知》
4	《甘孜州宗教活动场所建设用材(木材)管理办法》
5	《转发州宗教局关于开展活佛转世工作的具体意见的通知》
6	《关于加强我州藏传佛教活佛转世管理工作的实施意见(机密)》
7	《甘孜藏族自治州藏传佛教事务条例实施细则(试行)》
8	《甘孜州藏传佛教僧尼管理办法(修订草案)》
9	《甘孜藏族自治州藏传佛教寺院民主管理委员会班子管理办法(修订)》

① 桑吉扎西:《凝聚共识、开创甘孜藏传佛教工作新局面——四川甘孜州佛教协会第十八次会长扩大会议暨培训会在康定举行》,载中国西藏网,http://www.tibet.cn。

② 参见《甘孜州 2012 年政府工作报告》。

③ 包含藏传佛教场所、寺办佛学教育场所、寺管会班子、僧尼、活佛、佛事活动以及寺庙财务监督、寺庙僧尼收受布施、藏传佛教学术交流、天葬台、规范寺庙旅游景点秩序等方面。

④ 由于四川藏区部分规范性文件尚未公开,故本目录为不完整目录。

续表

甘孜州涉寺、涉僧规范性文件目录	
10	《关于进一步加强非法出境回流僧尼管理工作的意见》
11	《甘孜藏族自治州藏传佛教事务条例》
12	《甘孜藏族自治州寺办佛学教育场所管理办法(试行)》
13	《寺庙基础设施建设管理办法》
14	《关于加强僧尼出国境管理工作的意见》
15	《关于切实做好藏传佛教工作的意见》
16	《关于加快推进寺庙管理长效机制建设的实施意见》

2. 大力推动寺庙分类管理达标升级、创建文明和谐寺庙

寺庙分类管理是四川省对藏区工作的重要举措,针对藏传佛教寺院逐一制定递进升级方案,进而推动寺院社会治理的全面规范化。早在 2015 年 8 月开始,寺庙分类管理达标升级工作已经在甘孜州全面铺开。[①] 例如,炉霍县通过“251”[②]机制紧抓寺庙达标升级工作,全面完成升级达标任务。2016 年,甘孜州超额完成省委部署的达标升级工作,全年共推动 140 座一、二类寺庙完成达标升级工作。[③] 如甘孜县则色觉姆寺、严吉觉母寺,德格县绒戈寺、汪堆寺,白玉县达科寺、龙通寺,乡城县日西寺等[④] 60 余所寺庙被评为“四川藏传佛教文明和谐寺庙”。2017 年 2 月,在四川省藏传佛教寺庙分类管理达标升级暨第二批文明和谐寺庙表彰工作会议中,甘孜州多家寺庙获得表彰,有的寺庙还成为僧尼公寓建设示范点。通过分类管理达标升级,有效推动了寺院社会治理的规范化、标准化。

3. 深入开展“法律进寺庙”,逐步实现常态化运转

甘孜州采取多项举措推动宣传工作深入,提高宣传效果。一是科学规划。一方面,强化上层设计,由州司法局牵头多个部门联合制定并下发《关于加快推

① 参见杨杰:《我州召开宗教工作暨文明和谐寺庙命名授牌会》,载《甘孜日报》2017 年 3 月 31 日,第 1 版。

② “251”机制,即“两次部署、五次督查、一次述职”,分别开展一次动员部署,一次再部署,五次对升级工作督导检查,一次责任领导述职。

③ 参见杨杰:《我州召开宗教工作暨文明和谐寺庙命名授牌会》,载《甘孜日报》2017 年 3 月 31 日,第 1 版。

④ 参见四川省委统战部:《四川藏传佛教文明和谐寺庙、爱国守法先进僧尼、先进佛协拟表彰对象公示》,载四川统一战线:http://www.sctyzx.gov.cn/ggl/201612/54251245.html,2016 - 12 - 07,2018 年 6 月 1 日访问。

进甘孜藏区社会全面依法治理常态化“法律进寺庙”工作的指导意见》,构建“法律进寺庙”常态化机制,细化分解各项工作任务;另一方面,强化实施推进,甘孜州已制定两个《甘孜州宗教人士培训规划》,已在全州举办300余期培训班。二是创新宣传教育形式。从2014年开始,甘孜州便已启动“五二三”[①]学教活动,由甘孜州佛协牵头,并用两年时间在全州所有寺庙开展该项学教活动,在近500座寺庙开展学教活动1100余场,覆盖近4万僧尼。通过深入“法律进寺庙”的宣传教育,增强了僧尼的法治意识,提高了僧尼的思想认识。三是完善保障。从2005年起持续至今,甘孜州每年为全州寺院书屋订阅《甘孜藏文报》,并进一步落实责任,由各县宣传部负责订阅事宜,由邮政及乡镇党委及时将报纸投递到寺院,确保工作开展发挥实效。

4. 健全机制保障,凝聚寺庙治理合力

针对寺院社会治理中权责不清、多头共管的局面,甘孜州在《甘孜州藏传佛教事务条例实施细则(试行)》中明确了各主管部门在寺院社会治理中的职责,并严格执行管理考核责任制和宗教涉稳责任追究制,加强各主管部门的责任心。通过健全体制机制,并落实系列措施,一改以往“不分管,就不管、不落实”的工作态度,形成了一级抓一级,层层抓落实的工作格局,凝聚了寺庙治理的合力。

5. 推进“同心同向”,建立新型和谐政教关系

从2012年起,甘孜州在推进藏传佛教寺院社会治理创新中,通过“同心同向”[②]活动密切党寺、党僧之间联系,推动建立新型和谐政教关系。一是畅通联系渠道。综合运用微信、电话、短信等方式,畅通交流渠道,密切与寺、僧的沟通联系。二是全面建立联系纽带。除州各职能部门外,还将51个州级挂靠单位、事业单位和二级局一并纳入联系范围,将联系部门扩大到134个,实现了寺庙群众工作广覆盖。三是落实责任,形成齐抓共管的格局。甘孜州逐步扩大了领导干部与寺庙僧尼联系的范围和要求,明确了州级部门所有的副县级以上干部、县级部门和乡镇副科级以上干部、驻州县的全国和省、州、县四级人大代表、政协委员的联系责任,做深做实“同心同向”。

---

① “五二三”学教活动,即“五热爱两遵守三负责”,热爱中国共产党、热爱祖国、热爱人民、热爱民族团结、热爱佛教;遵守法律、遵守戒律;对国家负责、对人民负责、对佛教负责。

② “同心同向”:通过“建好一条纽带,开展一次恳谈,传送一份关爱,建好一批项目,创新一项机制,建设一支队伍,表彰一批先进”等内容,引导僧尼真心拥护党的领导,拥护社会主义制度,与党委政府在思想上同心同德、方向上同心同向、行动上同心同行,逐步建立新型和谐的政教关系。

6. 社会治理主体日趋多元

在过去较长一段时间内,由于政府肩负了绝大部分寺院的社会治理职能,故藏传佛教寺院社会治理主体大多呈现出一种“单一化”的趋势。但甘孜州寺院社会治理主体多元化的特点和趋势却十分明显,寺院及僧人参与社会治理的积极性、主动性较高,社会参与也日渐广泛。例如,积极开办学校等公益性事业及活动。较为典型的有吉祥大金寺的甲登活佛开办的“甲登慈善学校”,德格竹庆寺多吉扎西活佛开办的“木雅祖庆学校”,宗萨寺开办的藏医院以及系列复兴传统文化活动等。

其中,多吉扎西活佛以其广泛的社会参与及影响力成为甘孜州僧人社会参与的典型,具有一定的研究价值。多吉扎西1998年被认定为德格竹庆寺活佛,其先后筹建了敬老院、西康福利学校、木雅金塔、木雅祖庆寄宿学校,开设了香厂、招待所。多吉扎西活佛的社会参与公益性与经营性兼具,但以公益性为主,目前招待所已经闲置,而木雅祖庆寄宿学校则发展良好,到2015年该校学生已增长至1700余名。[①] 并且因其修建的木雅金塔建筑精细、选址巧妙,与周围的群山相映,形成了独特的“金塔映雪山”景致,成为当地著名的旅游景点,极大地推动了当地旅游业发展。

二、宗萨寺社会治理创新经验

社区是寺院赖以生存和发展的社会空间,寺院的人力、物力等资源既来源于社区,也扎根于社区。同时,寺院又是藏族社区中最重要的社会组织和社会资源,其资源在形式与精神上又对社区予以支持。在甘孜藏族自治州,宗萨寺的社会治理创新实践对社区发展显示出积极的功能,就是一个典型的例子。

宗萨寺位于四川省甘孜州德格县东南部中麦宿地区达马乡的半山坡上,距德格县城约110公里,距成都1000多公里。宗萨寺[②]创建于公元746年,原属苯教,后多次改宗,目前为萨迦派寺庙,1983年恢复兴办,已重建大小佛殿、钦哲宫、康谢佛学院及藏医院等。在甘孜州藏传佛教寺院社会治理创新中,宗萨寺因其较为多元的社会参与而在寺院治理中别具一格,具有较好的研究价值。

(一)探索将传统文化保护与复兴推动社会经济发展结合

宗萨寺所在的麦宿人杰地灵,文化悠久,留有丰富多彩的民间艺术和不少

---

① 参见李庆:《光明点亮木雅祖庆学校》,载《甘孜日报》2015年11月19日。

② 宗萨寺有关历史主要依据《宗萨寺历史简介》,由宗萨寺管委会主任、德格县格萨尔王历史研究领导小组成员洛热彭措编写。

出色的民间手工艺人。注重文化传承和人才培养是宗萨寺历来的传统。自宗萨寺重建之初,康谢佛学院便着手全面传承、复兴麦宿工巧明文化,并将传统文化保护与推动当地社会经济发展结合。发展至今,寺庙已成为拥有唐卡绘画、雕塑、彩绘、木雕、金银加工、铜铸、陶(泥)器、裁缝、编织、木工、锻造等11个班的工巧明系,可独立作业的在学及毕业学员已近百人。通过工巧明的培训,麦宿地区民族手工技艺不断发扬,工艺品种不断增加,产品逐步畅销西藏、青海、甘肃、云南、四川等省区,远销印度、尼泊尔等国,年加工销售收入达100多万元,已成为当地农牧民重要经济来源之一。身怀技艺的老人与病残者,也有了用武之地,获得了社会的认可和尊重。

自1983年开始重建时,宗萨寺便着手全面传承和复兴麦宿五明藏文化,同时也为了帮助农牧民增加谋生技能,陆续开办了几个传统手工艺培训班。近年来通过玉妥医疗中心的运作,拓展为社区的职业培训项目。不仅延续了麦宿传统手工艺的传承,某些失传的技艺还由此得到恢复;同时,不仅打破了数百年来只有寺庙僧人才有机会学习工艺的历史,也转变了老艺人们"艺不外传"的传统观念。

(二)积极开展公益医疗事业

宗萨寺周边的乡、村庄地处偏远,卫生条件差,且各乡镇诊所因当地医疗制度的漏洞及生活条件有限等原因,医疗设施、医务人员短缺,医疗条件较差。

1981年宗萨寺寺管会由主任牵头承包普马乡合作医疗站,并逐渐发展为占地面积约7亩,建筑面积1600多平方米的正规藏医院,有藏医生数名、长期工作人员10余名及数量不定的短期工作人员。[①] 目前,藏医院以综合医院形态经营,但带有明显的公益性。对于求诊病患一律不收挂号费与诊疗费,用药花费相对较低,藏医院对宗萨寺管辖的600多名僧众基本给予免费治疗,同时免收贫困户的医药费每年达3万元之多。此外,还不定期开展培训、进行传统藏医药的教学、天然药材的采集与管理、藏药栽培等改善社区医药条件的项目。

(三)探索寺院社会参与和NGO的有机结合

2001年宗萨寺依托宗萨藏医院成立了非政府组织"玉妥云丹贡波医疗中心"。通过该中心的建立,能够同时多渠道地引进资金、资源,为寺庙和社区的整体发展提供有利支持及条件,使寺庙摆脱了主要依赖多方供养和部分营商、放贷的传统经济模式,并初步具备了适应现代社会发展及市场经济的素质和条

① 2008年后,藏医院依照国家有关规定已从宗萨寺分离出来,独立运营。

件,从而为寺庙及社区的进一步发展、传统文化的传承摸索出一条可持续发展的新路。"玉妥云丹贡波医疗中心"的运营不仅维持了工巧明培训班早期的运转,还建成了颇具规模的藏医药基地。此后,该中心的运转得到了极大扩展,目前已开展或在筹备中的包括传统手工技艺培训与传承、医疗培训、藏药栽培、疾病预防、妇女教育、生态保护、基础设施建设等多方面的项目,社会参与的广度与深度空前提高。宗萨寺对于"玉妥云丹贡波医疗中心"的依法引入与探索是四川藏区藏传佛教寺院社会治理现代化一次有益的探索。

(四)积极推动生态保护

麦宿是国际性生物多样性重点保护区,药草种类多达数百种。近年来由于生态环境恶化,过度采拔以及全株采拔的不当方式,高山药草种类逐年减少,有些甚至濒临绝种。宗萨寺在成立藏医院以后出于对药材的需求及生态发展考虑,积极推动生态环境保护。1986 年起宗萨寺便常借法会或当地节庆活动之机,结合藏传佛教教义与现代科学理念进行生态教育,培养乡民们的生态保护和资源保护意识。先后开展了藏药草栽培试验、高原垃圾处理的环境保护项目,神山圣湖保护项目,在阿木拉白唇鹿自然保护区建立巡山队等。利用藏传佛教中提倡环保、不杀生的箴言,结合社区居民的需求开展环境教育,加强对高原生物多样性的保护,以多种方式达到生态保护并促进社区经济发展的目的。

(五)广泛引领社区综合发展

近年来,宗萨寺藏医院、手工技艺培训等项目不断推进,受到当地群众的认可及支持,宗萨寺在社区发展中的引领作用更加凸显,宗萨寺充分利用这一特点,积极引领社区发展,效果凸显。例如,2004 年 10 月该寺发动 1500 名村民,历时 4 天,完成了一条 4. 5 公里长的道路修建;又如,筹划麦宿传统文化生态旅游项目。目前,该项目已进入正式启动阶段。

三、阿坝藏族羌族自治州藏传佛教寺院社会治理创新经验

阿坝藏族羌族自治州(以下简称阿坝州)是四川省第二大藏区。据统计,阿坝州拥有 253 座藏传佛教寺庙,①其分布范围广,僧侣多,信众多,管理难度大。为此,阿坝州积极采取多种措施开展寺庙社会治理创新工作。

① 参见四川省宗教局:http://www.fjnet.com/zfgz/201406/t20140623_220350.htm,2018 年 10 月 19 日访问。

(一)创新藏传佛教寺庙治理创新模式

一是建立健全规范化寺庙管理委员会。阿坝州藏传佛教寺庙大都具有悠久的历史,如孜郎寺就拥有500多年的历史,故藏传佛教寺庙的管理制度往往由世代沿袭而来,但时至今日其管理方式与高速发展的社会已有些不相适应。为了加强藏传佛教寺庙的管理,从2012年开始,阿坝州便通过设立规范性标准,组建了21个寺庙管理委员会、108个寺庙管理所,目前已在全州寺院建立了寺管会,探索寺管会治寺的模式,变革传统的寺庙管理模式,推动寺庙管理规范化。

二是实施精准管理。寺院因为归属不同的教派,其宗教传统和管理体制均有所不同,因此,针对寺院的社会治理,同样需要进行精准化管理。为此,阿坝州结合每一寺院的具体情况,一寺一策,制定不同的管理模式,有效推行了精准化管理。

三是推行寺院"网格化"服务管理。在推行社区"网格化"服务管理的基础上,进一步在寺院推行"网格化"服务管理。例如,目前理县已实现全县寺庙"网格化"服务管理全覆盖。

(二)多举措开展"法律进寺庙"

在阿坝州的寺院社会治理创新工作中,一直将"法律进寺庙"作为寺院社会治理的重心之一,为此阿坝州政府采取了多项措施推动法律进寺庙。一是建设"法律学习园地"。在"法律学习园地"中,一共投放了近30万册《宪法》等14种汉藏双语法律法规,并且数量每年还在不断递增。二是扎实开展寺庙"法律明白人"培养工作。长期以来,阿坝州司法局扎实推进"法律明白人"培养工作。抽调高僧大德和经验丰富、法律功底强的双语干部作为讲师,通过以案说法、联系身边人物事等形式,对寺庙僧尼开展培训,近年来平均每年培养400多名寺庙"法律明白人"。例如,2017年全州共培养了寺庙"法律明白人"459人。[①] 三是创新法律宣传模式,为了加强普法效果,推动法律进寺庙,阿坝州还不断创新法律宣传模式。在队伍建设上,抽调精通法律、民族宗教政策的双语人员组建了"汉藏双语法律宣讲团";在宣传形式上,采取"以案说法"、印制宣传挂历等多种形式。四是建立寺庙法律服务联系点,按照每座寺庙1~2名的标准配备联系人,全州共设立200个联系点,230余名联系人,将公共法律服务

① 参见阿坝州司法局:http://www.abzsfj.gov.cn/html/news/readnews_3775.html,2018年10月27日访问。

延伸至寺庙。五是与律师事务所签订法律顾问协议。例如,从2016年开始至今,阿坝州就在探索和推行聘请寺庙法律顾问机制。例如,在阿坝县委、县政府的倡导下,仅阿坝县就有43所寺庙与律师事务所签订了法律顾问协议。① 寺庙聘请法律顾问成为阿坝州寺庙依法治理的重要举措,不仅维护了寺庙及僧尼的合法权益,而且推动了当地寺庙社会治理创新的步伐。

(三)积极推进文化进寺庙

在阿坝州的寺庙社会治理创新工作中,文化进寺庙是其治理工作的重要内容。目前,阿坝州文化进寺庙工作成果显著。从2012年开始,阿坝州开始建设寺庙书屋,到2014年在全州范围内建成253座书屋,实现了全州藏传佛教寺庙全覆盖(共253座寺庙)。② 不仅如此,还制定了相应的寺庙书屋管理规范,规范了书籍上架、摆放等行为。其次,在2015年年底,阿坝州完成了阿坝州藏传佛教寺庙广播电视覆盖工程,实现了阿坝州253座藏传佛教寺庙广播电视的有效覆盖。③ 到2018年,整个阿坝州藏传佛教寺院的基础设施设备建设均得到了有效提升,并开展了可持续性维护与修缮。

四、木里藏族自治县藏传佛教寺院社会治理创新经验

由于木里县与云南藏区、甘孜藏区紧邻的地缘关系,木里藏传佛教于明末从西藏传入,至今400多年历史。截至2018年,木里县有开放藏传佛教寺庙14座。传统历史上规模较大的为木里大寺、康坞大寺、瓦尔宅大寺,藏传佛教寺院社会治理创新是木里县政府藏区治理工作的重要内容。一直以来木里县藏区社会治理工作成效显著,是全省乃至全国最为稳定的藏区之一,被高度评价为"当前我国藏区治理的典范"。可以说,"木里经验"在一定程度上可以为其他藏区社会治理工作的开展提供经验和借鉴。

(一)木里县藏传佛教寺院社会治理创新经验

从木里大寺的治理工作中,能够基本梳理出木里县藏传佛教寺庙治理工作的脉络,结合木里大寺的治理工作以及木里县开展的其他寺庙社会治理工作,笔者认为,木里县藏传佛教寺庙的社会治理经验主要表现如下。

---

① 参见搜狐网:http://www.sohu.com/a/107146518_216637,2018年10月20日访问。

② 参见四川新闻网:http://scnews.newssc.org/system/20141104/000506477.html,2018年10月20日访问。

③ 参见刘尚剑:《我州"十二五"期间文化基础设施实现大跨越》,载《阿坝日报》2015年9月15日,第1版。

1. 寺庙基础设施建设纳入规划

在过去,木里藏族自治县诸多寺庙的基础设施建设较为落后,寺院僧人的饮水、用电、交通等都面临着较大的困难,因而近年来基础设施建设是木里县藏传佛教寺庙社会治理的重点之一。为此,木里县政府不断改善寺庙的基础设施,2012 年木里县政府完成了康坞大寺维修工程,建成 3 个寺庙卫生室并投入使用,并且将 14 座寺庙的基础设施建设纳入了木里县五年规划之中。2013 年,投入 1700 多万元改善寺庙基础设施,完成了屋脚仁江寺维修工程,建成使用 13 座寺庙书屋。2014 年,大力开展乡镇、寺庙及牧场“互联互通”建设。到 2014 年,木里县已基本完成寺庙基础设施建设,全县开放的 10 余座寺庙基础设施已经有了极大的提升。[①] 2015 年,新修、改造通寺公路 138.1 公里,建成 5 个寺庙卫生室。2016 年,木里县继续加强寺庙各项基础设施建设,通寺公路建设进一步取得成效。2017 年,木里大寺饮水工程竣工验收,加快建设木里大寺学经点。[②] 2018 年年初开始,木里县的公共服务配套设施得到了进一步改善,且还在不断建设完善之中。

2. 创新寺院社会治理工作机制

为了加强寺庙社会治理,木里县以创新治理机制为抓手,推动治理工作质效提升。一是开展“四个一”活动,[③]及时了解寺庙动态、僧尼需求。通过创新寺庙工作机制,借助“四个一”制度,木里县在寺庙社会治理工作中变“被动”为“主动”,改变了工作状态,提升了寺庙管理能力。二是构建“三带”教育制度,活佛带住持、住持带僧人、僧人带信教群众,增进民族团结、促进社会和谐。三是纵深推进寺庙网格化管理工作机制。通过加强寺庙及其周边社区的网格化管理,信访人次同比下降,矛盾纠纷逐渐减少。

3. 不断推进寺院文物保护工作

近年来在对寺院的社会治理创新中,文物保护也一直是木里县政府的工作重点之一。2012 年开始,木里县政府完成了木里大寺文物修缮工作的申报,完成了木里大寺遗址亭的建设,13 座寺庙的消防设施建设和部分重要文物的修缮工程开工建设。[④] 2013 年,木里县完成屋脚仁江寺维修工程。2014 年,完成

---

① 参见《木里县 2014 年政府工作报告》。

② 参见《木里县 2017 年政府工作报告》。

③ “四个一”,即党政主要领导每月走访慰问重点宗教人士一次,县委、县政府、人大、政协成员每月到寺庙蹲点一次,统战、民宗等部门每月到寺庙调研一次,驻寺工作组每周开展形势分析一次。

④ 参见《木里县 2012 年政府工作报告》。

了对仁江寺的文物保护工程。2015 年,木里县完成对 14 座寺庙的文物普查工作。2016 年,完成屋脚仁江寺等文物保护工程建设。2017 ~ 2018 年,木里县在全县范围内开展了寺庙文化保护大调查,进一步有力地保护了当地寺庙文物及其他文物。

4. 旅游兴寺,大旅游带动小寺庙

如前所述,木里县目前开放寺庙共 14 座,同甘孜州、阿坝州相比,呈现出一种"少而精"的特点。木里大寺、康坞大寺历史悠久、文化底蕴丰厚,木里县充分利用这一特点将木里大寺、康坞大寺纳入木里县旅游规划,完成了木里大寺基础设施建设,积极打造"寸冬海子—康坞大寺"风景区。2016 年木里县旅游收入增长至 2.46 亿元,比 2010 年有了大幅提升。2017 年接待游客 45 万人次,实现旅游总收入 2.86 亿元,同比增长 14%。[①] 通过将木里大寺、康坞大寺纳入旅游规划,一方面提升对游客的吸引力,另一方面随着旅游业不断发展,游客数量不断增长,寺俗交流也会随之加强,文明的碰撞能够推动寺庙与社会相适应,实现"大旅游带动小寺庙"。

5. 创新建立寺院"三位一体"法律服务基地

从 2015 年开始,木里县便在木里大寺建成"三位一体"[②]法律服务基地,这是四川省首个设立在寺院的法治宣传基地。截至 2018 年,木里县已在木里大寺、康坞大寺、瓦尔寨大寺、苦巴店寺建成了"三位一体"法律服务基地。"三位一体"服务基地的设立,不仅使"法律进寺庙"有了建设的机制保障,将公共法律服务进一步延伸至寺庙,更充分利用了藏区寺院的宗教影响力,空前强化了法治的辐射面,是当地寺院社会治理的一大创新。

(二)木里大寺社会治理创新经验

木里大寺位于木里县桃坝乡你易店村,兴建于 1656 年。鼎盛时期,木里大寺建筑面积达 8 万多平方米,是木里县最为宏大的寺庙、木里县佛教圣地。特殊的地位以及悠久的历史使木里大寺一直处于木里县藏传佛教寺庙社会治理工作的重心,因此,木里县政府对木里大寺的社会治理工作在一定程度上反映了木里县藏传佛教寺庙社会治理工作的脉络。

木里县政府对于木里大寺的社会治理创新工作主要集中在以下几个方面:

---

① 参见《木里县 2017 年政府工作报告》。

② 寺庙"三位一体"法律服务基地,即集寺庙僧侣法治教育培训中心、寺庙僧侣法治宣传队、寺庙僧侣法律援助工作站的法律服务基地。

一是重建木里大寺和完善基础设施。木里大寺在20世纪60年代被毁,仅遗留下了部分遗迹。1982年,在国家的支持下,木里大寺开始重建,随后木里大寺相继重建了各殿。2009年,木里大寺主殿开工重建。2015年,木里大寺主殿落成。到2018年,已基本完成木里大寺的重建。在基础设施的完善上,2012年,木里县政府解决了木里大寺的用电问题,并完成了木里大寺遗址保护亭的建设;2013年,完成了木里大寺文物修缮建设项目(二期);2014年,完成木里大寺管委会、木里大寺曲拉僧舍等项目建设;2015年,完成木里大寺通寺油路项目。二是将木里大寺纳入木里县旅游规划,以旅游促治理。早在2010年,木里县政府就将木里大寺纳入木里县旅游规划之中,将木里大寺作为重要节点景区打造。随后,木里县政府不断完善木里大寺旅游基础设施建设,在2016年,木里大寺旅游景区规划成功纳入四川省"十三五"社会事业专项规划储备项目。2017年至2018年,木里大寺的旅游管理更加规范化,与社会治理理念要求的法治化、规范化体现出较好的契合,推动了当地经济社会的有序发展。

五、经验总结与评价

在长期的探索中,四川省藏区(甘孜、阿坝、木里)逐渐形成一套藏传佛教寺院社会治理创新的经验办法,主要体现在以下几方面:

(一)坚持法治先行

四川省在推进藏传佛家寺院社会治理创新中,一直将坚持法治作为社会治理创新的基本原则,以健全的法律规范体系促进寺庙社会治理的规范化,提高寺庙社会治理的能力。近年来,四川藏传佛教寺庙社会治理的规范体系一直在不断完善。一方面省级立法不断强化,另一方面民族自治地方的立法工作不断推进。例如,到2015年年底,自治地方立法近110件(次),其中现行有效的近80件。例如,甘孜、阿坝、木里目前就已经分别制定了各州、县的《藏传佛教事务条例》及实施细则。此外,三地藏区还分别就藏传佛教的僧尼管理、藏传佛教寺院开展"三类"佛事活动等内容制定了相应的规范,将寺庙、僧尼的各项活动纳入规范体系中。

(二)以基础设施建设破除治理阻碍

四川省藏区(甘孜、阿坝、木里)位置相对偏僻,交通不便,社会经济发展落后。此前藏传佛教寺庙的基础设施一直处于较为落后的状态,落后的基础设施不仅影响寺庙的正常运转,也成为开展寺庙社会治理及其创新的阻碍。四川省在藏传佛教寺庙的社会治理中,一直注重加强寺庙的基础设施建设。为了完善藏传佛教寺庙的基础设施，四川省将寺庙基础设施建设纳入甘孜、阿坝、木里三地的十二五和十三五规划中，全方面完善寺庙基础设施建设。例如，仅十二五期间，甘孜州投入2.8亿元实施寺庙"五通"工程1865个，[①]阿坝州加强宗教活动场所"六有一无、五通四覆盖"建设，木里县推动寺庙实现了水、电力、公路、通信、广播电视"五通"。并且，三地藏区还建设了大量的寺庙卫生室。经过长期的建设与投入，四川省藏传佛教寺庙的基础设施已趋于完善，破除了社会治理的不少阻碍。

（三）不断完善寺院多元化社会治理体系

随着四川省藏传佛教寺院社会治理工作的不断推进，四川省寺庙社会治理工作的水平不断提升。目前，四川省已经摸索出一套较为完善的寺庙管理体系，促进宗教事务管理更加科学、更加规范，法治化程度不断提高。一是四川藏区不断推进全省寺庙的土地确权、组织机构代码、银行账户等办理工作，截至2018年，阿坝州已经完成全州所有寺庙的土地确权并且颁发了土地使用证，完成了122座寺庙的组织机构代码证和银行账户的办理。并且，阿坝州进一步要求寺庙需将银行账户在州宗教事务局备案，加强对账户资金的管理。甘孜州，木里县的寺庙土地确权，组织机构代码以及银行账户办理工作也已大体完成。二是不断加强对寺庙的财务监督审计，根据四川省的统一部署，甘孜、阿坝、木里三大藏区由当地的审计部门对藏传佛教寺庙的财务进行监督审计。

（四）紧密党群联系推动寺院社会治理

党群工作是四川省藏区寺庙社会治理工作的特点之一，也是四川省推动寺庙社会治理的特色经验。在党的群众工作上，四川省积极推进"党员干部联户联僧广覆盖活动"，在甘孜州开展"结对认亲"、在阿坝州推广"五联"模式、在木里县推广"两真两严"工作法。[②]"四川藏区7万多名干部职工与30余万户农牧民群众结对认亲，6万余名党员干部与783座寺庙、7.7万余名僧尼结成亲戚"；[③]在2018年10月，以阿坝州为代表，开始研究部署"联户联情、联寺联僧和法律政策七进"全覆盖政策事宜，并探索制订相关方案，为全面启动此项活动奠定坚实的基础。通过以上措施，大大增进了党员干部与藏区农牧民群众的感

---

① 参见《2017年甘孜州政府工作报告》。

② 参见四川省民族宗教委员会网站：http://www.sc.gov.cn/10462/10464/10465/10574/2015/1/30/10325679.shtml，2018年10月27日访问。

③ 参见四川省民族事务委员会工作动态：http://125.64.4.186/t.aspx？i=20150305172121-993136-00-000，2018年9月1日访问。

情,推动了藏区社会治理突破创新。

(五)紧抓法治宣传教育工作

宣传工作是四川省在藏区社会治理中的重要战线,是引导藏传佛教寺庙融入社会主义社会,推动"法律进寺庙",提高寺庙僧尼的法治理念的重要驱动力。在藏传佛教寺庙社会治理工作的开展中,甘孜、阿坝、木里三地政府都十分重视宣传工作的开展。一是通过组织大面积集中培训的方式开展宣传活动;二是通过建设"寺庙法律学习园地"、培养"法律明白人"、邀请高僧大德开展法律讲座等措施推动法律进寺庙,积极引导僧尼学习、信任、遵守、运用法律;三是开展"五热爱两遵守三负责"活动,培养僧尼树立爱国主义理念。这些举措效果十分明显。

(六)以旅游业促进交流融合

四川藏区以其独特的风光吸引着络绎不绝的游人。在 2017 年,仅阿坝州就接待近 3000 万人次的游客,旅游收入超 200 亿,旅游业不仅极大地促进了当地的经济发展,同时也成为藏区与外界交流的纽带。为此,四川省在藏传佛教寺庙社会治理中,通过将寺庙及其周边社区、景点纳入旅游规划中,以旅游振兴寺庙的同时也借助旅游业带来的游客及经济收入促进寺俗交流,有力推动了寺庙、僧尼融入现代社会,推动了藏区社会治理现代化、规范化,并最终纳入法治化范畴。

总体而言,四川藏区藏传佛教寺院社会治理创新卓有成效,随着寺院社会治理体系和规范的不断完善,以及三地藏区政府对于寺院社会治理探索的不断深入,寺院社会治理体系不断健全,目前四川藏区藏传佛教寺院社会治理已逐步规范化、轨道化,不仅维护了社会稳定,而且有力地推动了藏区经济社会的发展。然而,在实证中也不难发现,四川藏区藏传佛教寺院社会治理仍然面临着许多法治难题,包括寺院社会治理还面临着与新修订的《宗教事务条例》进行有效衔接的问题,寺院社会治理的规范体系仍有待完善,寺院社会治理主体总体仍然比较单一,治理手段不够多样化,"法律进寺庙"仍然面临着现实的"瓶颈"性问题等。以"法律进寺庙"为例,还存在宗教与法律的融合与矛盾并存问题,普法主体、内容、客体的精准化问题,语言交流障碍问题,常态化机制的欠缺问题,体制机制的衔接问题等。均亟待理论和实务工作者继续思考和研究,任重而道远,创新与探索一直在路上。

后　记

本书系2018年中共四川省委党校、四川行政学院智库建设系列成果。近年来,中共四川省委党校、四川行政学院认真贯彻落实《中国共产党党校工作条例》《行政学院工作条例》,强化决策咨询职能,积极推进智库建设,紧扣党委政府工作中心,紧跟党委政府决策思路,决策咨询工作成效显著,充分发挥了思想库和智囊团的作用,得到了四川省委、省政府的一致认可,同意四川省委党校作为"四川依法治省智库"的承担主体单位之一。本书亦即"四川依法治省智库"建设的重要成果。

本书采用实证研究方法对四川省域内六个市、县政府法治建设状况进行实地调查,参与评估调查的人员包括四川省委党校和德阳市委党校、乐山市委党校、凉山州委党校依法行政评估课题组老师和在校的全日制硕士生,共计上百人次,历时一年左右完成全部样本数据的调查收集工作,所获数据均为第一手数据,据此构成了本书的主体部分——依法行政第三方评估报告。在开展实地调查过程中,评估课题组得到了四川省人民政府法制办公室及调查地党委和政府的大力支持,在此表示衷心的感谢!

本书由中共四川省委党校、四川行政学院法学部吴涛同志担任主编,负责全书的总体架构和研究路径并进行组稿和统稿工作,决策咨询部车华武同志负责沟通和协调相关部门和市州党校。

参加本书撰写的具体人员如下:

四川省法治政府建设2017年度总报告(李婵)

四川省Z县依法行政第三方评估报告(曹敏)

四川省L区依法行政第三方评估报告(杨千玲)

四川省Q县依法行政第三方评估报告(禹竹蕊)

四川省 E 市依法行政第三方评估报告（中共乐山市委党校课题组①）

四川省 Y 县依法行政第三方评估报告（中共凉山州委党校课题组②）

四川省 M 县依法行政第三方评估报告（吴涛）

新形势下四川省行政执法创新的综合条件(禹竹蕊)

新时代四川法治政府第三方评估机制的构建(滕腾)

行政公益诉讼对行政权力监督机制的影响(吴涛、赵林)

四川藏区藏传佛教寺院社会治理创新的实证探索(郑妮)

本书在实施实地调查和具体撰写过程中得到了德阳市委党校、乐山市委党校、凉山州委党校三所兄弟党校的领导和老师们的大力支持和帮助,在此表示诚挚的谢意!

鉴于本书作者水平限制,加之时间比较局促,偏颇遗漏甚至以偏概全的情形在所难免,敬请各位读者不吝赐教。

编 者

2018 年 9 月 19 日

① 乐山市委党校课题组:课题负责人邱家胜,课题组成员:韩琼慧、葛子靖、廖雪泓、秦国强。

② 凉山州委党校课题组:课题组负责人胡澜,课题组成员:秦国俊、薛昌建、尚培霖、李连秀。

图书在版编目(CIP)数据

四川法治政府建设蓝皮书. 2017 / 吴涛主编. -- 北京：法律出版社, 2018

ISBN 978-7-5197-2976-9

Ⅰ. ①四… Ⅱ. ①吴… Ⅲ. ①地方政府－行政管理－白皮书－四川－2017 Ⅳ. ①D625.71

中国版本图书馆 CIP 数据核字(2018)第289097号

四川法治政府建设蓝皮书(2017)
SICHUAN FAZHI ZHENGFU JIANSHE LANPISHU(2017)

吴 涛 主 编

策划编辑 郑 导
责任编辑 郑 导
装帧设计 汪奇峰

出版 法律出版社
总发行 中国法律图书有限公司
经销 新华书店
印刷 北京玺诚印务有限公司
责任校对 王晓萍
责任印制 张建伟

编辑统筹 独立项目策划部
开本 720毫米×960毫米 1/16
印张 19.75
字数 295千
版本 2018年12月第1版
印次 2018年12月第1次印刷

法律出版社/北京市丰台区莲花池西里7号(100073)
网址/www.lawpress.com.cn
投稿邮箱/info@lawpress.com.cn
举报维权邮箱/jbwq@lawpress.com.cn
销售热线/010-83938336
咨询电话/010-63939796

中国法律图书有限公司/北京市丰台区莲花池西里7号(100073)
全国各地中法图分、子公司销售电话：
统一销售客服/400-660-6393
第一法律书店/010-83938334/8335
西安分公司/029-85330678
重庆分公司/023-67453036
上海分公司/021-62071639/1636
深圳分公司/0755-83072995

书号:ISBN 978-7-5197-2976-9
定价:69.00元
(如有缺页或倒装,中国法律图书有限公司负责退换)